Das Unrecht der versuchten Tat

Frankfurter kriminalwissenschaftliche Studien

Bd./Vol. 170

Zu Qualitätssicherung und Peer Review der vorliegenden Publikation

Die Qualität der in dieser Reihe erscheinenden Arbeiten wird vor der Publikation durch Herausgeber der Reihe geprüft.

Notes on the quality assurance and peer review of this publication

Prior to publication, the quality of the work published in this series is reviewed by editors of the series.

Bei-Shen Lin

Das Unrecht der versuchten Tat

Rekonstruktion der Eindruckstheorie auf der Grundlage der diskursiven Rechtstheorie

PETER LANG

Bibliografische Information der Deutschen Nationalbibliothek
Die Deutsche Nationalbibliothek verzeichnet diese Publikation in der Deutschen Nationalbibliografie; detaillierte bibliografische Daten sind im Internet über http://dnb.d-nb.de abrufbar.

Zugl.: Frankfurt (Main), Univ., Diss., 2021

Gedruckt mit Unterstützung des Deutschen Akademischen Austauschdienstes

D 30
ISSN 0170-6918
ISBN 978-3-631-86077-9 (Print)
E-ISBN 978-3-631-90114-4 (E-Book)
E-ISBN 978-3-631-90115-1 (EPUB)
DOI 10.3726/b20768

Peter Lang – Berlin · Bern · Bruxelles · New York · Oxford · Warszawa · Wien

Diese Publikation wurde begutachtet.

www.peterlang.com

Vorwort

Die Studentenbewegung, die 2014 in Taiwan stattfand, sollte für mich nicht nur die wirtschaftliche Aggression der Diktatur bekämpfen, sondern, was noch wichtiger ist, mich ständig zum Nachdenken und zu der Frage bringen: Warum Demokratie? Warum beansprucht ein demokratisches System seine Legitimität? Das kontinuierliche Nachdenken über diese Frage hat schließlich die vorliegende Dissertation geprägt. Selbstverständlich repräsentiert sie nur ein Anfang und bietet keine endgültige Lösung. Denn die ununterbrochene Debatte über den Sinn und die Begründung der Demokratie ist selbst ein Akt, sie zu verteidigen.

Die vorliegende Arbeit ist vom Fachbereich Rechtswissenschaft der Johann Wolfgang Goethe-Universität im Sommersemester 2021 als Dissertation angenommen worden.

Mein herzlicher Dank gilt meinem Doktorvater Professor Dr. Klaus Günter, der diese Promotion ermöglicht und fortwährend begleitet hat. Ich danke ihm nicht nur für die umfassende wissenschaftliche Freiheit, sondern ebenso für die notwendige Förderung und Flexibilität, die zum Gelingen der Arbeit beigetragen haben.

Professor Dr. Cornelius Prittwitz danke ich sehr für die Erstellung des Zweitgutachtens und die Hilfe für die Veröffentlichung dieser Arbeit.

Darüber hinaus bedanke ich mich bei dem Sekretariat des Lehrstuhls von Herrn Professor Günther, Frau Cornelia Hupka. Vielen Dank, dass Sie mir bei bürokratischen Angelegenheiten immer freundlich, schnell und effizient geholfen haben.

Besonderer Dank gebührt Herrn Professor Dr. Jung-Yi Hsu, der vom ersten Tag meiner Ankunft in Frankfurt bis heute mich sowohl wissenschaftlich als auch im Leben voll unterstützt und ermutigt hat.

Von Herzen dankbar bin ich zumal Herrn Professor Dr. Yang-Yi Chou. Er hat meinen wissenschaftlichen Horizont erweitert und ist mir immer ein Vorbild als Wissenschaftler.

Der Deutsche Akademische Austauschdienst e.V. (DAAD) hat die Entstehung wie auch die Veröffentlichung der Dissertation durch ein großzügiges Doktorandenstipendium unterstützt. Dafür möchte ich auch Danke sagen.

Besonderen Dank schulde ich meiner Freundin, Frau Chih-Ching Lee und meiner Katze Poko. Ohne euere Begleitung bei mir wäre die Vollendung dieser Arbeit unmöglich.

Abschließend möchte ich meiner Familie, und zwar meiner Großmutter, Frau Yue-Jiao Tsao, meinem Vater, Herrn Ping-Hung Lin, meiner Mutter, Frau Tsai-Yeh Wang, meinem jüngeren Bruder, Herrn Yu-Cheng Lin und natürlich nochmals Chih-Ching und Poko danken. Mit euerer vollen Liebe kann ich auch ohne schwierige theoretische Sprache vollständig Folgendes verstehen: In der Liebe werden wir alle freier sein.

Frankfurt am Main, im August 2022

Bei-Shen Lin

Inhalt

Vorwort 5

Einleitung 11

Erster Teil Kritische Untersuchung der Versuchslehren 19

I. Besteht das Versuchsunrecht in der Verletzung wechselseitiger Anerkennungsverhältnisse? 19

1. Kants Selbstbewusstseinsverständnis als Ausgangspunkt und der Anfang der Divergenz 21

A. Rekonstruktion der theoretischen Philosophie Kants und der Selbstbewusstseinsbegriff 22

B. Der Autonomiebegriff und diesbezügliche Kritiken bei Kant 27

C. Die Rechtsbegründung bei Kant 32

2. Fichtes Rezeption und Reaktion auf Kants Philosophie 37

A. Wissenschaftslehre als Fichtes Ausgangspunkt und seine Auseinandersetzung gegen Kant 39

B. Fichtes Rechtslehre in der Grundlage des Naturrechts 43

3. Der materiale Unrechtsbegriff der Wolff'schen Schule und seine Übertragung auf die Versuchslehre in Bezug auf den Rechtsbegriff von Kant und Fichte 49

A. Der materiale Unrechtsbegriff der Wolff'schen Schule 50

B. Versuch als Verletzung wechselseitiger Anerkennungsverhältnisse bei Zaczyk 52

C. Kritik 55

II. Versuch als Normgeltungsschaden oder Mitwirkungspflichtverletzung des Bürgers? 58

1. Jakobs Auffassung im Anschluss an Luhmanns Systemtheorie 60

A. Jakobs' Grundgedanke im Aufsatz: „Der strafrechtliche Handlungsbegriff" 61

B. Weiterentwicklung in: „Das Strafrecht zwischen Funktionalismus und „alteuropäischem" Prinzipiendenken" 65

C. Die Versuchslehre bei Jakobs und ihre Kritik 68
2. Versuch als eine Mitwirkungspflichtverletzung des Bürgers 73
A. Pawliks Strafrechtstheorie 77
B. Wachters Auffassung zum strafrechtlichen Versuch 79
C. Neuere Argumentationen zum Unrechtsbegriff Pawliks 84
D. Kritik 86
III. Zwischenbetrachtung 89

Zweiter Teil Die Grundlage der Diskursiven Rechtstheorie 93
I. Selbstbewusstsein durch Vergesellschaftung – Habermas‘ Rezeption und Rekonstruktion von Mead 94
1. Rezeption: ihr Kontext und Argumente 95
2. Habermas‘ Kritik an Mead und seine Erweiterung 100
II. Kommunikative Rationalität – ein formalpragmatischer Ansatz 102
1. Kommunikatives Handeln und kommunikative Rationalität 103
2. Der formalpragmatische Ansatz des Verständigungsprozesses ... 107
3. Zur Diskursethik 113
4. Zum Lebensweltbegriff 117
III. Diskurstheorie des Rechts 125

Dritter Teil Rekonsruktion der Eindruckstheorie Auf der Grundlage der Diskursiven Rechtstheorie 135
I. Die sogenannte(n) Eindruckstheorie(n) 136
1. Die Eindruckstheorie im Originell (von Gemmingen) 137
2. Die Weiterentwicklung der Eindruckstheorie – eine Sanktionsnorm-Variante 146
A. Verhaltensnormen und Sanktionsnormen 147
B. Das Eindrucksmoment in Bezug auf die Sanktionsnorm 151
C. Kritik 152
3. Sonstige Begründungsmöglichkeiten der Eindruckstheorie 154
A. Eindruck als böses Beispiel 155
B. Eindruck als das erregte Vergeltungsbedürfnis 157

II. Der strafrechtliche Unrechtsbegriff aus der Sicht der Diskurstheorie des Rechts 159
1. Strafrecht im Rahmen der diskursiven Rechtstheorie 160
2. Der diskursive Unrechtsbegriff 164
III. Das Unrecht der versuchten Tat-eine neue Interpretation der Eindruckstheorie (allgemeine Erklärung) 168
IV. Die subjektive Zurechnung der versuchten Tat 174
1. Sinn der subjektiven Zurechnung im diskursiven Unrechtsverständnis 175
2. Tatentschluss als subjektiver Tatbestand der versuchten Tat 179
3. Untauglicher Versuch und seine grob unverständige Variante 182
A. Die Inspirationen der subjektiven Versuchslehre 185
B. Die Inspirationen der objektiven Versuchslehre 188
4. Abergläubiger Versuch 191
5. Wahndelikt und seine Grenzziehung vom untauglichen Versuch 193
V. Unmittelbares Ansetzen zur Tatbestandsverwirklichung 198

Zusammenfassung 205

Literaturverzeichnis 209

Einleitung

Die Hauptaufgabe der vorliegenden Arbeit besteht in der Begründung des Versuchsunrechts im Strafrecht. Dieses Thema hatte seit Langem zu einem der umstrittensten Bereiche in der Strafrechtswissenschaft gehört, reflektiert jedoch dessen überbrückende Stellung innerhalb der strafrechtstheoretischen Systembildung. Zum einen muss es auf das Verständnis verschiedener Unrechtstheorien zurückgreifen, damit vermieden werden kann, das Unrecht der versuchten Tat in einer willkürlichen Weise zu begründen. Eine Unrechtstheorie kann aber ohne Gedanken an den wesentlichen Zusammenhang zwischen (Rechts-)Person und (Rechts-)Norm nicht zur Geltung gelangen. Kurz gesagt: Die Begründung des Versuchsunrechts und der Zusammenhang zwischen (Rechts-)Person und (Rechts-)Norm sind mitzudenken. Zum anderen müssen sich die theoretischen Diskussionen über das Versuchsunrecht auf dogmatische Interpretationen auswirken und diese auch konkretisieren. So betrachtet, soll eine vollständige Theorie des Unrechts der versuchten Tat in der Lage sein, angemessene Erläuterungen über die Vorschriften hinsichtlich des Versuchsunrechts im geltenden Strafrecht in Bezug auf die theoretische Ebene zu bieten. Man muss beispielsweise Antworten auf die folgenden Fragen finden können: Wie sind „nach seiner Vorstellung von der Tat", „zur Verwirklichung des Tatbestandes unmittelbar ansetzt" und „aus grobem Unverstand" in §§ 22 sowie 23 Absatz 3 StGB dogmatisch zu erfassen? Wie kann man eine Grenze zwischen Wahndelikt und untauglichem Versuch ziehen?[1]

Bei einem Blick auf die Literatur, die von demselben Thema wie die vorliegende Arbeit handelt, scheint sich eine „Tradition" darzustellen. Es verhält sich so, als müsste man zunächst eine Reihe von Versuchstheorien nennen, die sich, grob gefasst, in subjektive, objektive sowie sub- und objektiv gemischte teilen, bevor folgende Analysen durchgesetzt werden können.[2] Hierbei wird in dieser Arbeit aus zwei Gründen dieser Tradition nicht gefolgt. Erstens geht es bei dieser

---

1 Zur Problematik beim Versuch im Allgemeinen vgl. vor allem *Kindhäuser*, AT, 8. Aufl., 30 / 1 ff.; *Jakobs*, AT, 2. Aufl., 25 / 1 ff.,; *Roxin*, AT II, 29 / 1 ff.; NK - *Zaczyk*, 5. Aufl., § 22 Rn. 1 ff.

2 Dies bedeutet freilich nicht, dass eine notwendige detaillierte Analyse der Auffassungen keinen Sinn hat. Die ausgeübte Kritik gilt nur für eine Behandlungsweise, mit der eine wissenschaftliche Monografie für nichts anderes gehalten würde als für ein angereichtes Lehrbuch oder ein hilfreiches Kommentar.

Untersuchung eher um eine eigene Theoriebildung statt um eine Beschreibung verschiedener Auffassungen. Das hat zur Folge, dass nur die Meinungen, die für den hier vertretenen Begründungsgang relevant und aufschlussreich sind, berücksichtigt werden sollen. Zahlreiche Vorgänger hatten sich darüber hinaus schon ehrwürdige Mühe gegeben, Versuchstheorien chronikalisch zu erläutern.[3] So weit ist der Grund bezogen auf die methodische Ebene. Auf der anderen Seite ist ein der Strafrechtstheorie immanenter Grund zu nennen. Seit der Entwicklung der Theorie der objektiven Zurechnung hat die eindimensionale Betrachtung des Unrechts ihre Bedeutung verloren,[4] geschweige denn, dass aufgrund der Handlungsstruktur per se das rein subjektive Unrechtsverständnis so unplausibel wäre wie das rein objektive. Es ist deshalb nicht verwunderlich, dass in der Gegenwart trotz aller möglichen Verschiedenheiten beim Umgang mit dieser Problematik eine Gemeinsamkeit zum Vorschein kommt: Sowohl die subjektive/innere als auch die objektive/soziale/gesellschaftliche Seite der Handlung beziehungsweise des Unrechts müssen gleichzeitig in Betrachtung kommen. Keine davon darf sich aufeinander reduzieren.[5] Dementsprechend ist dies einer der wesentlichen Standards für die vorliegende Arbeit, um die in die Diskussion eingebrachten Versuchstheorien auszuwählen.

Der andere Maßstab bezieht sich auf den theoretischen Ausgangspunkt und Begründungsgang dieser Untersuchung. Der Standpunkt dieser Arbeit läuft zunächst einem Verständnis für das Strafrecht zuwider, das aus dem transzendentalen Idealismus entstand und sodann auf das (Straf-)Recht übertragen

---

3 Jüngst siehe zum Beispiel *Wachter*, Das Unrecht der versuchten Tat, S. 7 ff.; *Grupp*, Das Verhältnis von Unrechtsbegründung und Unrechtsaufhebung bei der versuchten Tat, S. 91 ff.

4 Die Entwicklung der Theorie der objektiven Zurechnung vgl. insbesondere *Roxin*, AT I, 4. Aufl., 11 / 1 ff. Neuerdings *Hübner*, Die Entwicklung der objektiven Zurechnung.

5 Eine recht repräsentative Aussage von *Spendel* (Zur Neubegründung der objektiven Versuchstheorie, FS - Stock, S. 94) in den 1960er Jahren hat damals bereits ein Indiz dafür geboten: „Wie der Subjektivismus nicht das objektive Moment völlig eliminieren kann und vor den letzten Konsequenzen zurückschreckt, so darf der Objektivismus nicht den subjektiven Faktor ignorieren und muß sich vor doktrinärer Einseitigkeit hüten." Natürlich hat dies auch mit dem Wortlaut des geltenden Rechts zu tun, aber wenn man die Literatur näher betrachtet, liegt die Schlussfolgerung auf der Hand, dass weder rein subjektive noch rein objektive Versuchslehren durch überzeugende Argumente gestützt werden. Diese Tendenz wird auch in den folgend zur Diskussion stehenden Abhandlungen zum Ausdruck gebracht.

wurde. *E. A. Wolff*[6] und seine Nachfolger – insbesondere sind *Michael Köhler*[7], *Michael Kahlo*[8] und *Rainer Zaczyk* zu nennen – mögen die repräsentativsten Vertreter dieser Richtung sein, auch wenn in Einzelheiten je nach eigenen Auffassungen Heterogenität besteht. Für diese Abhandlung ist *Rainer Zaczyks* Habilitationsschrift *Das Unrecht der versuchten Tat* von besonderer Bedeutung – nicht nur deshalb, weil er das gleiche Thema wie das dieser Arbeit behandelt hat, sondern weil er dort demonstrierte, wie die Errungenschaften der Subjekt- oder Bewusstseinsphilosophie (im *Habermas'schen* Terminus verwendet),[9] hierfür vor allem die Kerngedanken von *Kant* und *Fichte*, im strafrechtlichen Feld innerhalb seiner Theorie kohärent um- und angewendet werden können. Ungeachtet des unterschiedlichen Standpunkts ist dieser Gedankengang, die Interpretationen der jeweiligen Rechtsbegriffe von der Legitimität des Rechts abhängig zu machen, zustimmungswürdig.

Entlang dieser bewusstseinsphilosophischen Traditionslinie soll die *Jakobs'sche* Schule[10] zur Erörterung kommen. Im Vergleich zur *Wolff'schen* Schule stehen in der Systembildung der *Jakobs'schen* die Überlegungen von *Luhmann* und *Hegel* im Mittelpunkt.[11] Die Erben der zwei großartigen Theoretiker bringen sich in zwei Grundideen zum Ausdruck: Einerseits wird das Strafrecht als ein entschlossenes System angesehen und auf die kommunikative Ebene reduziert;[12] anderseits steht das Strafrecht für eine staatliche Institution, die mit der personalen „Mitwirkungspflicht" an die Teilnahme an dem gemeinsamen Freiheitsprojekt gebunden sei.[13] Die vorliegende Arbeit wird im Folgenden versuchen, die in den oben erwähnten zwei Theorie-Verwandtschaften versteckte Gegenüberstellung des Subjekts und der Gemeinschaft durch eine diskursiv rekonstruierte Theorie

---

6 *Wolff*, Die Abgrenzung von Kriminalunrecht zu anderen Unrechtsformen, in: Hassemer (Hrsg.), Strafrechtspolitik, S. 137 ff.; *ders*., Das neuere Verständnis von Generalprävention und seine Tauglichkeit für eine Antwort auf Kriminalität, ZStW 97 (1985), S. 786 ff.

7 *Köhler*, AT, S. 9 ff.; *ders*., Bewußte Fahrlässigkeit.

8 *Kahlo*, Die Handlungsform der Unterlassung als Kriminaldelikt.

9 Vgl. beispielerweise *Habermas*, Der philosophische Diskurs der Moderne, 4. Aufl., S. 344 ff.; *ders*„ Motive nachmetaphysischen Denkens, in: *ders*., Nachmetaphysisches Denken, S. 21, 38 usw.

10 Neben *Günther Jakobs* selbst ist auch *Michael Pawlik* zu erwähnen.

11 *Jakobs*, AT, 2. Aufl., 1 / 9 ff.; *ders*, Norm, Person, Gesellschaft, 3. Aufl.

12 Ganz deutlich *Jakobs*, AT, 2. Aufl., 1 / 11.

13 *Pawlik*, Das Unrecht des Bürgers, S. 255 ff.; *Wachter*, Das Unrecht der versuchten Tat, S. 115.

aufzulösen[14] und zugleich die daraus folgenden Ergebnisse für die Begründung sowie die Anwendung des Unrechts der versuchten Tat nützlich zu machen.

Den anderen Weg ist die herrschende Lehre gegangen. Sie hat einen Kontrast zu den Auffassungen gebildet, die sich auf der Bewusstseinsphilosophie gegründet haben.[15] Philosophie transzendiere offenbar schon den Bereich der Politik. Durch eine klare Einstellung gegen sie wird die Lehre solcherart gezeichnet: Sie halte das Strafrecht überhaupt für ein sich an den Nachvollzug der politischen Aufgaben orientierendes Mittel – um durch die rechtsgutschützende Funktion des Strafrechts das Ziel der gemeinschaftlichen Kontrolle zu erreichen. Zuerst wird das dieser Art Theorie immanente Defizit beiseitegeschoben und in ihrem Kontext verblieben. So ist es möglich, ohne große Schwierigkeiten herausfinden, dass diese Lehre eine Leseart der Zusammenhänge zwischen Begriffen wie Verfassung, Menschenrechte und Verhältnismäßigkeitsprinzip darstellt. Die Strafe ist als eine Art von grundrechtlichen Eingriffen gegen den Bürger zu begreifen und daher legitimationsbedürftig.[16] Aufgrund der Staatsaufgabe des Schutzes der Daseins- und Entfaltungsbedingungen der Bürger darf sie gerechtfertigt werden.[17] In diesem Rahmen ist freilich die Verfassung immer mitzudenken, soweit in ihr die Konkretisierung jener Aufgaben des Staats und die zur Erfüllung solcher Aufgaben angemessenen Mittel erscheinen sollen, die überhaupt durch den Verhältnismäßigkeitsgrundsatz auszuwählen sind. Ein zweckrationaler Zusammenhang[18] zwischen dem Staat, dem als eines seiner Instrumente fungierenden Strafrecht und den Bürgern ist dementsprechend zur Geltung gebracht. Das Strafrecht samt seiner Rechtsfolge Strafe ist vom Staat eingerichtet,

---

14 Aufschlussreich sowie einflussreich für diese Arbeit sind die Abhandlungen von *Jürgen Habermas* und *Klaus Günther* zu nennen. *Habermas*, Faktizität und Geltung, 5. Aufl., insbesondere Kap. 1 - 3; *Günther*, Schuld und kommunikative Freiheit; *ders.*, Criminal Law, Crime and Punishment as Communication, in: Simester / Pedain / Neumann (ed.), Liberal Criminal Theory. Essays for Andreas von Hirsch, S. 123 ff.

15 *Roxin*, Selbstständigkeit und Abhängigkeit des Strafrechts im Verhältnis zu Politik, Philosophie, Moral und Religion, FS - Küper, S. 489

16 Siehe beispielerweise *Freund*, AT, 2. Aufl., 1 / 1; *Kindhäuser*, AT, 8. Aufl., 2 / 5; *Lagodny*, Strafrecht vor den Schranken der Grundrechte; jüngst auch *Wilfert*, Strafe und Strafgesetzgebung im demokratischen Verfassungsstaat, S. 16 ff.; *Puschke*, Legitimation, Grenzen und Dogmatik von Vorbereitungstatbeständen, S. 142 ff.

17 *Freund*, AT, 2. Aufl., 1 / 2; *Kindhäuser*, AT, 8. Aufl., 2 / 1.

18 *Freund*, AT, 2. Aufl., 1 / 2; *Kindhäuser*, AT, 8. Aufl., 2 / 1; *Roxin*, AT I, 4. Aufl., 7 / 27; *ders.*, Selbstständigkeit und Abhängigkeit des Strafrechts im Verhältnis zu Politik, Philosophie, Moral und Religion, FS - Küper, S. 489.

um die Daseins- und Entfaltungsbedingungen der Bürger – oder, strafrechtlich umschrieben, Rechtsgüter – vor den möglichen Verletzungen anderer zu schützen. Eine Auffassung solcher Art wird in der Gegenwart häufig mit dem generalpräventiven Strafgedanken in Verbindung gebracht. Es ist nutzlos, den Täter wegen der von ihm verursachten, aber vergangenen Rechtsgutsverletzung zu bestrafen. Das betreffende Rechtsgut ist dadurch nicht zu retten. Das Strafrecht würde demzufolge für ein gesamtes Programm stehen, damit das Rechtsbefolgungsbewusstsein aller rechtsgemeinschaftlichen Mitglieder auf der einen Seite und die Normgeltung auf der anderen Seite zu stabilisieren sind.[19]

Die oben Genannten haben nur das notwendige Hintergrundwissen für den Kontext erwiesen, in den das zu behandelnde Thema eingeordnet wird. Im nächsten Schritt wird sich den Einflüssen zugewandt, die sich aus jenen Strafrechtsverständnissen ergeben haben: auf die Versuchstheorien.

„Versuch als Übergang eines Konstituenten des Rechtsguts zur Verletzung."[20] „Das Unrecht des Versuchs besteht darin, daß eine Person entschlossen und wirkmächtig zum künftig vollendeten Verletzen übergeht, mithin schon im objektiv tatbestandlichen Handlungsansatz das interpersonale Rechtsverhältnis verletzt."[21] Diese zwei Zitate haben im Grunde hinreichende Hinweise auf die Meinungen über das Versuchsunrecht aus der Sicht der *Wolff'schen* Schule gegeben. *Zaczyks* Argumentationsgang geht vom subjektiven Selbstbewusstsein aus, das von Anfang an mit anderen verbunden ist. Sodann läuft er über das Handlungsvermögen jedes Subjekts, sich mit anderen nach einem allgemeinen Gesetz zu verhalten, und lässt dies auf den äußeren Bereich der allgemeinen Freiheitssphäre des Subjekts als den Rechtsbereich übertragen. Daraus werden die Konsequenzen gezogen, dass der Rechtszustand ein durch die intersubjektiv richtige Handlung des selbstbestimmten Subjekts konstituierter Zustand ist. Umgekehrt ist dieser positive Zustand verletzt. Merkmale des Rechtszustands – wie Handlung, Intersubjektivität sowie die Struktur und der Inhalt jeweiliger Rechtsgüter – spielen deshalb eine bedeutende Rolle bei der Beurteilung des Versuchs.

„Strafgrund des Versuchs ist das Expressiv-Werden eines Normbruchs."[22] „Im Folgenden werden die Regeln zur Ermittlung der Verhaltenssemantik erarbeitet [..., die] Ermittlung derjenigen Versuchskonstellationen, in denen der Einzelne seine Pflicht zur Mitwirkung an einem Zustand der Freiheitlichkeit bricht."[23]

---

19 Vgl. nur *Roxin*, AT I, 4. Aufl., 3/26 ff., mit weiteren Nachweisen.

20 *Zaczyk*, Das Unrecht der versuchten Tat, S. 231.

21 *Köhler*, AT, S. 451.

22 *Jakobs*, AT, 2. Aufl., 25 / 21.

23 *Wachter*, Das Unrecht der versuchten Tat, S. 149.

„[… Die] Ausführung einer Handlung, die […] ein Risiko begründet, dass nach dem normativen Konsens der beurteilenden Gesellschaft als illegitim zu veranschlagen ist.“[24] Das erste Zitat wurde von *Jakobs* selbst geschrieben, während die letzteren zwei einer Dissertation, die von seinem Schüler *Pawlik* betreut wurde, entnommen wurden. Eine Gesamtheit hat sich schon in diesem Zusammenhang dargestellt, auch wenn einige Gedankenabweichungen gewissermaßen bleiben. Diejenige Gesamtheit besteht in der Gesellschaftsbezogenheit bei dem Beurteilungskriterium des (Versuchs-)Unrechts, was eben bedeutet, Versuchsunrecht liegt nur insofern vor, als von dem Aspekt der Gesellschaft ein kommunikativer Gegenentwurf einer geltenden Rechtsnorm interpretiert werden könnte beziehungsweise von demselben Aspekt ein unerlaubtes Risiko, das gleichzeitig einen Widerspruch gegen die Mitwirkungspflicht jedes Bürgers zum Ausdruck bringt, erzeugt wird. Bei der *Jakobs'schen* Unrechtslehre, die *Luhmanns* soziale Systemtheorie mit der *Hegel'schen* Philosophie kombiniert, steht das auf das subjektive Selbstbewusstsein zurückführende *Kant'sche* Verallgemeinerbarkeitskriterium nicht mehr im Zentrum. Entscheidend ist vielmehr der Anspruch auf jedes einzelne Individuum von der Gemeinschaft, zu einer Rechtsperson (*Jakobs*) oder einem Bürger (*Pawlik*) zu werden, der die allgemeine Fähigkeit hat, sich in die Gemeinschaft zu integrieren. Doch die Mitbestimmung, welche Fähigkeiten zu beanspruchen sind, steht dem Einzelnen nicht zur Disposition. Durch diese Skizze kann darauf hingewiesen werden, dass, obwohl die Errungenschaft aus der Bewusstseinsphilosophie geteilt wird, jene beiden Schulen sich wegen verschiedenen Basisgedanken zum Freiheitbegriff im Recht voneinander unterscheiden.

Im Rahmen der geläufigen verfassungsrechtlich-generalpräventiven Meinung wäre eine Straftat, darunter eine Versuchstat, als ein Normwiderspruch verstanden, der die Normgeltung beschädigen und schwächen würde. Auf dieser Grundannahme gegründet, würde die Eindruckstheorie beim Versuchsunrecht besagen, dass der Normwiderspruch zugleich einen dadurch erschütternden Eindruck für die Rechtsgemeinschaft herbeiführen würde. Die Normgeltung wäre danach in Zweifel gezogen. Das Befolgungsbewusstsein der Allgemeinen wäre beeinträchtigt, falls keine Strafe als eine angemessene Reaktion durchzusetzen wäre.[25]

Mittels der Auseinandersetzungen im Zusammenhang mit den erwähnten drei Gruppen von Strafrechttheorien sowie durch ihre Anwendungen auf

---

24 *Wachter*, Das Unrecht der versuchten Tat, S. 171.

25 Dazu beispielerweise *Freund*, AT, 2. Aufl., 8 / 11; *Kindhäuser*, AT, 8. Aufl., 30 / 10

das Verständnis und die Auslegung des Versuchs könnten der Gedankengang und die Eigenschaft dieser Arbeit hervorgehoben werden. Ausgehend von der Grundidee des nachmetaphysischen Denkens in dieser Untersuchung gerät zunächst die Basis der Bewusstseinsphilosophie in Zweifel.[26] Mehr oder weniger wird die Überzeugungskraft der Begründung bewusstseinsphilosophischer Art und Weise entkräftet, sei es eine auf dem im Bewusstsein bestehenden Faktum der Vernunft beruhende Begründung (*Kant*, *Fichte*), sei es eine der Logik der Bewusstseinsentwicklung entsprechende Darstellung (*Hegel*). Darüber hinaus hat eine „kommunikative" Leseart der Strafrechtslehre, die sich nur an der *Luhmann'schen* Systemtheorie orientiert, übersehen, dass Kommunikationen für die Gesellschaft entscheidend sind – nicht nur deshalb, weil durch das Kontinuum der Kommunikationen ihre Stabilität gehalten werden könnte. Das durch Kommunikationen (möglich) erzeugende intersubjektive Einverständnis spielt vielmehr eine bedeutungsvolle Rolle. Für die geläufige Lehre, der die generalpräventive und normgeltungsstabilisierende Funktion der Strafe zugrunde liegt, lässt sich grundsätzlich dieselbe Problematik geltend machen. Zielte das Strafrecht auf eine andauernd gesellschaftliche Stabilität ab,[27] wären Argumentationen jenseits von *Luhmann'schem* Funktionalismus und zweckrationaler Theoriebildung unverzichtbar. Nach den oben beschriebenen Einwänden gegen die Grundlagen wären alle drei Ansätze über das Versuchsunrecht nicht mehr völlig plausibel.

In diesem Stadium sind der Ausgangpunkt und die Kerngedanken dieser Arbeit deutlich zu machen: eine allgemeine, jenseits Funktionalismus und Zweckrationalität begründete, aber gleichzeitig nichtbewusstseinsphilosophische Auffassung des Strafrechts. Nicht im Selbstbewusstsein, sondern im notwendig vorausgesetzt universalpragmatischen Rahmen im alltäglichen Leben, ohne den die einverständnisorientierte Kommunikation unmöglich ist, versteckt sich die Allgemeinheit.[28] Auf diese Weise könnte die hier vertretene Ansicht besondere Überzeugungskraft gewinnen in dieser komplexen modernen Welt und dadurch die zweckrationalen und funktionalistischen Behauptungen über

---

26 Ausführend sehe *Habermas*, Nachmetaphysisches Denken.

27 Vgl. dazu *Habermas*, Diskursethik – Notizen zu einem Begründungsprogramm, in: *ders.*, Moralbewusstsein und kommunikatives Handeln, S. 72; *ders.*, Legitimationsprobleme im modernen Staat, in: *ders.*, Zur Rekonstruktion des Historischen Materialismus, S. 271 ff.

28 Dazu vor allem *Habermas*, Was heißt Universalpragmatik?, in: *ders.*, Vorstudien und Ergänzungen zur Theorie des kommunikativen Handelns, S. 353 ff. Siehe unten 2. Teil, II. 1. und 2.

die Handlungskoordination ersetzen. Das Strafrecht im Ganzen versteht sich nicht bloß als ein Mittel, um ein kontingentes Ziel zu erreichen, sondern auch als ein Ergebnis aus der rechtlichen Diskursprozedur heraus. Daher lässt es sich als legitim ansehen. So wäre – noch weiterzuentwickeln – eine Handlung auf der strafrechtlichen Ebene insofern unerlaubt, als der Täter in einem strafrechtlichen Diskurs *notfalls* keine guten Gründe dafür geben könnte, dass seine Tat als eine intersubjektiv richtige, Verhältnisse herstellende akzeptiert werden könnte. Wie ist eine auf dieses diskursive Strafrechtsverständnis gegründete Eindruckstheorie der Versuchslehre möglich? Das ist die Hauptaufgabe der vorliegenden Arbeit.

Um die Aufgabe zu erfüllen, ist diese Untersuchung in drei Teile gegliedert. Im ersten Teil werden die ersteren zwei der drei Gruppen von Versuchslehren in allen Einzelheiten kritisch untersucht, damit erhellt werden kann, inwiefern sie aufschlussreich für die folgende Rekonstruktion sind und welches theoretische Defizit zu vermeiden ist. Der zweite Teil bezieht sich auf die theoretische Grundlage der hierfür als Anhaltspunkt funktionierenden, diskursiven Rechtstheorie. Im dritten Teil dieser Arbeit wird zunächst eine ausführliche Analyse der Eindruckstheorie verschiedener Varianten vorgenommen. Damit werden ihre Grundannahmen, zusätzlich ihre argumentativen Defizite enthüllt. Danach werden die hier zu entwickelnde, diskursive Unrechtstheorie und die darauf gegründete Eindruckstheorie des Versuchs in den Vordergrund gerückt. Schließlich werden die Fragen erörtert, wie wesentliche dogmatische Probleme auf ihrer Basis zu lösen sind.

Erster Teil Kritische Untersuchung der Versuchslehren

I. Besteht das Versuchsunrecht in der Verletzung wechselseitiger Anerkennungsverhältnisse?

In seiner Habilitationsschrift definiert *Rainer Zaczyk* den Versuch einer Tat „als Übergang eines der Konstituenten des jeweils betroffenen Rechtsguts von der Anerkennung zur Verletzung".[29] Das scheint auf den ersten Blick klar und selbstverständlich zu sein. Dahinter verstecken sich allerdings einige Probleme, vor allem: Wie lassen sich die Termini wie Konstituenten, Rechtsgut und Anerkennung verstehen? Was ist damit gemeint, dass Rechtsgüter konstituiert werden? Was ist der Zusammenhang zwischen der Konstituente des Rechtsguts und der sogenannten Anerkennung? Ohne einen Rückgriff auf *Zaczyks* theoretischen Ausgangspunkt wäre es unmöglich, jene Begriffe angemessen zu verstehen.

Zaczyk geht von der Basis der (Rechts-)Philosophie des deutschen Idealismus aus und ist offenbar von *Kant* und *Fichte* stark beeinflusst.[30] Es ist definitiv kein Zufall, wenn man ihn in den Kontext seiner Schule einbezieht. Sein Lehrer, *Ernst Amadeus Wolff*, ist einer der wenigen Strafrechtswissenschaftler, die sich nach dem Zweiten Weltkrieg um die Aktualisierung der deutsch-idealistisch-philosophischen Grundideen bei der Behandlung strafrechtlicher Fragestellungen, unter dem finalistischen und funktionalistischen Schatten bemühten.[31] Obgleich *Wolff*

---

29 *Zaczyk*, Das Unrecht der versuchten Tat, S. 327.

30 Das spiegelt sich ganz offenbar in all seinen Werken wider. Vertretend sind natürlich die Habilitationsschrift (*ders.*, Das Unrecht der versuchten Tat) und seine jüngere rechtsphilosophische Monographie (*ders.*, Selbstsein und Recht). Andere Aufsätze, die auch auf solchen Zusammenhang hinweisen, sind beispielsweise, *ders.*, Über Begründung im Recht, in: Zaczyk / Kahlo / Köhler (Hrsg.) FS - E. A. Wolff, S. 509 ff; *ders.*, Die Freiheit der Person als Zentrum der Rechtsbegründung, in: Siller / Keller (Hrsg.), Rechtsphilosophische Kontroversen der Gegenwart, S. 51 ff; *ders.*, Strafrecht, Rechtsphilosophie und der untaugliche Versuch, in: FS - Manfred Maiwald, S. 885 ff.; *ders.*, Kritische Bemerkungen zum Begriff der Verhaltensnorm, GA 2014, S. 73 ff.

31 Seit seiner Habilitationsschrift war diese Tendenz schon erkennbar, dazu *Zaczyk*, Nachruf auf E. A. Wolff, JZ 2008, S. 885; auch *Wolff*, Das neuere Verständnis von Generalprävention und seine Tauglichkeit für eine Antwort auf Kriminalität. ZStW 97 (1984), S. 786 ff.; *ders.*, Die Abgrenzung von Kriminalunrecht zu anderen Unrechtsformen, in: Hassemer (Hrsg.), Strafrechtspolitik, S. 137 ff., insbesondere S. 162-213. Zur Bewertung seiner Theorie siehe etwa *Roxin*, Prevention, Censure and Responsibility: The

in seinen Werken die Begriffe von *Kant* über *Fichte* bis *Hegel* fruchtbar gemacht hatte, scheint es mir so zu sein, dass *Fichtes* Korrektur bei den Themen Selbstbewusstsein und Rechtsbegründung gegen *Kant* im *Wolff'schen* Strafrechtssystem eine entscheidendere Rolle spielt. Eine neue Denkweise, die an jene Stelle tritt, die das sich aus der *Descartes'schen* Meditation ergebende, sich in *Kants* kritisch-philosophischem Rahmen nahezu völlig entfaltete alleinige Ich repräsentiert, wäre tauglich, die subjektphilosophischen Schwierigkeiten in der Intersubjektivität zu überwinden. *Zaczyk* ist in seinem gesamten Forschungsprojekt der Linie *Wolffs* gefolgt[32] und hat diese im Einzelnen erweitert. Im Gegensatz dazu insistiert *Michael Köhler* eher auf dem philosophischen Grund der Subjektivität *Kant*s und hebt den Vorrang der Subjektivität vor der Intersubjektivität hervor.[33] Genau das bringt die Heterogenität innerhalb der Schule zum Ausdruck – wie die Notwendigkeit, im Detail je nach der Problematik die Ansätze der jeweiligen zuvor genannten Autoren zu analysieren.

Die Aufgabe der vorliegenden Arbeit besteht nicht darin, einen Überblick über die Dis- oder Kontinuität in der Philosophie des deutschen Idealismus zu liefern. Es geht hier um eine strafrechtswissenschaftliche Monografie. Was in Betracht kommen soll, sind die Interpretationen des philosophischen Grundgedankens, die jene Autoren ins Strafrecht übertragen. Hierfür sind zwei Momente bezogen: Auf der einen Seite muss man sich klarmachen, wie der Autor die philosophischen Texte versteht und auslegt. Auf der anderen Seite lässt sich dazu anmerken, in welcher Weise die aus dem philosophischen Bereich herkommenden Materien bei der Gründung und Erläuterung der strafrechtlichen Konzepte helfen können. Das sind zwei Hauptkriterien, um die Plausibilität der folgenden Ansätze nachzuprüfen. Es wird gezeigt, welche Folgen aus den unterschiedlichen Selbstbewusstseinsmodellen *Kants* und *Fichtes* gezogen werden können und inwiefern sie auf die praktischen Verhältnisse zwischen Menschen, die Begründung des Rechts, die strafrechtlichen Verbrechens- und schließlich Versuchslehren Einfluss haben. Nachdem all diese Punkte verdeutlicht wurden, wird klar, was (vor allem) *Zaczyk* unter den eingangs erwähnten Begriffen wie

---

Recent Debate on the Purposes of Punishment, in: Simester / Bois-Pedain / Neumann (Hrsg.), Liberal Criminal Theory: Essays for Andreas von Hirsch, pp. 25-6.

32 *ders.*, Das Unrecht der versuchten Tat, S. 119; *ders.*, Selbstsein und Recht, S. 23.

33 Ganz deutlich *Köhler*, Unbedingte Affirmation, Anerkennung und Rechtsverhältnis, in: Schild (Hrsg.), Anerkennung: Interdisziplinäre Dimensionen eines Begriffs, S. 91ff., insbesondere S. 97; auch *ders.*, Recht und Gerechtigkeit: Grundzüge einer Rechtsphilosophie der verwirklichten Freiheit, S. 53 ff.

„Konstituenten des jeweils betroffenen Rechtsguts" und „Anerkennung" versteht und warum die sich entweder aus dem *Kant'schen* oder dem *Fichte'schen* Selbstbewusstseinsmodell ableitenden Rechtsbegründungen so inakzeptabel sind, dass die sich daraus ergebenden Unrechts- und Versuchslehren anschließend ihre Überzeugungskraft verlieren. Begonnen wird mit den knappen, für die weitere Kritik nötigen Rekonstruktionen der Philosophie *Kants* (1.) und *Fichtes* (2.). Beim Ersteren wird in die theoretische (A.) und praktische (B.) Philosophie sowie in die Rechtsphilosophie (C.) geteilt. Beim Letzteren werden die praktische Philosophie und die Rechtsphilosophie kombiniert diskutiert (2. B.). Zugleich könnte zum Ausdruck kommen, welche Einwirkungen verschiedene Selbstbewusstseinsverständnisse auf jene vorgenannten Ebenen haben würden. Danach werden die strafrechtlichen Ansätze der *Wolff'schen* Schule (3.), die erstlich die Verbrechenslehren (A.) im Einzelnen und sodann deren Übertragung auf den Versuchsbegriff (B.) enthalten, unmittelbar zur Diskussion stehen.

1. Kants Selbstbewusstseinsverständnis als Ausgangspunkt und der Anfang der Divergenz

Das Selbstbewusstsein lässt sich wörtlich als „ein Wissen von sich selbst" erfassen. Dieses scheinbar nicht besondere Konzept hat großes philosophisches Ansehen gewonnen, nachdem *Descartes* es in seinen erkenntnistheoretischen Argumentationsgang gesetzt hatte.[34] Dank der aus der radikal methodischen Skepsis deduzierten „Erfindung" dieses Begriffs konnte die Existenz des denkenden Ichs festgehalten werden.[35] In seinem philosophischen System hat *Kant* es auf eine kritische Weise teils aufgenommen und teils erweitert. Im Weiteren wird gezeigt, welche Rolle der Selbstbewusstseinsbegriff in *Kants* epistemischer, praktischer Philosophie und Rechtsphilosophie spielt. Sodann folgen seine Begründungen und ihre Kritik.

34 Ein Überblick dieser Geschichte vgl. *Hastedt*, Bewußtsein, in: Martens / Schnädelbach (Hrsg.), Philosophie – Ein Grundkurs, Bd. 2, S. 642 ff.

35 *Arifuku*, Das Problem des Ich bei Descartes und Kant. In: Gerhardt / Horstmann / Schumacher (Hrsg.), Kant und die Berliner Aufklärung: Akten des IX. Internationalen Kant-Kongresses. Bd. 2, S. 276.

A. *Rekonstruktion der theoretischen Philosophie Kants und der Selbstbewusstseinsbegriff*

In der Kritik der reinen Vernunft hat *Kant* den Selbstbewusstseinsbegriff als Synonym der Begriffe der Apperzeption und des Bewusstseins angewendet.[36] Jene Begriffe werden unter anderem als die transzendentale Struktur/Fähigkeit jedes Subjekts bezeichnet, ohne die die gegenständlichen Erkenntnisse unmöglich sind. Sie dienen zugleich als Antwort auf die grundlegende Fragestellung der ersten Kritik: „Wie sind synthetische Urteile a priori möglich?“[37] In einer Anmerkung innerhalb des Abschnitts zur transzendentalen Deduktion in der ersten Auflage der Kritik der reinen Vernunft schrieb *Kant*:

> „Alle Vorstellungen haben eine nothwendige Beziehung auf ein mögliches empirisches Bewußtsein: denn hätten sie dieses nicht, und wäre es gänzlich unmöglich, sich ihrer bewußt zu werden, so würde das so viel sagen, sie existirten gar nicht. Alles empirische Bewußtsein hat aber eine nothwendige Beziehung auf ein transscendentales (vor aller besondern Erfahrung vorhergehendes) Bewußtsein.“[38]

Hier könnte man festhalten, dass bei *Kant* das transzendentale Selbstbewusstsein die Basis und der logische Anfangspunkt aller gegenständlichen Erkenntnisse sei. Ohne dieses Bewusstsein wäre keine Erkenntnis möglich. Es gäbe sodann keinen Ort, wo alle Erscheinungen sich zur Einheit zusammenschließen würden.[39] Dies gilt ebenso in der zweiten Auflage der Kritik der reinen Vernunft:

> „Das: Ich denke, muß alle meine Vorstellungen begleiten können; denn sonst würde etwas in mir vorgestellt werden, was gar nicht gedacht werden könnte, welches eben so viel heißt als: die Vorstellung würde entweder unmöglich, oder wenigstens für mich nichts sein.“[40]

Eine weitere Frage würde auftauchen, nachdem jene Begriffe nur funktionsweise erklärt wurden: Was ist dieses Selbstbewusstsein, die Apperzeption sowie das denkende Ich? Wodurch kann man sie erfassen? *Kant* lieferte einen strengen Unterschied zwischen den Bereichen, auf die man das subjektive

---

36 *Zöller*, Art. Selbstbewusstsein, in: Willaschek / Stolzenberg / Mohr / Bacin (Hrsg.), Kant-Lexikon (Studienausgabe), S. 542.

37 *Kant*, Kritik der reinen Vernunft, B 19.

38 *Kant*, Kritik der reinen Vernunft, A 117 Anm.

39 *Kant*, Kritik der reinen Vernunft, A 108: „Also ist das ursprüngliche und nothwendige Bewußtsein der Identität seiner selbst zugleich ein Bewußtsein einer eben so nothwendigen Einheit der Synthesis aller Erscheinungen nach Begriffen […].“

40 *Kant*, Kritik der reinen Vernunft, B 132.

Erkenntnisvermögen anwenden kann. Um eine Erkenntnis zu erhalten, müssen die Begriffe und die Anschauung zusammenwirken. Ein Gegenstand, den die Anschauung nicht empfangen mag, sei nicht zu erkennen, sondern bestenfalls nur zu denken.

> „Sich einen Gegenstand denken und einen Gegenstand erkennen, ist also nicht einerlei. Zum Erkenntnisse gehören nämlich zwei Stücke: erstlich der Begriff, dadurch überhaupt ein Gegenstand gedacht wird (die Kategorie), und zweitens die Anschauung, dadurch er gegeben wird; denn könnte dem Begriffe eine korrespondierende Anschauung gar nicht gegeben werden, so wäre er ein Gedanke der Form nach, aber ohne allen Gegenstand und durch ihn gar keine Erkenntniß von irgend einem Dinge möglich ...“[41]

Eine Erkenntnis des Selbstbewusstseins sei dieser scharfen Trennung gemäß nicht möglich. Es gebe gar keine „Anschauung des Subjects als Object“.[42] Dementsprechend sei das denkende Selbst *Kant* zufolge „eine bloße logische qualitative Einheit des Selbstbewusstseins im Denken überhaupt“.[43] An einer anderen Stelle in der ersten Kritik hält es *Kant* allerdings für „real“.[44] Im Kurzen wäre die Antwort auf jene oben erwähnte Frage: Das Selbstbewusstsein ist etwas Reales, dennoch unerkennbar.

Nach *Kant* könnte jenes durch (transzendentale) Reflexion (an manchen Stellen auch als Überlegung) bezeichnet werden. Die beiden Wörter sind eine Übersetzung des lateinischen Wortes „reflexio“.):

> „Die Überlegung (*reflexio*) [...] ist der Zustand des Gemüths, in welchem wir uns zuerst dazu anschicken, um die subjectiven Bedingungen ausfindig zu machen, unter denen wir zu Begriffen gelangen können.“[45]

Dem vorher Gesagten entsprechend handelt es sich hier nicht um die gegenständlichen Erkenntnisse,[46] sondern um eine Methode, deren Grund herauszufinden. *Kant* erläutert die funktionierende Weise jener Methode erstlich als die Trennung des Erkenntnisstamms durch „die Vergleichung der Vorstellungen überhaupt“:[47]

---

41 *Kant*, Kritik der reinen Vernunft, B 146.

42 *Kant*, Kritik der reinen Vernunft, B 421f.

43 *Kant*, Kritik der reinen Vernunft, B 413; siehe auch B 419: „der Begriff des Subjekts hier nur logisch genommen...“

44 *Kant*, Kritik der reinen Vernunft, B 419:“Die Apperzeption ist etwas Reales.“

45 *Kant*, Kritik der reinen Vernunft, A 260 / B 316.

46 *Kant*, Kritik der reinen Vernunft, A 260 / B 316: „Die Überlegung (reflexio) hat es nicht mit den Gegenständen selbst zu thun, um geradezu von ihnen Begriffe zu bekommen.

47 *Kant*, Kritik der reinen Vernunft, A 261 / B 317.

„Sie [die Überlegung, *Lin*] ist das Bewußtsein des Verhältnisses gegebener Vorstellungen zu unseren verschiedenen Erkenntnißquellen, durch welches allein ihr Verhältniß unter einander richtig bestimmt werden kann. Die erste Frage vor aller weitern Behandlung unserer Vorstellung ist die: in welchem Erkenntnißvermögen gehören sie zusammen? Ist es der Verstand, oder sind es die Sinne, vor denen sie verknüpft oder verglichen werden?“[48]

Genau diesen Prozess der Vergleichung und der Zuordnung nennt *Kant* „transzendentale Überlegung“[49] (= Reflexion).

Aus diesen Abschnitten könnte abgelesen werden, dass *Kant* durch den Reflexionsprozess das Erkenntnisvermögen (Selbstbewusstsein) des Subjekts zu verdeutlichen versuchte. Ob es ihm gelungen ist, ist umstritten.[50] Als eines der zwei Hauptprobleme erscheint, dass *Kant* daran gescheitert ist, seine gesamte Argumentation des Selbstbewusstseins zu rechtfertigen. Zunächst würde das Defizit in der *Kant'schen* Trennung des „Dings an sich“ und der „Erscheinung“ liegen. Das andere Problem betrifft eine umfangreichere Ebene als die nur dem *Kant'schen* Begründungsversuch des Selbstbewusstseins immanente, und zwar die Reflexionsmethode als solche, die zu einem definiten Regress und/oder einer Tautologie führen würde.

Zunächst wird die erste Problematik behandelt. Es stimmt, dass sich die subjektive Erkenntnisstruktur, von dem passiven Empfang der Erscheinung über das spontane Wirken des Verstandes bis hin zu dem zusammenhaltenden und logisch einheitlichen Selbstbewusstsein, deutlicher „beschreiben“ lässt, nachdem die Erklärung der transzendentalen Überlegung gezeigt wurde. Analysiert man allerdings den Wirkungsbereich jener Argumente näher, ließe sich wahrscheinlich herausfinden, dass die Schlüsselfrage unbeantwortet bleibt. Gefragt wurde, warum das Selbstbewusstseinsverständnis so sein muss, wie *Kant* es behauptet

---

48 *Kant*, Kritik der reinen Vernunft, A 260 / B 316.

49 *Kant*, Kritik der reinen Vernunft, A 262 / B 317.

50 Positive Bewertungen siehe zum Beispiel *Henrich*, Selbstbewusstsein. Kritische Einleitung in eine Theorie, in: Bubner (Hrsg.), Hermeneutik und Dialektik, Bd. 1, S. 275; *Frank*, Selbstbewusstsein und Selbsterkenntnis, S. 6.; *Lau*, Die Struktur der transzendentalen Deduktion und das Problem des Selbstbewusstsein, in: Gerhardt / Horstmann / Schumacher (Hrsg.), Kant und die Berliner Aufklärung: Akten des IX. Internationalen Kant-Kongresses. Bd. 2, S. 362 ff. Im Gegenteil die negative Einschätzung vgl. *Fichte*, Versuch einer neuen Darstellung der Wissenschaftslehre, SW I, S. 526.; in dieser *Fichteschen* Linie vgl. insbesondere *Habermas*, nachmetaphysisches Denken, S. 52 und 275. Im Übrigen siehe auch *Walsh*, Self-Knowledge, in: Walker (ed.), Kant on Pure Reason, p. 164.

hat, welche Gründe er dafür liefern könnte. Beantwortet wurde jedoch, dass die Reflexion (als Trennung und Zuordnung der Vorstellung von der richtigen epistemischen Instanz) die Voraussetzung dafür sei, das Erkenntnisvermögen einwandfrei funktionieren zu lassen, um sodann die richtigen Erkenntnisse zu garantieren. Das Ziel wurde verfehlt. Es ist deswegen nicht wunderlich, wenn manche Autoren behaupten, dass *Kants* Reflexionsbegriff trotz seiner Transzendentalität eine methodische Prämisse sei, die aus der Naturwissenschaft stamme.[51] Könnte allerdings keine ausreichende Rechtfertigung ausgeliefert werden, um die Prämisse zu begründen, würde dies die gesamte philosophische Struktur *Kants* erschüttern und entkräften.

Es kommt zu einer noch schwierigeren Situation, wenn *Kant* in die Erklärung des Selbstbewusstseins den Unterschied zwischen dem „Ding an sich/Noumenon" und der „Erscheinung/Phaenomenon" einfügt, um daraus die Folgerung zu ziehen, dass sich nichts über das Wesen des Selbstbewusstseins (der Apperzeption) erkennen lässt.[52] Dieses Begriffspaar scheint *Kant* einen guten Grund zu geben, das Wesen des Selbstbewusstseins nicht zu hinterfragen. Doch würde jenes wichtigste Konzept der ganzen theoretischen Philosophie *Kant*s in Dunkelheit bleiben. Dies wäre nur eine Problemverschiebung. Die bisherige erwartete Rechtfertigung über das Selbstbewusstsein erscheint nicht.[53]

Die Reflexionsmethode ist ein anderes, umfangreicheres Kampffeld, wo vor allem der Begründungsgang der *Kant'schen* und *Fichte'schen* Philosophie in Zweifel gezogen wird.[54] Hier wird sich einschränkend um den oben erwähnten

---

51 *Smith*, A Commentary to Kant's Critique of Pure Reason, p. Xliv.

52 *Kant*, Preisschrift über die Fortschritte der Metaphysik, AA 20, 270:„ Von dem Ich in der ersten Bedeutung (dem Subject der Apperception), dem logischen Ich, als Vorstellung a priori, ist schlechterdings nichts weiter zu erkennen möglich, was es für ein Wesen, und von welcher Naturbeschaffenheit es sey."

53 Eine solche Lösungsalternative (Trennung zwischen dem Ding an sich und der Erscheinung) *Kants*, um den Rationalismus und den Empirismus zuerst zu überwinden und sodann zu vermitteln, hat zugleich Einfluss auf seine Behandlungsweise des Freiheitsbegriffs, den die *Wolff*-Schule als ihren systematischen Ausgang genommen hat. Dazu siehe unten 2.

54 Die Kritik an einer solchen Methode aufgrund des Regresses oder der Tautologie ist auf die *Schulzes* gegen *Reinhold* zurückzuziehen, ist jedoch in der Gegenwart noch von entscheidender Bedeutung. Über die Kritik *Schulzes* siehe *Neuhouser*, Fichte's Theory of Subjectivity, pp. 71-5. Zu den gegenwärtigen Auseinandersetzungen siehe namentlich, *Habermas*, nachmetaphysisches Denken, S. 52 und 275; *Tugendhat*, Selbstbewusstsein und Selbstbestimmung, S. 33 f.; *Henrich*, Selbstbewussßtsein, in: Bubner (Hrsg.), Hermeneutik und Dialektik (FS - Gadamer), S. 257 ff. Zusammenfassend siehe *Düsing*,

Begriff der transzendentalen Reflexion *Kants* gekümmert. Neben der oben gezeigten Problematik, dass die Reflexionsprozedur nicht ausreichend wäre, das Selbstbewusstsein zu rechtfertigen, wird die Methode selbst einer Betrachtung unterzogen.

Wie vorher schon angeführt, wird in der Reflexion danach gefragt: „in welchem Erkenntnißvermögen gehören sie [Vorstellungen, *Lin*] zusammen? Ist es der Verstand, oder sind es die Sinne […]?“[55] Hier wird implizit vorausgesetzt, dass es schon ein Kriterium gäbe, um zu entscheiden, ob zum Verstand oder zur Sinnlichkeit eine Vorstellung gehören sollte. Implizit vorausgesetzt wird ebenfalls, dass es eine Instanz gäbe, die jene Trennungsaufgabe durchsetzen würde. Nun taucht eine Tautologie auf. Die implizierte Instanz ist diejenige, die aus der Reflexion erfolgen soll: die transzendentale Apperzeption/das Selbstbewusstsein. Dies erinnert gleichzeitig an einen berühmten Satz *Kants*, der oben schon zitiert wurde: „Das: Ich denke, muß alle meine Vorstellungen begleiten können.“[56] Ein solches denkendes Ich begleitet ohne Ausnahme, wenn man nach dem Wesen dieses Ichs zu fragen versucht, bis hin zu einem infiniten Regress. Gerade an diesem Punkt erkannte *Fichte* die Schwäche des Reflexionsmodells des Selbstbewusstseins. In dem „Versuch einer neuen Darstellung der Wissenschaftslehre“ beschrieb er ein Szenario, um einen solchen infiniten Regress zu enthüllen:

> „Indem du irgend eines Gegenstandes – es sey derselbe die gegenüberstehende Wand – dir bewusst bist, bist du dir, wie du eben zugestanden, eigentlich deines Denkens dieser Wand bewusst, und nur inwiefern du dessen dir bewusst bist, ist ein Bewusstseyn der Wand möglich. Aber um deines Denkens dir bewusst zu seyn, musst du deiner selbst dir bewusst seyn. – Du bist – deiner dir bewusst, sagst du; du unterscheidest sonach nothwendig dein denkendes Ich von dem im Denken desselben gedachten Ich. Aber damit du dies könnest, muss abermals das Denkende in jenem Denken Object eines höheren Denkens seyn, um Object des Bewusstseyns seyn zu können; und du erhältst zugleich ein neues Subject, welches dessen, das vorhin das Selbstbewusstseyn war, sich wieder bewusst sey. Hier argumentire ich nun abermals, wie vorher; und nachdem wir einmal nach diesem Gesetze fortzuschliessen angefangen haben, kannst du mir nirgends eine Stelle nachweisen, wo wir aufhören sollten; wir werden sonach ins unendliche fort für jedes Bewusstseyn ein neues Bewusstseyn bedürfen, dessen Object das erstere sey, und sonach nie dazu kommen, ein wirkliches Bewusstseyn annehmen zu können. – Du bist dir deiner, als des Bewussten, bewusst, lediglich inwiefern du dir

---

Selbstbewußtseinsmodelle, S. 97-120, insbesondere S. 106 ff.; *Mauersberg*, Der lange Abschied von der Bewußtseinsphilosophie, S. 88 f.

55 *Kant*, Kritik der reinen Vernunft, A 260 / B 316.

56 *Kant*, Kritik der reinen Vernunft, B 132.

deiner als des Bewusstseyenden bewusst bist; aber dann ist das Bewusstseyende wieder das Bewusste, und du musst wieder des Bewusstseyenden dieses Bewussten dir bewusst werden, und so ins unendliche fort: und so magst du sehen, wie du zu einem ersten Bewusstseyn kommst."[57]

Mit aller Deutlichkeit hat *Fichte* erklärt, auf welche Art und Weise und aus welchem Grund die Reflexionsmethode zum Regress führen würde: Menschen als Subjekte können eine objektiv-allgemeingültige Erkenntnis erwerben, nachdem ihr subjektives Vermögen die Vorstellungen richtig bearbeitet hat. Wenden sie sich zu derjenigen Vorstellung, die sich direkt auf das Bewusstsein bezieht, wäre es unvermeidbar, diese Vorstellung mit einer vorher bereits vorliegenden, dennoch separaten Vorstellung in Zusammenhang zu setzen. Versucht man an jene vorherige Vorstellung zu denken, taucht eine andere vor-vorherige Vorstellung auf – bis hin zum Regress.

Die zwei erwähnten ungelösten Problematiken beschädigen nicht bloß *Kants* Erkenntnistheorie. Seine praktische Philosophie – inklusive seiner Rechtsphilosophie – würde aus zwei Gründen in Zweifel stehen: Erstens liefern wahre Erkenntnisse die Materie aus, die als Inhalt in die moralische Entscheidungsprozedur des kategorischen Imperativs eingeführt wird.[58] Wenn der Geltungsgrund jener Materie, wie gesagt, fehlt, kann der Schluss des moralischen Urteils nicht garantiert werden. Zweitens, zugleich ein zentrales Problem ist: Auch wenn es sich um zwei verschiedene Arten des Gebrauchs der Vernunft in *Kants* theoretischer und praktischer Philosophie handelt, ist die Begründungsmethode identisch: Reflexion. Diesmal steht nicht die transzendentale Apperzeption im Zentrum, sondern die unhintergehbare Stelle der Autonomie. Eine solche nicht unproblematische Methode würde für *Kants* praktische Philosophie ein Defizit verursachen. Der folgende Abschnitt dient dazu, diese Schwierigkeit innerhalb von *Kants* praktischer Philosophie auszuführen.

B. Der Autonomiebegriff und diesbezügliche Kritiken bei Kant

Es wird weder ausführlich der Inhalt der praktischen Philosophie *Kants* vergegenwärtigt noch auf die unendlichen Debatten um die entscheidenden Interpretationen der „Kritik der praktischen Vernunft" und der „Grundlegung zur Metaphysik der Sitten" eingegangen. Stattdessen wird der Fokus auf die

---

57 *Fichte*, Versuch einer neuen Darstellung der Wissenschaftslehre, SW I, S. 526.

58 Zu der Art und Weise des beurteilenden Prozesses der moralischen Entscheidung des Subjekts siehe *Höffe*, Immanuel Kant, 8. Aufl., S. 185 ff.

Ähnlichkeit der Untersuchungsstrategie und der Argumentationsstruktur zwischen der ersten und der zweiten Kritik gelegt. Dadurch wäre klar, welchen Nachteil die Behandlungsweise, mit der *Kant* die Allgemeingültigkeit der Erkenntnis sowie der Sittlichkeit zu untermauern versuchte, mit sich bringen würde.

Zuerst sei wiederum erinnert an das ganze Gefüge der in der ersten Kritik untersuchten Erkenntnistheorie *Kants*, die hauptsächlich vier Momente umfasst. Es beginnt mit der Unterscheidung zwischen Sinnlichkeit und Verstand. Erstere empfängt einerseits die Erscheinung passiv durch die Formen der Anschauung. Andererseits bearbeitet Letzterer den empfangenen Stoff spontan mit den Verstandsbegriffen. Im Hintergrund der beiden Erkenntnisstämme, der Sinnlichkeit und des Verstandes, steht die transzendentale Apperzeption, das heißt das Selbstbewusstsein, welches als logischer Anfang und zusammenhaltende Einheit der Sinnlichkeit und des Verstandes gedacht wird. Mithilfe einer Reflexionsmethode, so *Kant*, könnte das Selbstbewusstsein erreicht und begründet werden. Das steht aufgrund des oben Gesagten nunmehr im Zweifel.

Von jetzt an sollte diese Struktur im Gedächtnis behalten und sich zugleich dem Gefüge in der Moralphilosophie *Kants* zugewandt werden. Diesmal ist nicht unbedingt der Reihenfolge der Argumente in der Kritik der praktischen Vernunft zu folgen. Stattdessen handelt es sich um eine Rekonstruktion jener Argumentation, die analog zum Aufbau innerhalb der ersten Kritik ist. Dies würde damit ausdrücken, wie ähnlich die Problematik zwischen den beiden Werken aufgrund ihrer Begründungsweise wäre. An die Stelle der Sinnlichkeit und ihrer Formen treten die Maxime und die durch die Maxime behandelten praktischen Situationen. Man stelle sich vor, es entstände eine gewisse Lage: Zum Beispiel steht ein Mensch vor dem Gericht und wird von einem Richter gefragt, wo sich sein ein Verbrechen begehender Freund versteckt. Die betroffene Person müsste darüber entscheiden, auf welche Art und Weise sie handeln soll, um der Moral zu entsprechen. Sie könnte lügen, um den Freund zu beschützen – entweder, weil er der beste Freund dieser Person ist (Maxime A) oder weil er diesem Individuum Geld bezahlen würde (Maxime B). Es wäre auch möglich, dass der Befragte das Gebot: „Du sollst nicht lügen", als das Wichtigste ansieht, sodass er die Wahrheit sagt (Maxime C). Für den nächsten Schritt ist der kategorische Imperativ (in der zweiten Kritik auch als Grundgesetz der reinen praktischen Vernunft bezeichnet) verantwortlich: „Handle so", so *Kant*, „ daß die Maxime deines Willens jederzeit zugleich als Prinzip einer allgemeinen Gesetzgebung gelten könne".[59] Ebenso wie die Vielfältigkeit der Sinnlichkeit

59 *Kant*, Kritik der praktischen Vernunft, A 54.

geregelt und einheitlich unter die Ebene des Verstandes gebracht wird, gewinnen die Subjekte durch den kategorischen Imperativ und den darin sich widerspiegelnden Prozess der Verallgemeinerbarkeit die richtig-moralische Erkenntnis. In dem obigen Fall würden die Maximen A und B gestrichen. Die Maxime C wäre die einzig korrekte Alternative, genau deshalb, weil der Grund dieser Alternative – das Gebot, nicht zu lügen – unabhängig von irgendwelchen empirischen Bedingungen bleibt, sei es das Wohlwollen aus Freundschaft, sei es das Interesse an der Geldzahlung. Nur diejenigen Maximen, die weder der subjektiven Neigung noch der Begehrung entspringen würden, also sich nicht aus dem durch die Empirie Bestimmten ergäben, so *Kant*, seien verallgemeinerbar und würden für moralisch gehalten. Hierbei lässt sich die Ähnlichkeit zwischen dem Verstand und dem kategorischen Imperativ bemerken, und zwar die Positivität der beiden. Auf der einen Seite funktioniert der Verstand *spontan*, um die von der Sinnlichkeit kommenden Materien zu regeln. Auf der anderen Seite beurteilt der kategorische Imperativ, ob eine Maxime als moralisch angesehen werden kann. Dann ist er „*gegeben*", sobald eine Maxime entworfen wird.[60] Nunmehr fragt man sich, was die Stelle des transzendentalen Selbstbewusstseins der ersten Kritik ersetzt hat und den kategorischen Imperativ in der praktischen Philosophie *Kants* begründet. Die Antwort wäre: Freiheit.

Im Gegensatz zur Position in der ersten Kritik behauptet *Kant* diesmal, dass die Freiheit ihre Wirklichkeit durch den kategorischen Imperativ praktisch gewinnen könne. Allerdings sei die Freiheit als solche *Kant* zufolge nicht erkennbar, so dass, wenn *Kant* sein Moralsystem rechtfertigen möchte, der einzige Ausgangspunkt der kategorische Imperativ, das moralische Gesetz zu sein scheint. So schrieb *Kant*:

> „Von der Freiheit kann es nicht anheben; denn deren können wir uns weder unmittelbar bewußt werden, weil ihr erster Begriff negativ ist, noch darauf aus der Erfahrung schließen, denn Erfahrung giebt uns nur das Gesetz der Erscheinungen, mithin den Mechanism der Natur, das gerade Widerspiel der Freiheit, zu erkennen. *Also ist es das moralische Gesetz, dessen wir uns unmittelbar bewußt werden (so bald wir uns Maximen des Willens entwerfen)* [Hervorhebung von mir], welches sich uns zuerst darbietet und, indem die Vernunft jenes als einen durch keine sinnliche Bedingungen zu überwiegenden, ja davon gänzlich unabhängigen Bestimmungsgrund darstellt, gerade auf den Begriff der Freiheit führt."[61]

---

60 *Kant*, Kritik der praktischen Vernunft, A 56.
61 *Kant*, Kritik der praktischen Vernunft, A 53.

Gerade dies erinnert an die Argumentationsstrategie *Kants*, als er in der ersten Kritik mithilfe der Behauptung der Unerkennbarkeit der Apperzeption die Beweislast entlastete. Diesmal, in der zweiten Kritik, wie oben zitiert, verwendet er eine ähnliche Weise, um den Schwerpunkt des Arguments auf den kategorischen Imperativ, statt auf die Freiheit zu schieben. Indem er die funktionierende Weise des moralischen Gesetzes erhellt, lässt er zugleich die logische Notwendigkeit jener selbstbestimmenden Freiheit bewusstwerden. Wenn das moralische Gesetz „Imperativ" und von anderen Bestimmungsgründen – darunter die Willkür der anderen, die Neigung oder die Begehrung von sich selbst – unabhängig ist, setzt es voraus, dass es hinter dem Imperativ eine ihn gebende Instanz gibt. Es sieht so aus, dass, wenn es *Kant* gelungen ist, den kategorischen Imperativ zu begründen, dann die Freiheit aufgrund der vorgenannten Notwendigkeit begründet würde.

Das ist nicht der Fall. Der hier vertretenen Ansicht nach hat diese Versuchung *Kants* zumindest nicht völlig funktioniert. Bei einer näheren Betrachtung lässt sich verstehen, dass es sich hier um eine doppelte Prämisse handelt, bei der zwei nicht ausreichend erklärte Begriffe, die Freiheit und der kategorische Imperativ, sich aufeinander beziehen,[62] statt auf einer echten, stabilen Basis zu beruhen. *Kant* hält zunächst fest, dass die Subjekte das moralische Gesetz direkt erkennen können, und fragt sich dann: „Wie ist aber auch das Bewusstsein jenes moralischen Gesetzes möglich?"[63] Anschließend beantwortet er diese Frage:

---

62 *Kant*, Kritik der praktischen Vernunft, A 53: „Freiheit und unbedingtes praktisches Gesetz weisen also wechselweise auf einander zurück." Dies zeigt auch die Schwierigkeit für Kant wie auch seine Verzögerung, darüber zu entscheiden, ob erst aus der Freiheit das moralische Gesetz abgleitet werden soll oder umgekehrt. Offenbar hat er in der zweiten Kritik darauf verzichtet, jene Problematik unmittelbar zu lösen; vielmehr nahm er einen dritten Weg, die beiden setzten einander also voraus. Ob dieser Lösungsweg ein besserer ist oder er hingegen die Problematik vergrößert und verschlimmert, ist umstritten: *Henrich*, *Höffe* und *Willaschek* halten ihn als einen besseren, dazu siehe *Henrich*, Die Deduktion des Sittengesetzes, in: Schwan (Hrsg.), Denken im Schatten des Nihilismus, S. 55 ff.; *Höffe*, Einführung in die Kritik der praktischen Vernunft, in: dem (Hrsg.), Kritik der praktischen Vernunft – Klassiker Auslegen, S. 15 f.; *Willaschek*, Praktische Vernunft, Handlungstheorie und Moralbegründung bei Kant, S. 224 ff.; dagegen vgl. aber: *Fichte*, Zweite Einleitung in die Wissenschaftslehre, in Lauth / Jacob (Hrsg.), Gesamtausgabe der Bayerischen Akademie der Wissenschaften, Bd. 2 / 3, S. 31; *Prauss*, Kant über Freiheit als Autonomie, S. 68.

63 *Kant*, Kritik der praktischen Vernunft, A 53.

> „Wir können uns reiner praktischer Gesetze bewußt werden, eben so wie wir uns reiner theoretischer Grundsätze bewußt sind, indem wir auf die Nothwendigkeit, womit sie uns die Vernunft vorschreibt, und auf Absonderung aller empirischen Bedingungen, dazu uns jene hinweiset, Acht haben. Der Begriff eines reinen Willens entspringt aus den ersteren, wie das Bewußtsein eines reinen Verstandes aus dem letzteren."[64]

Kurzgefasst: Durch den Begriff des reinen Willens, mit dem die Vernunft Subjekten die Notwendigkeit vorschreibt, lässt sich verstehen, wie das moralische Bewusstsein möglich ist. Spielt der Wille eine solche Rolle, ist er nichts anderes als die Freiheit. Eigentlich wollte *Kant* mithilfe des moralischen Gesetzes auf die Wirklichkeit der Freiheit hinweisen, wie gezeigt. Er hat es umgekehrt unternommen, ging von dem Freiheitsbegriff aus, um zu erklären (sogar zu bestätigen), dass das moralische Gesetz erkannt werden kann.[65] Auf der anderer Seite behauptet *Kant* darüber hinaus, dass die subjektive Erkennbarkeit des moralischen Gesetzes „das Faktum der Vernunft",[66] das unleugbar sei.[67] Bis hier ist trotz mancher Inkohärenz festzuhalten, dass dem moralischen Gesetz die Freiheit zugrunde liegt und dass das subjektive Bewusstsein des moralischen Gesetzes möglich ist. Also hängt die Normativität des kategorischen Imperativs von zwei unbegründeten Sachen ab: vom Begriff der Freiheit, die nicht erkennbar ist; vom moralischen Bewusstsein, das vorausgesetzt werden muss. Ein solches Ergebnis lässt sich nicht als zufriedenstellend ansehen.

Nachdem das Defizit des Begründungsgangs innerhalb der zweiten Kritik enthüllt wurde, ist die Aufgabe dieses Abschnitts erfüllt. Dass in der Rechtfertigung der Moral ein Mangel besteht, bedeutet nicht, dass das gesamte System aufgegeben werden muss. Es ist möglich, durch Interpretationen oder einen neuen theoretischen Rahmen den vorliegenden Mangel zu korrigieren. Auf diesen Punkt wird zurückgekommen. Nunmehr ist festzustellen, dass, weil *Kant* einen engen Zusammenhang zwischen Moral und Recht (kategorischem Imperativ

---

64 *Kant*, Kritik der praktischen Vernunft, A 53.

65 Eine gegensätzliche Richtung, in die die Ableitbarkeit des moralischen Grundgesetzes aus der Vernunft, siehe *Kant*, Kritik der praktischen Vernunft, A 55 f.: „ Man kann das Bewußtsein dieses Grundgesetzes ein Factum der Vernunft nennen, weil man es nicht aus vorhergehenden Datis der Vernunft, z. B. dem Bewußtsein der Freiheit (denn dieses ist uns nicht vorher gegeben), herausvernünfteln kann."

66 *Kant*, Kritik der praktischen Vernunft, A 55 f.

67 *Kant*, Kritik der praktischen Vernunft, A 57.

und Rechtsbegriff) beansprucht,[68] jenes Defizit die Rechtsbegründung immer begleiten wird, im folgenden Abschnitt verdeutlicht.

C. Die Rechtsbegründung bei Kant

Durch drei Eigenschaften lässt sich der Rechtsbegriff *Kants* auszeichnen: die Bezogenheit des äußerlichen Handlungsbereichs, die Kompatibilität des Zusammenlebens und ein enges, aber trennbares (strenger gesagt: unbedingt getrenntes) Verhältnis zwischen Recht und Moral. Das Recht bezieht sich erstens, so *Kant*, nur auf den äußeren Effekt eines Subjekts auf ein anderes Subjekt, auf etwas Wirkliches im Feld des Zusammenlebens. *Kant* gab zugleich negative Beispiele, die das Recht nicht betrifft, um klarer zu erläutern, was unter dem „äußeren Verhältnis" verstanden werden soll. Das Rechtsverhältnis schränkt sich nach *Kant* auf die Willkür zwischen Subjekten ein. Weder der Wunsch noch das Bedürfnis sollen in Betracht kommen.

> „Der Begriff des Rechts, sofern er sich auf eine ihm correspondirende Verbindlichkeit bezieht, (d. i. der moralische Begriff desselben) betrifft erstlich nur das äußere und zwar praktische Verhältnis einer Person gegen eine andere, sofern ihre Handlungen als Facta aufeinander (unmittelbar oder mittelbar) Einfluß haben können. Aber zweitens bedeutet er nicht das Verhältniß der Willkür auf den Wunsch (folglich auch auf das bloße Bedürfniß) des Anderen, wie etwa in den Handlungen der Wohlthätigkeit oder Hartherzigkeit, sondern lediglich auf die Willkür des Anderen."[69]

---

68 Hier geht es um die sogenannte „Abhängigkeitsthese", die zur gewöhnlichen Interpretationslinie gehört. Dazu siehe zum Beispiel: *Höffe*, Immanuel Kant, 8. Aufl., S. 216; *ders*., Der kategorische Rechtsimperativ – „Einleitung in die Rechtslehre", in: *ders*. (Hrsg.), Immanuel Kant, Metaphysische Anfangsgründe der Rechtslehre, S. 42; *Kersting*, Wohlgeordnete Freiheit, 2. Aufl., S. 175 ff. Die Autoren der *Wolff*-Schule zählen auch dazu, vgl. *Wolff*, Die Abgrenzung von Kriminalunrecht zu anderen Unrechtsformen, in: Hassemer (Hrsg.), Strafrechtspolitik, S. 194 ff.; *ders*, Das neuere Verständnis von Generalprävention und seine Tauglichkeit für eine Antwort auf Kriminalität, ZStW 97 (1985), S. 814 ff.; *Zaczyk*, Das Unrecht der versuchten Tat, S. 146 ff.; *ders*., Selbstsein und Recht, S. 61 ff.; *Köhler*, Recht und Gerechtigkeit: Grundzüge einer Rechtsphilosophie der verwirklichten Freiheit, S. 42 ff. Im Gegensatz dazu haben die unterschiedliche Varianten der „Unabhängigkeitsthese" behauptenden Ansätze auch in jüngerer Zeit gewissermaßen Achtung und Überzeugungskraft gewonnen. Dazu siehe vor allem *Willaschek*,"Right and Coercion. Can Kant's Conception of Right be Derived from his Moral Theory?", in International Journal of Philosophical Studies 17 (2009), 49-70; *ders*., „Recht ohne Ethik? Kant über die Gründe, das Recht nicht zu brechen", in: Gerhardt / Meyer (Hrsg.), Kant im Streit der Fakultäten, S. 188 ff.

69 *Kant*, Die Metaphysik der Sitten, AB 32.

Das Recht hat zweitens die Aufgabe, das kompatible Zusammenleben zu regeln. Hier handelt es sich nicht um irgendeine Form des Zusammenlebens. Es geht bloß um diejenige, die allen Beteiligten innerhalb einer Rechtsgemeinschaft nach einem allgemeinen Gesetz der Freiheit kompatibel zusammenzuleben erlaubt, ohne irgendjemanden wegen der Rechtsverwendung der anderen auszuschließen. So betrachtet, ist das Recht deshalb „der Inbegriff der Bedingungen, unter denen die Willkür des einen mit der Willkür des andern nach einem allgemeinen Gesetze der Freiheit zusammen vereinigt werden kann".[70] Ein kompatibles Zusammenleben ist möglich, weil die Rechtsordnung die Materie der Willkür, beispielweise den Zweck oder das Interesse einer Handlung, nicht regelt. Stattdessen bezieht sie sich laut *Kant* nur auf ihre Form, die für alle Rechtsgenossen allgemein und identisch ist. Sodann ergibt sich kein inakzeptables Ergebnis, dass jemand sich für das Interesse eines anderen opfern muss. Dazu schrieb *Kant*:

> „[... I]n diesem wechselseitigen Verhältniß der Willkür kommt auch gar nicht die Materie der Willkür, d. i. der Zweck, den ein jeder mit dem Object, was er will, zur Absicht hat, in Betrachtung, z. B. es wird nicht gefragt, ob jemand bei der Waare, die er zu seinem eigenen Handel von mir kauft, auch seinen Vortheil finden möge, oder nicht, sondern nur nach der Form im Verhältniß der beiderseitigen Willkür, sofern sie bloß als frei betrachtet wird, und ob durch die Handlung eines von beiden sich mit der Freiheit des andern nach einem allgemeinen Gesetze zusammen vereinigen lasse."[71]

In der Einleitung zur Metaphysik der Sitten hat *Kant* drittens auf den Zusammenhang sowie den Unterschied zwischen Moral und Recht hingewiesen. Er behandelte sie auf zwei Ebenen. Einerseits ist die Ebene des Gesetzes betroffen. Gefragt wird, wie sehr die Gesetze ihre Adressaten beanspruchen, wenn sie sich an ihnen orientieren. Rechtliche (juristische) Gesetze fordern nur die Gesetzmäßigkeit äußerer Handlung, ethische Erlangen die äußerliche Gesetzmäßigkeit und deren subjektive Entsprechung. Demgemäß wandte *Kant* jenen Unterschied andererseits auf die subjektive Ebene an: Sich an die juristischen Gesetze zu halten, heißt nach *Kant* Legalität. Sich an Letzteren zu orientieren, nennt *Kant* Moralität. Aus dem folgenden Zitat kann das oben Gesagte abgelesen werden:

> „Diese Gesetze der Freiheit heißen zum Unterschiede von Naturgesetzen moralisch. So fern sie nur auf bloße äußere Handlungen und deren Gesetzmäßigkeit gehen, heißen sie juridisch; fordern sie aber auch, daß sie (die Gesetze) selbst die Bestimmungsgründe der Handlungen sein sollen, so sind sie ethisch, und alsdann sagt man: die

70 *Kant*, Die Metaphysik der Sitten, AB 33.

71 *Kant*, Die Metaphysik der Sitten, AB 32 f.

Übereinstimmung mit den ersteren ist die Legalität, die mit den zweiten die Moralität der Handlung."[72]

Zusammenfassend ist festzulegen, dass das Recht eine nach dem allgemeinen Gesetz verfasste Ordnung sein soll, die den wechselseitigen äußeren Handlungsbereich der Subjekte reguliert, was einer friedlichen Koexistenz dienen soll. Es stellt sich die Frage, auf welchem Grund dies beruht. Das hat jetzt mit der Begründung des Rechtsbegriffs zu tun. *Kant* hat auch in der „Metaphysik der Sitten" eine Antwort geliefert:

„Wir kennen unsere eigene Freiheit (von der alle moralische Gesetze, mithin auch alle Rechte sowohl als Pflichten ausgehen) nur durch den moralischen Imperativ, welcher ein pflichtgebietender Satz ist, *aus welchem nachher das Vermögen, andere zu verpflichten, d. i. der Begriff des Rechts, entwickelt werden kann.*"[73] (Hervorhebung, *Lin*)
„Der Rechte als (moralischer) Vermögen Andere zu verpflichten [...]"[74]

Anhand beider Zitate lässt sich erkennen, dass *Kant* ein ableitendes Verhältnis des Rechts aus der Moral betonen will. Der Rechtsbegriff *Kants* fordert eine andere Gesetzmäßigkeit als die Moral. Sein Geltungsgrund muss doch noch auf die Moral zurückgreifen.[75] So betrachtet, stellt sich ein enger, zugleich unbedingt getrennter Zusammenhang zwischen Recht und Moral her. Dann kommt die nächste Frage: Was ist unter dem Begriff der Moral zu verstehen? Gewöhnlicherweise wird er auf den kategorischen Imperativ bezogen.[76] Nach *Kant* ist

---

72 *Kant*, Die Metaphysik der Sitten, AB 7. Im Abschnitt „von der Einteilung einer Metaphysik der Sitten (AB 14 f.)" findet sich auch die ganz ähnliche Auffassung: „Diejenige, welche eine Handlung zur Pflicht und diese Pflicht zugleich zur Triebfeder macht, ist ethisch. Diejenige aber, welche das Letztere nicht im Gesetze mit einschließt, mithin auch eine andere Triebfeder als die Idee der Pflicht selbst zuläßt, ist juridisch."; „Man nennt die bloße Übereinstimmung oder Nichtübereinstimmung einer Handlung mit dem Gesetze ohne Rücksicht auf die Triebfeder derselben die Legalität (Gesetzmäßigkeit), diejenige aber, in welcher die Idee der Pflicht aus dem Gesetze zugleich die Triebfeder der Handlung ist, die Moralität (Sittlichkeit) derselben." (AB 15)

73 *Kant*, Die Metaphysik der Sitten, AB 48.

74 *Kant*, Die Metaphysik der Sitten, AB 44.

75 Dazu *Zaczyk*, Einheit des Grundes, Grund der Differenz von Moralität und Legalität, Jahrbuch für Recht und Ethik 14 (2006), S. 312.

76 Autoren, die diese Problematik als lösbar halten siehe beispielerweise *Höffe*, Kants Begründung des Rechtszwangs und der Kriminalgesetze, in: R. Brandt (Hrsg.), Rechtsphilosophie der Aufklärung, S. 352 ff.; *Kersting*, Wohlgeordnete Freiheit, 2. Aufl., S. 218.; dagegen siehe *Willaschek*, Right and Coercion. Can Kant's Conception of Right be Derived from his Moral Theory?, in International Journal of Philosophical Studies

der kategorische Imperativ nicht nur das Grundgesetz der Moral,[77] er gründet seinen Geltungsgrund ebenfalls auf die Freiheit. Entsprechend ist der Begründungsgang *Kants* klar: Die Freiheit bringt den kategorischen Imperativ zur Geltung, dann liefert er dem Recht seinen Normativitätsgrund. Daraus ergibt sich allerdings eine zweistufige Problematik: Die erste Stufe ist dem Rechtsbegriff selbst immanent, während die zweite sich auf die Geltungsquelle des Rechts bezieht, nämlich die Begründungsschwierigkeit der Moral *Kants*, was schon im vorangegangenen Abschnitt enthüllt wurde. Es ist deutlich, dass ein ohne auf einen überzeugenden Grund gestützter Begriff der Moral sowie des kategorischen Imperativs nicht in der Lage ist, das Recht zu rechtfertigen. Darüber hinaus ist es fragwürdig, aus der Moral, die auf der Freiheit und Autonomie beruht, die Zwangsbefugnis abzuleiten, die zu einem der notwendigen Merkmale des Rechts gehört.[78] Die letztere Schwierigkeit ist Schritt für Schritt zum wesentlichen Angriffspunkt der Anhänger der sogenannten „Unabhängigkeitsthese" gegen die „Abhängigkeitsthese" geworden.[79]

J. G. Fichte ist in der Ära *Kants* derjenige, der nicht nur das theoretische Defizit im *Kant'schen* philosophischen System, vom Begründungsmodell des reflexiv-subjektiven Selbstbewusstseins bis hin zu der Argumentschwierigkeit des Rechtsbegriffs, gezeigt hat. Er hat zugleich versucht, es zu korrigieren. Es ist deswegen kein Wunder, wenn sich nicht selten entscheidende Argumente *Fichtes* in den Werken der Autoren der *Wolff*-Schule finden lassen. Aufgrund einer solchen Bedeutsamkeit der Theorie *Fichtes* für eine Weiterführung der *Kantischen* transzendentalen Philosophie und vor allem für die Entwicklung der Strafrechtswissenschaft der *Wolff-Schule* wird im folgenden Teil versucht, eine notwendige Rekonstruktion der Philosophie *Fichtes* zu unternehmen. Insbesondere die Auffassung von *Fichte*, dass das Selbstbewusstsein in die

---

17 (2009), pp. 62-65; *Ripstein*, Kant on Law and Justice, in: T. Hill (ed.), The Blackwell Guide to Kant's Ethics, p. 160.

77 *Kant*, Kritik der praktischen Vernunft, A 54.

78 *Kant* schrieb es mit aller Deutlichkeit: „Recht und Befugnis zu zwingen bedeuten also einerlei.", *ders.*, Die Metaphysik der Sitten, AB 36.

79 Über die Beiträge von den in Fußnote 76 zitierten Autoren hinaus auch *Ebbinghaus*, Kant und das 20. Jahrhundert, in: ders, Gesammelte Aufsätze, Vorträge und Reden, S. 114; *Wood*, The Final Form of Kant's Practical Philosophy, in: M. Timmons (ed.), Kant's Metaphysics of Morals: Interpretative Essays, p. 9; *Pogge*, Is Kant's Rechtslehre a „Comprehensive Liberalism"?, in: M. Timmons (ed.), Kant's Metaphysics of Morals: Interpretative Essays, p. 148-9.

rechtliche Intersubjektivität einzuführen ist, ist für *Wolff*, *Zaczyk* und die vorliegende Arbeit von entscheidender Bedeutung. Zunächst sollte vorbereitend darüber nachgedacht werden, inwiefern *Kants* Philosophie die Theorie der *Wolff*-Schule beeinflusst hat.

Trotz der Komplexität des philosophischen Denkens *Kants* sind drei daraus gezogene theoretische Konsequenzen, die in den vorangegangenen Teilen dieser Arbeit bereits zur Diskussion standen, für die Einschätzung von Bedeutung, ob und inwiefern die Autoren der *Wolff*-Schule das *Kant'sche* Erbe übernehmen, um ihre eigene strafrechtswissenschaftliche Grundlage zu entfalten. Eine wesentliche Rolle spielt erstens das durch die subjektive reflexive Leistung entstehende Selbstbewusstsein. Zweitens steht die praktische Philosophie *Kants* im Zentrum, in der Begriffe wie Freiheit, der kategorische Imperativ und die Maxime den Schwerpunkt der Analyse bilden. *Kants* Rechtsbegründung, die einerseits aus Moral entwickelt, andererseits auf äußere Handlungsbereiche der Subjekte eingeschränkt werden muss, soll drittens in Betracht kommen.

Deutlich hat *Wolff* in zwei seiner entscheidenden Beiträge den Selbstbewusstseinsbegriff *Kants* als Ausgangspunkt seiner Argumente angenommen. Er hielt das erkennende Ich für „eine Einheit von denkendem Verstehen und Sein“[80] und teilte das gleiche Selbstbewusstseinsverständnis wie *Kant*, als er schrieb: „Ich denke nicht nur, sondern ich weiß auch für mich, daß ich denke, und ich begleite meine konkreten Denkvollzüge mit einem von ihnen unterschiedenen Verständnis.“[81] Direkte Bezüge auf die Moralphilosophie *Kants* und ihre Anwendung auf das Recht lassen sich aus den Werken *Wolffs* ablesen, wenn verschiedene Versionen der Rekonstruktion der *Kant'schen* Erklärung über den kategorischen Imperativ und die Notwendigkeit des Rechts für ein friedliches Zusammenleben in vielen Passagen in *Wolffs* Werken zu entdecken sind.[82]

---

80 *Wolff*, Die Abgrenzung von Kriminalunrecht zu anderen Unrechtsformen, in: Hassemer (Hrsg.), Strafrechtspolitik, S. 162.

81 *Wolff*, Das neuere Verständnis von Generalprävention und seine Tauglichkeit für eine Antwort auf Kriminalität. ZStW 97 (1984), S. 807.

82 Über *Kants* Moralphilosophie siehe *Wolff*, Die Abgrenzung von Kriminalunrecht zu anderen Unrechtsformen, in: *Hassemer* (Hrsg.), Strafrechtspolitik, S. 171 ff.; *ders.*, Das neuere Verständnis von Generalprävention und seine Tauglichkeit für eine Antwort auf Kriminalität. ZStW 97 (1984), S. 808 ff. In den beiden Passagen rekonstruierte *Wolff* unter anderem das beurteilende Verfahren des kategorischen Imperativs, während er in folgenden Teilen seiner Beiträge den Rechtsbegriff wie auch den Rahmen der Rechtsgemeinschaft im Abschluss an *Kant* erhellte, *Wolff*, Die Abgrenzung von Kriminalunrecht zu anderen Unrechtsformen, in: *Hassemer* (Hrsg.), Strafrechtspolitik,

In ähnlicher Weise gab *Zaczyk* in seiner Habilitationsschrift, die seine wissenschaftliche Grundlage darstellte, die Kernargumente *Kants* wieder. Diesmal bezog er diese genauer in den Kontext der Freiheitslehre *Kants* ein.[83] Dadurch wurde gezeigt, dass (Straf-)Recht nötig ist, um die Wirklichkeit der Freiheit zu garantieren. *Köhler*, ein anderer Nachfolger *Wolffs*, nahm ebenso bedeutende Ergebnisse der Philosophie *Kants* in sein (straf-)rechtswissenschaftliches System auf.[84]

Wenn *Zaczyk* zutreffend darstellt, „dass mit der Nennung der Namen und der Werke von Autoren keineswegs eine Unterwerfung unter ihr Denken verbunden ist",[85] muss man während der Aufnahme des Denkens *Kants* zugleich einen Blick auf sein Defizit werfen und es zu korrigieren versuchen. Das unternahmen die Rechtswissenschaftler der *Wolff*-Schule auch, indem sie die kritische Erweiterung *Fichtes* mehr (*Wolff* und *Zaczyk*) oder weniger (*Köhler*) berücksichtigten.[86]

2. Fichtes Rezeption und Reaktion auf Kants Philosophie

Im Allgemeinen kann man sagen, dass die Entwicklung der nach*kant*ischen Philosophie gewissermaßen ein Streben repräsentiert, die Kluft innerhalb des *Kant'schen* Dualismus, sei es Apriori und Aposteriori, sei es Ideal und Wirklichkeit

---

S. 185 ff.; *ders.*, Das neuere Verständnis von Generalprävention und seine Tauglichkeit für eine Antwort auf Kriminalität. ZStW 97 (1984), S. 814 ff.

83 *Zaczyk*, Das Unrecht der versuchten Tat, S.130 ff. (theoretische Philosophie *Kants*), S. 136 ff. (Moralphilosophie *Kants*), S. 146 ff. (Rechtsphilosophie *Kants*). In seiner jüngsten Monographie „Selbstsein und Recht" bleibt das Hauptargument unverändert, siehe zum Beispiel S. 28 f. (Selbstbewusstsein), S. 36 f. (moralisches Verhalten im *Kantischen* Sinne), S. 61 ff. (der ganze zweite Teil betrifft insbesondere die Diskussion der Rechtsphilosophie *Kants*, aber im Bezug auf *Fichtes* Erweiterung, auf die ich sofort eingehen werde.)

84 *Köhler*, Recht und Gerechtigkeit: Grundzüge einer Rechtsphilosophie der verwirklichten Freiheit, S. 29, 42 ff.

85 *Zaczyk*, Selbstsein und Recht, S. 23.

86 Ganz deutlich *Wolff*, Das neuere Verständnis von Generalprävention und seine Tauglichkeit für eine Antwort auf Kriminalität. ZStW 97 (1984), S. 810 f. Fn. 59, 813 usw.; *ders.*, Die Abgrenzung von Kriminalunrecht zu anderen Unrechtsformen, in: *Hassemer* (Hrsg.), Strafrechtspolitik, S. 163 ff.; *Zaczyk*, Das Unrecht der versuchten Tat, S. 154 ff.; *ders.*, Selbstsein und Recht, S. 62 ff. Im Gegenteil aber *Köhler*, Recht und Gerechtigkeit: Grundzüge einer Rechtsphilosophie der verwirklichten Freiheit, S. 53 f.; *ders.*, Unbedingte Affirmation, Anerkennung und Rechtsverhältnis, in: Schild (Hrsg.), Anerkennung: Interdisziplinäre Dimensionen eines Begriffs, S. 91 ff.

oder Theorie und Praxis, zu schließen.[87] In diesem Sinne verweist *Sally Sedgwick* zurück auf *Hegels* Werk „Differenz des *Fichte*schen und Schellingschen Systems der Philosophie“ und behauptet mit ihm, „The central task of philosophy or of idealism in particular is to achieve harmony or reconciliation, to replace dichotomy with identity“.[88] Diese Perspektive soll bei jedem Schritt der folgenden Verdeutlichung vor Augen gehalten werden, auch wenn bei detaillierten Analysen die Argumentphase, die mit der Besonderheit bis hin zur Allgemeinheit anfängt, möglicherweise unvermeidbar sein könnte. *Fichte* beginnt seine Aufgabe in der „Grundlage der gesamten Wissenschaftslehre“ mit einer Reform der transzendentalen Deduktion des Selbstbewusstseins und stellt eine das Sollen und das Sein vereinigende einheitliche Ur-Struktur her,[89] aus der Lösungen für alle Probleme in allen anderen wissenschaftlichen Bereichen, beispielsweise in der Sittenlehre und der Rechtslehre,[90] deduziert werden können.[91] In diesem Rahmen ersetzt *Fichte* in der „Grundlage des Naturrechts nach Principien der Wissenschaftslehre“ *Kants* reinen subjektiven Selbstbewusstseinsbegriff. Dieser folgt nun nicht aus der Reflexion, sondern aus einem intersubjektiven Prozess der Bewusstwerdung, bei dem der eine das Selbstbewusstsein erhält, indem er den Appell des anderen erfüllt, ihn als Vernunftwesen seinesgleichen anzuerkennen.[92] Es scheint eine Chance zu sein, um den infiniten Regress oder die Tautologie bei der Begründung des Selbstbewusstseins zu vermeiden.[93] Im Gegenteil zu *Kant* liefert *Fichte* eine unabhängige Argumentation des Rechts von der Moral, was man wohl als einen Ausweg aus den vorher dargestellten Schwierigkeiten der Rechtslehre *Kant*s ansehen kann. Wie der Titel schon ausgedrückt, ist man in der Lage, *Fichte*s Selbstbewusstseinsbegriff und Rechtsbegründung angemessen zu verstehen, nachdem deren Grundlage – die Wissenschaftslehre – erstmal

---

87 Siehe zum Beispiel *Eisfeld*, Erkenntnis, Rechtserzeugung und Staat bei Kant und Fichte, S. 257 ff.; 299 ff.; *Rohs*, Johann Gottlieb Fichte, 2. Aufl., S. 31 f.

88 *Sedgwick*, Introduction: Idealism from Kant to Hegel, in: Sedgwick (ed.), The Reception of Kant's Critical Philosophy - Fichte, Schelling, and Hegel, p. 1.

89 *Eisfeld*, Erkenntnis, Rechtserzeugung und Staat bei Kant und Fichte, S. 256 ff.

90 *Siep*, Naturrecht und Wissenschaftslehre, in: Kahlo / Wolff / Zaczyk (Hrsg.), Fichtes Lehre vom Rechtsverhältnis, S. 71 ff.

91 *Fichte*, Ueber den Begriff der Wissenschaftslehre oder der sogenannten Philosophie, in: I. H. Fichte (Hrsg.), Fichtes Werk, Band. I., S. 45 f.

92 Nähere Diskussion siehe unten. II.

93 *Honneth*, Die transzendentale Notwendigkeit von Intersubjektivität (Zweiter Lehrsatz: § 3), in: Merle (Hrsg.), Grundlage des Naturrechts (Klassiker Auslegen), S. 69 ff.

vergegenwärtigt wird. Deshalb werden im Folgenden zuerst die Wissenschaftslehre und daraufhin die Rechtslehre *Fichte*s diskutiert.

A. *Wissenschaftslehre als Fichtes Ausgangspunkt und seine Auseinandersetzung gegen Kant*

An welche Prinzipien der Wissenschaftslehre *Fichte* seinen Naturrechtsgedanken anschließt, ist an sich aufgrund seiner zahlreichen Werke über die Wissenschaftslehre[94] eine komplexe Problematik, auf die hier nicht eingegangen werden kann. Trotz möglicher uneinheitlicher Argumente in seinen Auffassungen über die Wissenschaftslehre überhaupt ist laut *Fichte* die Aufgabe der Wissenschaftslehre dieselbe, die er schon 1794, früh in seinem akademischen Leben, dargelegt hat:

> „Die beschriebene Wissenschaft soll zuvörderst eine Wissenschaft der Wissenschaft überhaupt seyn. Jede mögliche Wissenschaft hat einen Grundsatz, der in ihr nicht erwiesen werden kann, sondern vor ihr vorher gewiss seyn muss. Wo soll nun dieser Grundsatz erwiesen werden? Ohne Zweifel in derjenigen Wissenschaft, welche alle möglichen Wissenschaften zu begründen hat. – Die Wissenschaftslehre hätte in dieser Rücksicht zweierlei zu thun. Zuvörderst die Möglichkeit der Grundsätze überhaupt zu begründen; zu zeigen, wie, inwiefern, unter welchen Bedingungen, und vielleicht in welchen Graden etwas gewiss seyn könne, und überhaupt, was das heisse – gewiss seyn; dann hätte sie insbesondere die Grundsätze aller möglichen Wissenschaften zu erweisen, die in ihnen selbst nicht erwiesen werden können.[95]"

In der „Grundlage der gesammten Wissenschaftslehre" versuchte *Fichte*, die so beschriebenen Grundsätze zu entwickeln, auf denen alle anderen Wissenschaften beruhen können. Zu seiner Zeit musste *Fichte* den Gewinn und Verlust der *Kant*'schen Philosophie während seiner Bearbeitung gleichzeitig berücksichtigen. Eine solche Berücksichtigung spiegelt sich am deutlichsten im Thema „Selbstbewusstsein" wider, welches sowohl bei *Kant* als auch bei *Fichte* die Gültigkeit aller Erkenntnisse rechtfertigt.[96] Als Gewinn hatte die „kopernikanische Wende" in der subjektivistisch-theoretischen Philosophie *Kant*s, in der nur die durch die transzendentale Apperzeption (= das Selbstbewusstsein) behandelten

94 Dazu siehe *Siep*, Naturrecht und Wissenschaftslehre, in: Kahlo / Wolff / Zaczyk (Hrsg.), Fichtes Lehre vom Rechtsverhältnis, S. 71 ff.

95 *Fichte*, Ueber den Begriff der Wissenschaftslehre oder der sogenannten Philosophie, in: I. H. Fichte (Hrsg.), Fichtes Werk, Band. I., S. 45 f.

96 *Kant*, Kritik der reinen Vernunft, B 132; *Fichte*, Grundlage der gesammten Wissenschaftslehre, in: I. H. Fichte (Hrsg.), Fichtes Werk, Band. I., S. 97.

Erkenntnisse ihre Gültigkeit garantieren können, riesige Konsequenzen auf die nachherige Entwicklung in der Philosophiegeschichte. Gerade die *Kant'sche* Schwierigkeit, den Selbstbewusstseinsbegriff zu begründen, muss für einen Verlust gehalten werden, die jeder, der jene kopernikanische Wende vollenden will, konfrontieren und erfahren muss. Dementsprechend lässt es sich nur so verstehen, dass die „Grundlage der gesammten Wissenschaftslehre" nicht nur die Grundsätze enthält, die als Legitimationsquelle anderer Wissenschaftsbereiche funktionieren. Sie selbst bringt noch die Selbstbewusstseinslehre *Fichte*s, die die *Kant*'sche Version retten könnte, zum Ausdruck.

*Kant*s Versuch, das Selbstbewusstsein zu begründen, geriet am Ende in einen infiniten Regress. Gerade dies ist der Anhaltpunkt für *Fichte*, wenn er das *Kant*ische System korrigieren möchte. *Kant*s Defizit bei der Rechtfertigung des Selbstbewusstseins liegt darin, dass er die Betrachtungsweise zwischen Subjekt und Objekt analog auf das Verhältnis zwischen Subjekt und sich selbst verwendet. Dann muss das unbedingt alle Vorstellungen des Subjekts begleitende „ich denke" auf dem Weg zur Suche nach ihm selbst immer schon vorher vorliegen, so dass es zu einem unerreichbaren Punkt wird, und zwar einem infiniten Regress. In der „Grundlage der gesammten Wissenschaft" vermeidet *Fichte* den Regress dadurch, dass er das Selbstbewusstsein ungleich einem anderen empirischen Bewusstsein des Subjekts bezeichnet. Einerseits teilt *Fichte*s Selbstbewusstseinsbegriff keine Eigenschaft des empirischen Bewusstseins. In ihm besteht keine subjektiv-objektive Entgegensetzung. Was es im Selbstbewusstsein *Fichte*s gibt, ist die Totalität von Subjekt und Objekt. *Fichte* ersetzt andererseits *Kant*s Selbstbewusstsein als „ich denke" durch einen ontologischen Selbstbewusstseinsbegriff: „das Ich", um die besondere Gewissheit des menschlichen Wesens zu betonen und zu zeigen, dass das „Denken" schon eine Bestimmung der Menschen ist. Diese ist zu spezifisch, um einen Grundsatz für alle Wissenschaften zu entwickeln:

> *„[M]an denkt nicht nothwendig, wenn man ist, aber man ist nothwendig, wenn man denkt. Das Denken ist gar nicht das Wesen, sondern nur eine besondere Bestimmung des Seyns; und es giebt ausser jener noch manche andere Bestimmungen unseres Seyns·*[97]

Im Ich gibt es keine entgegengesetzte subjektiv-objektive Beziehung.[98] Das Ich ist zugleich der höchste Punkt, auf dem all die Theorien und die Praxis von

---

97 *Fichte*, Grundlage der gesammten Wissenschaftslehre, in: I. H. Fichte (Hrsg.), Fichtes Werk, Band. I., S. 99.

98 Siehe, *Fichte*, Grundlage der gesammten Wissenschaftslehre, in: I. H. Fichte (Hrsg.), Fichtes Werk, Band. I., S. 97 Anm. 5: „Dies Alles heisst nun mit anderen Worten, mit

Menschen sich gründen.[99] Weil das Ich das höchste allen menschlichen Wissen und jeder Praxis ist, ist es durch nichts bestimmt. Es bestimmt alles andere, auch sein Wesen. In diesem Sinne sind wiederum Sein und Handlung einerlei, was *Fichte* „Thathandlung"[100] nennt, zugleich der erste Grundsatz der Wissenschaftslehre:

> „Das Ich setzt ursprünglich schlechthin sein eigenes Seyn."[101]

Ein solcher Grundsatz liefert eine Möglichkeit, einen Ausweg aus dem Regress heraus bei *Kant*s Erklärung des Selbstbewusstseins zu finden. *Fichte* vergrößert darüber hinaus den Begriffsumfang des Selbstbewusstseins, indem er es nicht bloß auf Denken, sondern auf das Wesen/Sein des Menschen bezieht. Durch die Gleichsetzung von Sein und Handlung in dem ersten Grundsatz verbinden sich die separaten Bereiche wie Theorie und Praxis. Das Ich ist die gemeinsame Grundlage der beiden. Hier ist nicht das Ende der Verdeutlichung in *Fichte*s Wissenschaftslehre, sondern der Beginn. Für *Fichte* ist ein nichtsinnlicher Selbstbewusstseinsbegriff, das Ich, notwendig, um darauf hinzuweisen, wie jedes Subjekt das Selbstbewusstsein erhalten kann. Dieser erste Grundsatz reicht trotzdem nicht aus, zu erklären, ob und wie ein endliches, empirisches Subjekt sein wirkliches Bewusstsein bekommen kann. In der Phase des Ich allein, in dem nur eine Totalität besteht, also keine Trennung von Subjekt und Objekt, ist keiner

denen ich es seitdem ausgedrückt habe. Ich ist nothwendig Identität des Subjects und Objects: Subject-Object; und dies ist es schlechthin ohne weitere Vermittelung."

99 Siehe, *Fichte*, Grundlage der gesammten Wissenschaftslehre, in: I. H. Fichte (Hrsg.), Fichtes Werk, Band. I., S. 94: „Diesem Handeln (Urteil, *Lin*) nun liegt etwas auf nichts höheres gegründetes, nemlich X = Ich bin, zum Grunde." Sowie S. 91: „Wir haben den absolut-ersten, schlechthin unbedingten Grundsatz alles menschlichen Wissens aufzusuchen. Beweisen oder bestimmen lässt er sich nicht, wenn er absolut-erster Grundsatz seyn soll."

100 Siehe *Fichte*, Grundlage der gesammten Wissenschaftslehre, in: I. H. Fichte (Hrsg.), Fichtes Werk, Band. I., S. 91: „Er (der absolut-ersten, schlechthin unbedingten Grundsatz alles menschlichen Wissens, Lin) soll diejenige Thathandlung ausdrücken, welche unter den empirischen Bestimmungen unseres Bewusstseyns nicht vorkommt, noch vorkommen kann, sondern vielmehr allem Bewusstseyn zum Grunde liegt, und allein es möglich macht."

101 Hier muss man aber darauf beachten, dass „das sich setzende Ich, und das seyende Ich völlig gleich [sind], Ein und ebendasselbe. Das Ich ist dasjenige, als was es sich setzt; und es setzt sich als dasjenige, was es ist. Also: Ich bin schlechthin, was ich bin." Siehe, *Fichte*, Grundlage der gesammten Wissenschaftslehre, in: I. H. Fichte (Hrsg.), Fichtes Werk, Band. I., S. 97.

in der Lage, sich selbst als Subjekt getrennt von anderen Objekten zu erkennen. Zu dieser Zeit ist nichts bestimmt und gesetzt, nur „das Ich setzt sich, weil es ist". Jetzt geht *Fichte* einen Schritt weiter zu dem zweiten Grundsatz: „[S]o gewiss wird dem Ich schlechthin entgegengesetzt ein Nicht-Ich."[102] Dies bedeutet keinesfalls, dass das Ich nur durch ein Nicht-Ich gesetzt werden muss, um seine Wirklichkeit zu bekommen, weil das Ich sich einem Nicht-Ich entgegensetzt:

> „Durch diese absolute Handlung nun, und schlechthin durch sie, wird das entgegengesetzte, insofern es ein entgegengesetztes ist (als blosses Gegentheil überhaupt) gesetzt. Jedes Gegentheil, insofern es das ist, ist schlechthin, kraft einer Handlung des Ich, und aus keinem anderen Grunde. Das Entgegengesetztseyn überhaupt ist schlechthin durch das Ich gesetzt."[103]

Bis jetzt ist klar, dass es eine wechselseitige Bestimmung von Apriori und Posteriori, von dem Ich und dem Entgegengesetzt-Sein, geben muss. Es gibt keine Totalität ohne Entgegensetzung und umgekehrt,[104] kein Selbstbewusstsein ohne das empirische Bewusstsein vorliegt und umgekehrt. Eine solche wechselseitige Bestimmung spielt später in der Rechtslehre eine entscheidende Rolle[105] und findet ihre Darstellung in dem dritten Grundsatz: „Ich setze im Ich dem theilbaren Ich ein theilbares Nicht-Ich entgegen."[106] Die beiden scheinbar einseitigen

---

102 „Und hierbei noch eine wichtige Bemerkung, welche allein wohl hinreichen dürfte, die Wissenschaftslehre in ihren wahren Gesichtspunct zu stellen, und die eigentliche Lehre derselben völlig klar zu machen. Nach der soeben vorgenommenen Erörterung ist das Princip des Lebens und Bewusstseyns, der Grund seiner Möglichkeit, – allerdings im Ich enthalten, aber dadurch entsteht noch kein wirkliches Leben, kein empirisches Leben in der Zeit; und ein anderes ist für uns schlechterdings undenkbar. Soll ein solches wirkliches Leben möglich seyn, so bedarf es dazu noch eines besonderen Anstosses auf das Ich durch ein Nicht-Ich." Siehe *Fichte*, Grundlage der gesammten Wissenschaftslehre, in: I. H. Fichte (Hrsg.), Fichtes Werk, Band. I., S. 277 f.

103 *Fichte*, Grundlage der gesammten Wissenschaftslehre, in: I. H. Fichte (Hrsg.), Fichtes Werk, Band. I., S. 102.

104 „Das Entgegensetzen ist nur möglich unter Bedingung der Einheit des Bewusstseyns des setzenden, und des entgegensetzenden. Hinge das Bewusstseyn der ersten Handlung nicht mit dem Bewusstseyn der zweiten zusammen; so wäre das zweite Setzen kein Gegensetzen, sondern ein Setzen schlechthin. Erst durch Beziehung auf ein Setzen wird es ein Gegensetzen.", *Fichte*, Grundlage der gesammten Wissenschaftslehre, in: I. H. Fichte (Hrsg.), Fichtes Werk, Band. I., S.

105 *Honneth*, Die transzendentale Notwendigkeit von Intersubjektivität (Zweiter Lehrsatz: § 3), in: Merle (Hrsg.), Grundlage des Naturrechts (Klassiker Auslegen), S. 69 ff.

106 *Fichte*, Grundlage der gesammten Wissenschaftslehre, in: I. H. Fichte (Hrsg.), Fichtes Werk, Band. I., S. 109.

ersten Grundsätze, von denen sich einer nur auf das unbedingte Ich bezieht, während der andere von der Bedingtheit ausgeht, sind damit vereinigt. Der dritte Grundsatz kann als eine Synthese des Ersten (These) und des Zweiten (Antithese) gesehen werden.[107] In jener wird die Widersprüchlichkeit der ersten beiden Grundsätze aufgehoben. Zugleich bringt es den existierenden Zustand des Menschen zum Ausdruck, zwischen Unbedingtheit und Bedingtheit, Sollen wie Sein, sogar Recht und Unrecht zu schweben.[108] Das erinnert an *Kants* Auffassung über das Subjekt als ein Wesen mit der „endlichen Vernunft",[109] wenn er seine Ethiklehre in einem Imperativmodell darstellt. Dies ist gerade *Fichtes* Ausgangpunkt in der „Grundlage des Naturrechts", wo er einerseits die Grundannahmen über das absolute Ich in der Grundlage der Wissenschaftslehre übernimmt und fortsetzend andererseits die Entstehungsbedingungen des subjektiv-empirischen Bewusstseins analysiert.

B. Fichtes Rechtslehre in der Grundlage des Naturrechts

Wie die oben schon Genannten bemüht *Fichte* sich im Vergleich zu *Kant* um die Überwindung der Kluft zwischen dem Apriori und dem Posteriori, was dazu führt, dass er über die Struktur des absoluten Ich hinaus auch die wirklichen, erfahrungsbezogenen Voraussetzungen für die Entstehung und das Erhalten des empirischen Selbstbewusstseins der Subjekte berücksichtigen und entwickeln muss. Es handelt sich deshalb bei den Hauptthemen in der Grundlage des Naturrechts vor allem um die Bedingungen sowie die Art und Weise, wie ein endliches Vernunftwesen in bestimmten zeiträumlichen Umständen einerseits, in der zusammenlebend intersubjektiven Sozietät andererseits sich selbst bewusst sein kann. Um einfacher und klarer *Fichtes* Argumentationsgang darzulegen, werden zuerst die drei Lehrsätze der Grundlage des Naturrechts zitiert, die *Fichte* in den ersten vier Abschnitten zur Diskussion bringt und die zugleich den „allgemeinen Teil" des ganzen Buches repräsentieren:

---

107 Teilweise erklärt *Fichte* selbst den dritten Grundsatz auch so, dazu siehe *Fichte*, Grundlage der gesammten Wissenschaftslehre, in: I. H. Fichte (Hrsg.), Fichtes Werk, Band. I., S. 112 ff.

108 Über „Schweben" siehe *Fichte*, Grundlage der gesammten Wissenschaftslehre, in: I. H. Fichte (Hrsg.), Fichtes Werk, Band. I., S. 360.

109 *Höffe*, Immanuel Kant, 8. Aufl., S. 182.

„Erster Lehrsatz: Ein endliches vernünftiges Wesen kann sich selbst nicht setzen, ohne sich eine freie Wirksamkeit zuzuschreiben.“[110]

„Folgesatz: Durch dieses Setzen seines Vermögens zur freien Wirksamkeit setzt und bestimmt das Vernunftwesen eine Sinnenwelt ausser sich.“[111]

„Zweiter Lehrsatz: Das endliche Vernunftwesen kann eine freie Wirksamkeit in der Sinnenwelt sich selbst nicht zuzuschreiben, ohne sie auch anderen zuzuschreiben, mithin auch andere endliche Vernunftwesen ausser sich anzunehmen.“[112]

„Dritter Lehrsatz: Das endliche Vernunftwesen kann nicht noch andere endliche Vernunftwesen ausser sich annehmen, ohne sich zu setzen, als stehend mit denselben in einem bestimmten Verhältnisse, welches man das Rechtsverhältniss nennt.“[113]

Betrachtet man diese drei Lehrsätze mit einem Folgesatz zusammen, lassen sich bald die Entstehungsbedingungen des empirischen Selbstbewusstseins des individuellen Subjekts ablesen: Das endliche Vernunftwesen muss sich als stehend im Rechtsverhältnis „setzen“. Dadurch kann es andere Vernunftwesen annehmen und ihnen die freie Wirksamkeit zuschreiben. Somit kann es sich in der Sinnenwelt eine freie Wirksamkeit zuschreiben, um das empirische Selbstbewusstsein zu erhalten. Obwohl *Fichte* seine oben beschriebene Erklärung mit dem subjektbezogenen Sich-Zuschreiben der freien Wirksamkeit beginnt, hängt ein solches Sich-Zuschreiben unbedingt von der Erkenntnis und den gleichen Zuschreibungen zu den anderen ab, wie *Fichte* im zweiten Lehrsatz darstellte. Deswegen muss diese intersubjektive Ebene immer mitgedacht werden, auch wenn aufgrund der Schritte der Analysen die subjektiven Voraussetzungen zuerst verdeutlicht werden. Im Folgenden wird, entlang dem Gedankengang *Fichte*s, mit den subjektiven Bedingungen begonnen.

Um seiner selbst bewusst zu werden, so behauptet *Fichte*, muss das Subjekt sich eine freie Wirksamkeit zuschreiben. Hier geht es nicht um das absolute Ich. Das Subjekt existiert jetzt in der Wirklichkeit. Es ist auf eine bestimmte empirische Stelle beschränkt. Deswegen wird es als das „endliche“ Vernunftwesen bezeichnet. Wenn dem so ist, stellt sich die folgende Frage: Wie ist es möglich, dass ein endliches, in Wirklichkeit nicht selbstbestimmtes, sondern von

---

110 *Fichte*, Grundlage des Naturrechts nach Principien der Wissenschaftslehre, in: I. H. Fichte (Hrsg.), Fichtes Werk, Band. III., S. 17.

111 *Fichte*, Grundlage des Naturrechts nach Principien der Wissenschaftslehre, in: I. H. Fichte (Hrsg.), Fichtes Werk, Band. III., S. 23.

112 *Fichte*, Grundlage des Naturrechts nach Principien der Wissenschaftslehre, in: I. H. Fichte (Hrsg.), Fichtes Werk, Band. III., S. 30.

113 *Fichte*, Grundlage des Naturrechts nach Principien der Wissenschaftslehre, in: I. H. Fichte (Hrsg.), Fichtes Werk, Band. III., S. 41.

der Außenwelt bestimmtes Vernunftwesen, sich eine freie Wirksamkeit, „*deren letzter Grund schlechthin in ihm selbst lieg[t]*“[114] (Hervorhebung im Original), zuschreibt? „*[E]in endliches Vernunftwesen ist ein solches, das auf nichts reflektieren kann, außer auf ein Begrenztes*“[115] (Hervorhebung im Original). Würde die ganze Argumentation hier enden, wäre der wirkliche Selbstbewusstseinsbegriff unmöglich. Es wäre nicht möglich, das bestimmte Vernunftwesen von anderen Objekten zu trennen, weil die beiden identisch wären, insofern, als sie zu den Ereignissen in dem komplexen Kausalitätsnetzwerk gehören würden. *Fichte* will diese Folge vermeiden, indem er das in der Wissenschaftslehre Erreichte in den jetzigen Kontext einführt. Er bezieht das empirische Ich auf das absolute Ich, welches schon vorher sich selbst und das Nicht-Ich gesetzt hat. Somit kann das endliche Vernunftwesen einerseits auf dem sich setzenden Ich beruhen und seine Eigenschaft von Freiheit teilen. Andererseits ist es zugleich in die empirische Welt mit einbezogen.[116] Die Welt spielt hier eine entscheidende Rolle. Sie ist ein wirklich gegebener Ort, den jeder braucht, um darauf zu stehen, wenn er noch lebt. Des Weiteren ist sie zugleich ein Ort, auf den sich die freie Wirksamkeit richten muss. Dem bisher Gesagten zufolge lässt sich erkennen, dass *Fichte* bei dem ersten Lehrsatz mit dem Folgesatz tatsächlich nicht mehr als seine Auffassung in der Grundlage der Wissenschaftslehre erzählt hat. Der Unterschied besteht in der Betrachtungsweise. In der Wissenschaftslehre steht das absolute Ich im Zentrum, während die Naturrechtslehre auf das empirische Ich fokussiert ist. Dies bedeutet auch: Die Innovation der Naturrechtslehre beginnt mit dem zweiten Lehrsatz, der erhellt, warum die Existenz der anderen, sprich die Intersubjektivität, eine notwendige Voraussetzung für die Selbstbewusstwerdung des Subjekts ist.

Nun wird sich der Verdeutlichung der Intersubjektivität zugewandt. Die ganze Argumentation der Entstehung des individuellen Selbstbewusstseins soll sich

---

114 *Fichte*, Grundlage des Naturrechts nach Principien der Wissenschaftslehre, in: I. H. Fichte (Hrsg.), Fichtes Werk, Band. III., S. 17.

115 *Fichte*, Grundlage des Naturrechts nach Principien der Wissenschaftslehre, in: I. H. Fichte (Hrsg.), Fichtes Werk, Band. III., S. 17.

116 „Aber dasselbe kann eine Tätigkeit, wie wir sie suchen, der Welt, welche. das Begrenzende derselben sein würde, entgegensetzen und, um sie entgegensetzen zu können, dieselbe erzeugen; und wenn eine solche Tätigkeit die einzige Bedingung der Möglichkeit des Selbstbewußtseins ist, Selbstbewußtsein aber dem Vernunftwesen nach seinem Begriffe notwendig zukommen muß, so muß das Geforderte geschehen.“ Dazu siehe *Fichte*, Grundlage des Naturrechts nach Principien der Wissenschaftslehre, in: I. H. Fichte (Hrsg.), Fichtes Werk, Band. III., S. 18.

nicht bloß auf die Folge in der Wissenschaftslehre beziehen. Es muss zugleich die reale Existenz der anderen deshalb berücksichtigt werden, weil es hier nicht (nur) um die freie Wirksamkeit der Menschen überhaupt, sondern um jede konkrete freie Wirksamkeit in der Erfahrungswelt geht.[117] Der Argumentationsgang muss deswegen weitergehen, bis hin zu der realen Existenz der anderen, die als ein „äußerer Anstoß“[118] vorliegt, der die Genese des Selbstbewusstseins des empirischen Ich herbeiführt. Dies ist *Fichte*s Ziel der Deduktion im § 3 der Grundlage des Naturrechts. Allerdings hat er nicht unvermittelt mit der Notwendigkeit der vorliegenden Anderen begonnen. Er hat stattdessen zuerst den Grund dafür geliefert, warum es in der Wirklichkeit dem Subjekt nicht möglich ist, allein durch sich selbst selbstbewusst zu werden.

Zunächst zeigt *Fichte* im § 3 einen unvermeidbaren argumentativen Zirkel von zwei notwendigen Phasen der Selbstbewusstwerdung des Subjekts: ein Objekt zu setzen und sich eine freie Wirksamkeit zuzuschreiben. Dem ersten Lehrsatz gemäß soll ein Subjekt sich eine freie Wirksamkeit zuschreiben, wenn es Selbstbewusstsein erhalten will. Die freie Wirksamkeit muss sich auf ein Objekt richten, das vorher durch das Subjekt gesetzt wurde. Geht dies weiter, hängt das jetzige Sich-Zuschreiben einer freien Wirksamkeit immer von einem vorher gesetzten Objekt ab – das wurde wiederum noch früher durch das Subjekt gesetzt –, bis hin zu einem Zirkel, wie *Fichte* selbst behauptet.118F[119] Um dies zu vermeiden, so ist *Fichte*s Entwurf, muss es einen Zeitpunkt geben, zu dem

> „die Wirksamkeit des Subjekts mit dem Objekte in einem und ebendemselben Momente synthetisch vereinigt [sei]; die Wirksamkeit des Subjekts sei selbst das wahrgenommene und begriffene Objekt, das Objekt sei kein anderes, als diese Wirksamkeit des Subjekts,

---

117 „Man muß nicht sagen, es könne ja etwa eine Wirksamkeit überhaupt, eine bloß mögliche Wirksamkeit gesetzt werden; denn das wäre ein unbestimmtes Denken, und das Argumentieren aus Voraussetzungen überhaupt möge doch nunmehr der Philosophie genug geschadet haben. Eine bloß mögliche Wirksamkeit, oder eine Wirksamkeit überhaupt wird gesetzt lediglich durch Abstraktion von einer gewissen, oder von aller wirklichen; aber ehe von etwas abstrahiert werden kann, muß es gesetzt sein, und es geht hier, wie immer, dem unbestimmten Begriffe des überhaupt, ein bestimmter Begriff, von einem bestimmten wirklichen, voraus, und der erstere ist durch den letzteren bedingt.“ *Fichte*, Grundlage des Naturrechts nach Principien der Wissenschaftslehre, in: I. H. Fichte (Hrsg.), Fichtes Werk, Band. III., S. 31.

118 Siehe *Fichte*, Grundlage des Naturrechts nach Principien der Wissenschaftslehre, in: I. H. Fichte (Hrsg.), Fichtes Werk, Band. III., S. 33.

119 *Fichte*, Grundlage des Naturrechts nach Principien der Wissenschaftslehre, in: I. H. Fichte (Hrsg.), Fichtes Werk, Band. III., S. 30.

und so seien beide dasselbe. Nur von einer solchen Synthesis würden wir nicht weiter zu einer vorhergehenden getrieben; sie allein enthielte alles, was das Selbstbewußtsein bedingt, in sich, und gäbe einen Punkt, an welchen der Faden desselben sich anknüpfen ließe. Nur unter dieser Bedingung ist das Selbstbewußtsein möglich."[120]

Dies scheint ein Widerspruch zu sein. Akzeptiert man, dass etwas, das gesetzt war, unbedingt nach der Setzung ins Leben kommt, wäre die zitierte Passage unlogisch, weil es eine sequenzielle Beziehung der beiden geben muss. *Fichte* löst diesen scheinbaren Widerspruch, indem er ihn als „ein Bestimmtseyn des Subjekts zur Selbstbestimmung, eine Aufforderung an dasselbe, sich zu einer Wirksamkeit zu entschliessen",[121] umschreibt. So verstanden, sind die Eigenschaft eines Objekts (das bestimmt/gesetzt wurde) und des Subjekts (welches das Objekt bestimmt/setzt) zugleich in demselben Moment zu integrieren. Die Schwierigkeit liegt darin, dass das Subjekt nicht aus eigener Kraft sich als ein Objekt, das bestimmt ist, begreifen kann. Es braucht damit den vorher genannten „äußeren Anstoß, der ihm jedoch seine völlige Freiheit zur Selbstbestimmung lassen muß".[122] Durch diesen äußeren Anstoß ergeht eine Aufforderung an das Subjekt, zur Selbstbestimmung zu werden. Im Vergleich zu einer kausalen Kette ist ein Paradox klar, dass die Ursache (die Aufforderung) den Zweck (die Selbstbestimmung des Subjekts) nicht bestimmt, sondern sie diesen selbst bestimmen lassen muss. Eine Voraussetzung dafür ist das Verständnis des bestimmenden Subjekts über die Aufforderung, bevor es sich darüber entscheiden kann, selbstbestimmt zu sein. Ein solches Verständnis kommt dem Subjekt in den Kopf, indem es den Auffordernden annimmt, nicht nur als ein ihm entgegensetztes Objekt, sondern auch als ein ihm gleich vernünftiges Wesen, das mithin in der Lage ist, eine Aufforderung, die einen Zweck zur Selbstbestimmung zum Inhalt hat, zu erlassen. Jene Voraussetzung entspricht derjenigen, die *Fichte* im § 3 ausgedrückt hat: eine freie Wirksamkeit auch anderen zuzuschreiben und andere Vernunftwesen anzunehmen außer sich selbst.[123] Werden jene Voraussetzungen erfüllt, konfrontiert das Subjekt mit der oben beschriebenen Aufforderung, der

120 *Fichte*, Grundlage des Naturrechts nach Principien der Wissenschaftslehre, in: I. H. Fichte (Hrsg.), Fichtes Werk, Band. III., S. 32.

121 *Fichte*, Grundlage des Naturrechts nach Principien der Wissenschaftslehre, in: I. H. Fichte (Hrsg.), Fichtes Werk, Band. III., S. 33.

122 *Fichte*, Grundlage des Naturrechts nach Principien der Wissenschaftslehre, in: I. H. Fichte (Hrsg.), Fichtes Werk, Band. III., S. 33.

123 *Fichte*, Grundlage des Naturrechts nach Principien der Wissenschaftslehre, in: I. H. Fichte (Hrsg.), Fichtes Werk, Band. III., S. 30.

es sodann durch seine Aktion oder Unterlassung folgen kann. Dies ist der Zeitpunkt, an dem das Subjekt im Handeln sein Selbstbewusstsein finden.

Es sieht so aus, dass die Erklärungen über den nötigen Intersubjektivitätsbezug der individuellen Selbstbewusstseinswerdung hier nach dem § 3 zu Ende kämen. Das ist aber nicht der Fall. Über die Annahme der anderen als vernünftiges Wesen und die Zuschreibung freier Wirksamkeit durch das Subjekt zu ihnen hinaus muss das Subjekt sich weiterhin setzen als mit den anderen im Rechtsverhältnis stehend. Diese Wirksamkeit ist nicht bloß etwas im Denken. Sie muss sich vielmehr auf ein Objekt in der wirklichen Welt lenken. Daraus folgt, dass sie keineswegs eine Freiheit ohne Grenze ist, weil es zumindest diejenigen Objekte geben muss, wegen derer das Subjekt sein Selbstbewusstsein bekommt. Solche Objekte sind die anderen Menschen. Eine Person darf ihre freie Wirksamkeit im Handeln nicht willkürlich auf andere vollziehen, nicht nur, weil sie diese braucht, um das eigene Selbstbewusstsein zu erhalten, sondern auch, weil die anderen, wie die genannte Person, vernünftige, also selbstbestimmte Wesen sind. Dies ist eine selbstverständliche Folgerung aus dem § 3. Ohne jene Grenze wäre die Selbstbewusstwerdung des Subjekts problematisch. Des Weiteren ist die Notwendigkeit einer solchen Grenze für jeden allgemeingültig, weil jeder für sich ein Subjekt und zugleich ein Alter für die anderen ist. So verstanden ist eine individuelle Sphäre gestaltet, die als eine Folge der Kombination der Freiheit und ihrer Grenze erscheint. Innerhalb dieser darf das Subjekt seine Handlung nach seiner Vorstellung vollziehen, was zugleich bedeutet, dass eine Überschreitung der Sphäre unvernünftig ist, weil andere Individuen die gleiche Sphäre besitzen. Das oben Gesagte ist nichts anderes als eine Selbstbeschränkung der freien Wirksamkeit aufgrund der Anerkennung der anderen als vernünftige Wesen und gleichzeitig *Fichte*s Auffassung des Rechtsverhältnisses:

> „Die Schlußfolge hat sich schon ergeben. – Ich muß das freie Wesen außer mir in allen Fällen anerkennen als ein solches, d. h. meine Freiheit durch den Begriff der Möglichkeit seiner Freiheit beschränken“[124] (Hervorhebung im Original).

124 *Fichte*, Grundlage des Naturrechts nach Principien der Wissenschaftslehre, in: I. H. Fichte (Hrsg.), Fichtes Werk, Band. III., S. 52.

3. Der materiale Unrechtsbegriff der Wolff'schen Schule und seine Übertragung auf die Versuchslehre in Bezug auf den Rechtsbegriff von Kant und Fichte

Nach der obigen Rekonstruktion der Rechtsbegründung von *Kant* und *Fichte* im Hinblick auf ihren gesamten philosophischen Hintergrund lässt sich der Argumentationsgang weiterentwickeln – fokussierend von nun an auf die Anwendung und die Umwandlung der Philosophie *Kants* und *Fichtes* auf das Strafrecht. Dann ist zu verstehen, wie der materiale Unrechts- und Versuchsbegriff in diesem Sinne aussieht. Davor muss man aber zuerst den Zusammenhang und den Unterschied des Rechtsverständnisses von *Kant* und *Fichte* kurz erläutern, damit klar ist, warum *Wolff* und *Zaczyk* betont haben, dass der Übergang der Rechtsbegründung von *Kant* bis zu *Fichte* notwendig ist. Jener Übergang wird sich weiterhin in der von *Zaczyk* konstruierten Versuchslehre widerspiegeln.

In seinem aufschlussreichen Aufsatz: „Das neuere Verständnis von Generalprävention", hat *Wolff* darauf hingewiesen: *Kant* hat zur Erklärung der auf der höheren Stufe als Zweckrationalität stehenden, praktischen Vernunft im engeren Sinne beigetragen. Dennoch fehlte ihm ein argumentativer Punkt, mit dem es ihm gelungen wäre, den auf der inneren moralischen Ebene liegenden kategorischen Imperativ auf die rechtliche Ebene – also die äußere Seite des menschlichen Lebens – umzuwandeln.[125] *Fichte* hat jenes ausschlaggebende Stück geliefert, als er spätestens in der „Grundlage des Naturrechts" die Verbindung der intelligiblen Welt und der erscheinenden Endlichkeit dadurch gebildet hat, dass die zur intelligiblen Welt gehörende praktische Vernunft eines Subjekts in der Wirklichkeit nur dann realisiert werden kann, wenn in einer endlichen Welt zugleich andere Subjekte existierten.[126] Nur so lässt die Moralphilosophie *Kants*, bei der das Subjekt im Zentrum steht, sich erfolgreich in die intersubjektive Sphäre einführen, die als der Anwendungsbereich des Rechts erscheint.[127]

Auf eine ähnliche Weise behandelt *Zaczyk* diesen Punkt, und zwar die Notwendigkeit einer Erweiterung von *Kant* bis *Fichte* in der Diskussion des Rechtsverhältnisses – doch ausführlicher. Er fragt sich: Besteht der Kern des Rechtsprinzips von *Kant* darin, dass der eine mit den anderen im äußeren

125 *Wolff*, Das neuere Verständnis von Generalprävention und seine Tauglichkeit für eine Antwort auf Kriminalität. ZStW 97 (1984), S. 806 f.

126 *Wolff*, Das neuere Verständnis von Generalprävention und seine Tauglichkeit für eine Antwort auf Kriminalität. ZStW 97 (1984), S. 810.

127 Siehe die Ausführung im *Wolff*, Das neuere Verständnis von Generalprävention und seine Tauglichkeit für eine Antwort auf Kriminalität. ZStW 97 (1984), S. 811 ff.

Handlungsbereich vereinigen kann, dann reichen allein die subjektzentrierten moralphilosophischen Ansätze *Kant*s, die nur gezeigt haben, dass das Subjekt praktisch vernünftig ist, nicht aus. Ein solches Rechtsprinzip muss über das subjektive praktische Vermögen hinaus ein spezielles Erkenntnisvermögen des Subjekts voraussetzen. Das Subjekt muss im Stande sein, den ihm begegnenden anderen nicht bloß als ein Objekt wie irgendeine Sache in der Welt zu begreifen, sondern ihn „als mir gleichen Vernünftigen"[128] zu erkennen und zu behandeln. Da *Kant* eine solche Art von Erkenntnis in seiner ersten Kritik offengelassen hat,[129] ist ein zusätzliches Argument nötig, um die Begründungslücke des Rechtsprinzips zu schließen. *Fichte* übernahm diese Aufgabe, indem er die vorher schon beschriebene Wechselwirkung von Aufforderung und Anerkennung zwischen den Subjekten andeutete.[130] Es ist *Zaczyk* zufolge aufzumerken, dass die Subjektivität als der letzte Grund von allem angesehen werden muss. Deswegen schrieb er: „Jede den Einzelnen übersteigende Dimension muß sich so auch in seinem Bewußtsein wiederfinden, muß dahin in irgendeiner Weise zurücklaufen."[131] Diese Einsicht spielt eine bedeutende Rolle bei der Erklärung des strafrechtlichen Unrechtsbegriffs und des Versuchsunrechts.[132]

A. Der materiale Unrechtsbegriff der Wolff'schen Schule

Durch die gerade geschehene Erklärung sind drei Grundauffassungen für das folgende Verständnis über den von der *Wolff'schen* Schule vertretenen materialen Unrechtsbegriff festzuhalten: Erstens genügt die reine innere Intention nicht, das Unrecht zu begründen. Das als die umgekehrte Seite des Rechtsverhältnisses begriffene „Unrechtsverhältnis" teilt die Eigenschaft des Rechtsverhältnisses: Es muss sich auf die äußere, das heißt die Handlungssphäre beziehen. Jedoch reicht es nicht aus, zweitens, dass das Subjekt einen Erfolg nur kausal herbeiführt, ohne von jenem Geschehen zu wissen. Wie *Fichte* behauptete, nimmt das Subjekt die Aufforderung der Anerkennung des anderen erst auf, wenn es die Existenz des anderen annimmt. So kann eine Handlung des Subjekts nicht als unrecht betrachtet werden, wenn ihm die Erkenntnis des ganzen Handlungsvorgangs fehlt. Drittens muss, da das Rechtsverhältnis auf dem intersubjektiven

---

128 *Zaczyk*, Das Unrecht der versuchten Tat, S. 153.
129 *Zaczyk*, Das Unrecht der versuchten Tat, S. 153.
130 *Zaczyk*, Das Unrecht der versuchten Tat, S. 153.
131 *Zaczyk*, Das Unrecht der versuchten Tat, S. 163 f.
132 *Zaczyk*, Das Unrecht der versuchten Tat, S. 164.

Anerkennungsverhältnis beruht, die intersubjektive, auch die soziale Perspektive beim Urteil des Unrechts eingeführt werden.

Mit jenem Vorverständnis ist es möglich, sich den Formulierungen des Unrechts- oder Verbrechensbegriffs der *Wolff'schen* Schule zuzuwenden. Zunächst lässt sich *Zaczyk*s positive Beschreibung des richtig konstituierten wechselseitigen Anerkennungsverhältnisses wie folgt sehen:

> „Auf der Grundlage der Einsichten *Kant*s und *Fichte*s (...) konnte dargestellt werden, daß das Dasein der Rechtsperson an seiner Basis bedingt ist durch eine Leistung praktischer Vernunft des Einzelnen in seinem Verhältnis zum Anderen, der Grund des Rechts ist damit ein Anerkennungsverhältnis zwischen den Einzelnen."[133]

Danach wird die negative Beschreibung eines solchen Verhältnisses von *Wolff* geliefert: „Verbrechen ist eine solche Verletzung des [...] gegenseitigen Anerkennungsverhältnisses."[134] Da dieses Verhältnis außerdem im Konkreten auf verschiedene Weise, der Wirklichkeit gemäß, gestuft strukturiert ist, ist es durch unterschiedliche Methoden zu verletzen. Der Interpretation *Zaczyk*s zufolge entsprechen die Momente innerhalb jener stufigen Struktur des Anerkennungsverhältnisses den strafrechtlichen Rechtsgütern,[135] die erst als verletzt verstanden werden können, wenn die Handlungsweise des Subjekts der strukturierten Eigenschaft des Anerkennungsverhältnisses entspricht. Bei *Wolff* macht zugleich eine solche Struktur diejenigen Erwartungen aus, an denen Menschen sich im Rechtsgemeinschaftsleben orientieren können. In diesem Kontext definierte er das materiale Unrecht genauer als

> „die umrissene Verletzung des rechtlich konstituierten Basisvertrauens und dies setzt voraus, daß ein Anderer oder der Staat in einer Art verletzt werden, auf die er sich – in dem von der Rechtsordnung eingeräumten selbstorientierten Dasein – nicht aus eigener Kraft einstellen kann."[136]

---

133 *Zaczyk*, Das Unrecht der versuchten Tat, S. 326.

134 *Wolff*, Die Abgrenzung von Kriminalunrecht zu anderen Unrechtsformen, in: Hassemer (Hrsg.), Strafrechtspolitik, S. 212.

135 *Zaczyk*, Das Unrecht der versuchten Tat, S. 165 ff. Dazu komme ich sofort im nächsten Schnitt wieder.

136 *Wolff*, Die Abgrenzung von Kriminalunrecht zu anderen Unrechtsformen, in: Hassemer (Hrsg.), Strafrechtspolitik, S. 213. Ganz ähnlich auch *ders.*, Das neuere Verständnis von Generalprävention und seine Tauglichkeit für eine Antwort auf Kriminalität. ZStW 97 (1984), S. 819.

B. Versuch als Verletzung wechselseitiger Anerkennungsverhältnisse bei Zaczyk

Von dem oben Beschriebenen ausgehend ist man in der Lage, den Versuchsbegriff in dieser theoretischen Richtung leichter und angemessener zu verstehen. Gemessen an dem thematischen Schwerpunkt dieser Arbeit und an der argumentativen Vollständigkeit, wird in diesem Schritt hauptsächlich der Begründungsgang in *Zaczyk*s Monografie: „Das Unrecht der versuchten Tat", analysiert und danach kritisiert.

Zunächst reflektiert *Zaczyk* die in der Strafrechtswissenschaft übliche Weise, das Unrecht als den Anfang einer Diskussion über Begründungen für Strafbarkeit anzusehen.[137] Zur Behebung dieses Problems versucht er, einen Schritt zurückzutreten, es also von der Herstellung des Rechtszustands an zu erhellen.[138] Er nimmt die Einsichten von *Kant* und *Fichte* entgegen und entfaltet eine Theorie, die auf der Autonomie des Subjekts (*Kant*) und auf der Existenz der anderen als notwendige Voraussetzung für die individuelle Selbstbewusstwerdung in der Wirklichkeit (*Fichte*) gründet, wie die vorherige Passage gezeigt hat.[139] Nach dieser Auffassung trägt jede Person durch ihre praktisch richtige Leistung zur Konstruktion eines Rechtszustands bei, in dem sie frei und gleichzeitig begrenzt ist, was „Autonomie" wörtlich bedeutet.[140] Ein solcher Zustand weist darüber hinaus auf eine ursprüngliche Sozietät hin. Nur in dieser kann ein Subjekt seine Freiheit realisieren. Diese zwei Aussagen kombiniert betrachtet, lassen sich zwei Typen des Verständnisses des Versuchsunrechts ausschließen. Auf der einen Seite taugen die Varianten der objektiven Theorie nicht, die den Unrechtskern der Versuchstat grundsätzlich auf die durch den Täter kausal herbeigeführte Gefahr des betroffenen Rechtsguts eindimensional beschränken, ohne die entscheidende Rolle des subjektiven Willens zu berücksichtigen. Die rein subjektive Theorie, die die äußere Wirkung des Willens bei der Begründung des Versuchsunrechts ignoriert, ist auf der anderen Seite ebenfalls inakzeptabel: Es geht immer um den sozialen und objektiven Horizont, wenn man vom (Un-)Rechtsbegriff im *Fichte'schen* Sinne spricht. Mit der bisherigen Erklärung ist *Zaczyk*s Formulierung des Versuchsunrechts („[D]er Versuch einer Tat [stellt sich] als Übergang eines der Konstituenten des jeweils betroffenen Rechtsguts

---

137 *Zaczyk*, Das Unrecht der versuchten Tat, S. 229 ff.

138 *Zaczyk*, Das Unrecht der versuchten Tat, S. 231.

139 *Zaczyk*, Das Unrecht der versuchten Tat, S. 165.

140 *Zaczyk*, Selbstsein und Recht, S. 37.

von der Anerkennung zur Verletzung dar."[141]) jedoch nur teilweise zu verstehen. Die wesentlichen Begriffe, die man in dieser Phase schon ohne große Schwierigkeit erfassen kann, sind „Konstituente" und „Anerkennung". Jede Rechtsperson als Konstituente vollzieht ihre unzählbar vielen richtigen praktischen Handlungen im Umgang mit anderen. Beide erkennen einander als freies Dasein an. Dies ist schon klar. Noch erklärungsbedürftig ist der Rechtsgutsbegriff, der nicht in einer gewöhnlichen Weise nur gegenständlich oder/und interesseorientiert zu begreifen ist. Er muss bei *Zaczyk* in seinem aus *Kant* und *Fichte* entwickelten Rechtsverständnis harmonisiert werden.

Zaczyk definiert seinen Rechtsgutbegriff als Daseinsbedingungen der Rechtsperson, die einerseits als Anerkennungsprozess als solcher und andererseits als das Resultat jenes Prozesses verstanden werden können.[142] Daraus ist abzuleiten, dass sich aus unterschiedlichen Gestaltungen des Anerkennungsvorgangs Rechtsgüter verschiedener Art ergeben. Sie entsprechen auch der Sortierungsweise der herrschenden Meinung – personale, gesellschaftliche und staatliche Rechtsgüter. Man muss bei der Feststellung des Versuchsunrechts jene Verschiedenheit in den Blick nehmen. Anerkennungsverhältnisse unterschiedlicher Art und Weise setzen abweichende Methoden ihrer Missbilligung voraus. Deswegen wird im Folgenden mit der Verdeutlichung des Rechtsgutsbegriffs *Zaczyk*s begonnen. Danach wird die Angriffsweise gegen ihn aufgezeigt.

Erstens stehen die personalen Rechtsgüter in Diskussion. Leben ist das Allererste. Im Rechtsverhältnis stehend, ist die Person keine reine Idee. Sie ist als ein „endliches" Vernunftwesen,[143] wie *Fichte* ausgedrückt, gezeichnet. Erst durch das reale Leben erhält die Vernunft ihre Wirklichkeit. Danach sollen der Körper und das Eigentum in Betracht kommen. Das Leben lebt keineswegs etwa in der Luft. Es braucht vielmehr eine „Verankerung" in der wirklichen Welt. Der Körper und das Eigentum spielen die Rolle jener Verankerung, die die Vernünftigkeit mit der Erscheinungswelt verbindet. Das Erste liefert dem Willen seinen wirklichen Bezug. Die Person kann mit anderen erst handelnd umgehen, wenn sie ihre Körperlichkeit hat.[144] Es ist außerdem für die Menschen als Landtiere

141 *Zaczyk*, Das Unrecht der versuchten Tat, S. 327.

142 *Zaczyk*, Das Unrecht der versuchten Tat, S. 165 ff.; 326.

143 Siehe den Anfang des Lehrsatzes in *Fichtes* Grundlage des Naturrechts, *ders*, Grundlage des Naturrechts nach Principien der Wissenschaftslehre, in: I. H. Fichte (Hrsg.), Fichtes Werk, Band. III., S. 17.

144 *Fichte* sieht hier deshalb den Leib als eine Voraussetzung für die wechselseitige Anerkennungsverhältnisse und das individuelle Selbstbewusstsein, *ders.*, Grundlage des Naturrechts nach Principien der Wissenschaftslehre, in: I. H. Fichte (Hrsg.), Fichtes

notwendig, zumindest auf einem Stück der Erde stehend zu leben, so dass das Eigentum zu einem der Daseinselemente gehören muss.[145] Anschließend an die eingangs erwähnte Voraussetzung für die Selbstbewusstseinswerdung der Einzelnen, das Sich-Zuschreiben einer freien Wirksamkeit, zählt die Handlungsfreiheit zu den nächsten Rechtsgütern, durch die die freie Wirksamkeit erst in der Sinneswelt zu geschehen vermag.

Der Anerkennungsvorgang lässt sich nicht bloß in einer gegenüberstehenden Beziehung ausführen. Er ist gleichermaßen durch eine bestimmte Institution zu vollziehen, deren Entstehung nicht allein auf irgendeine Person zurückgeführt werden kann,[146] auch wenn solche Institutionen als Medium der Anerkennungsprozedur und die personalen Rechtsgüter für das freie Dasein des Einzelnen wesentliche Bedeutung haben. *Zaczyk* beschreibt dieses Phänomen einerseits als „die Auflösung der engen Interpersonalverhältnisse"[147] und betrachtet andererseits die sich daraus ergebenden Institutionen wegen ihrer Bedeutsamkeit für das individuelle Dasein als (gesellschaftliche) Rechtsgüter, beispielsweise das Rechtsgut der natürlichen Umwelt[148] und die Urkundendelikte[149].

Die auf die Stufe der Ich-Du-Beziehung und der Gesellschaft beschränkten Anerkennungsmodelle sind noch nicht völlig imstande, die wirkliche Freiheit zu garantieren. Bei diesen zwei Niveaus fehlt nach wie vor die verwirklichte Allgemeinheit. Dort liegt noch keine Instanz vor, die die Endlichkeit des Subjekts zu transzendieren vermag.[150] Bis hin zu der Phase der Staatsgründung ist ein neues Niveau erreicht, wo die Anerkennungsverhältnisse zwischen „mir" und „dir", innerhalb eines Teils von Menschen in der Gesellschaft sowie zwischen allen Menschen in der Rechtsgemeinschaft und für alle Staatsbürger herzustellen sind. Bei *Kant* und *Fichte* gründet sich die Notwendigkeit des Staates auf der Sicherheit jener oben bestimmten Art, dass einzig und allein im Staat das Recht

---

Werk, Band. III., §§ 5-7. Vgl. auch *Zaczyk*, Das Unrecht der versuchten Tat, S. 167 f.; *dens.*, Selbstsein und Recht, S. 64; *Zöller*, Leib, Materie und gemeinsames Wollen als Anwendungsbedingungen des Rechts (Zweites Hauptstück: §§ 5–7), in: Merle (Hrsg.), Grundlage des Naturrechts (Klassiker Auslegen), S. 97 ff.

145 *Zaczyk*, Selbstsein und Recht, S. 65 f. Hingewiesen ist auch auf *Kants* Eigentumsbegründung, die von einem ursprünglichen Gesamtbesitz ausgeht. Dazu *Kant*, Metaphysik der Sitten, § 12.

146 *Zaczyk*, Das Unrecht der versuchten Tat, S. 173.

147 *Zaczyk*, Das Unrecht der versuchten Tat, S. 170 f.

148 *Zaczyk*, Das Unrecht der versuchten Tat, S. 173 ff.

149 *Zaczyk*, Das Unrecht der versuchten Tat, S. 174 ff.

150 *Zaczyk*, Das Unrecht der versuchten Tat, S. 185.

und seine Folge, die Zwangsbefugnis, durch eine faire Instanz realisiert werden können.[151] Konkretisiert sind die durch den Staat gewährten allgemeinen Anerkennungsverhältnisse, *Zaczyk* zufolge, gewissermaßen in drei Typen zu unterteilen: die Rechtsgüter zur Erhaltung des Staates oder dessen Organe;[152] die, die jeder als Staatsbürger beachten muss, um die möglichen Voraussetzungen der Allgemeinheit zu schützen;[153] die, die die Amtsträger als die die Allgemeinheit Mitgestaltenden beachten müssen.[154]

Dass jede Person durch ihren Willen und ihre praktische Handlung den positiven Rechtszustand herstellen vermag, bedeutet ebenso, dass sie durch den gerade umgekehrten Willen und die daraus folgende Handlung einen solchen Zustand verletzen kann. So wird die damalige Konstituente des Rechtsguts zum Verletzer desselben. In *Zaczyk*s System sind jene Begriffe, also der Wille und seine äußere Verwirklichung, das betreffende Rechtsgut sowie die bestimmte Beziehung der Konstituente mit dem Rechtsgut Elemente für die Beurteilung, ob ein strafbarer Versuch besteht.[155] Dementsprechend unterteilen sich *Zaczyk*s Erläuterungen hierfür grundsätzlich in vier Schritte: Zuerst ist zu betrachten, welches Rechtsgut im konkreten Fall betroffen ist. Danach fragt man sich, welcher Zusammenhang zwischen Täter und dem betroffenen Rechtsgut steht. Sodann ist zu analysieren, warum es dem Täter misslungen ist, seinen Willen völlig zu realisieren. Schließlich muss beantwortet werden, ob jene gescheiterte Realisierung durch den Willen des Täters ausgeglichen werden kann. Momentan ist es noch nicht nötig, *Zaczyk*s Meinungen im Konkreten wiederzugeben. Bei der Erhellung der hiesigen Auffassung wird später auf dieses Thema zurückgekommen.

C. *Kritik*

Die oben beschriebenen Auffassungen von *Wolff* und *Zaczyk* sind, grob betrachtet, auf zwei Ebenen zu bezweifeln. Eine Kritik ist systemimmanent und die andere systemtranszendent. Dem zuvor Geschriebenen zufolge lässt sich eine

151 *Kant*, Metaphysik der Sitten, § 41 f.; *Fichte*, Grundlage des Naturrechts nach Principien der Wissenschaftslehre, in: I. H. Fichte (Hrsg.), Fichtes Werk, Band. III., § 16 f.; *Zaczyk*, Das Unrecht der versuchten Tat, S. 182 ff.; *ders.*, Selbstsein und Recht, S. 73 ff. Zur *Kants* Staatstheorie siehe noch *Kühl*, Eigentumsordnung als Freiheitsordnung, S. 163 ff.

152 *Zaczyk*, Das Unrecht der versuchten Tat, S. 190 f.

153 *Zaczyk*, Das Unrecht der versuchten Tat, S. 191 f.

154 *Zaczyk*, Das Unrecht der versuchten Tat, S. 192 f.

155 *Zaczyk*, Das Unrecht der versuchten Tat, S. 229 ff.

Tendenz in den Theorien von *Wolff* und *Zaczyk* sehen, dass die beiden Autoren durch einen Übergang von *Kant* bis *Fichte* einige oben schon gezeigte Schwächen der *Kant*'schen Philosophie überwinden wollen. Sie möchten trotzdem keinesfalls den Anhaltspunkt der Theorie *Kant*s völlig aufgeben. Werden ihre Auffassungen näher betrachtet, lässt sich ohne Schwierigkeit erkennen, dass nahezu die gesamte Struktur von *Kant* beibehalten wurde. Nur der Kerngedanke in der *Fichte'schen* Rechtsphilosophie, dass die Intersubjektivität die notwendige Bedingung des wirklichen Selbstbewusstseins ist, wurde hinzugefügt. Dies führt zu einem systematischen Bruch, der vor allem im Zusammenhang zwischen Recht und Moral erscheint. Wie in der vorangegangenen Passage schon hingewiesen, führt *Kant* den Legitimationsgrund des Rechts auf die Moral zurück und baut damit eine enge Beziehung zwischen Recht und Moral/Autonomie auf. *Fichte* vertritt in der Grundlage des Naturrechts dagegen eine Position, die sich in zwei Argumente teilt: Erstens hängt, *Fichte*s Ansicht nach, die Verbindlichkeit des Rechts keinesfalls von den Sitten ab. Zweitens kommt den Rechtspflichten nur ein hypothetischer Charakter zu.[156] *Fichte* begreift das Recht als etwas Erlaubtes, das nicht aus den Sittengesetzen, die nur etwas gebieten, abgeleitet werden kann. Es kann lediglich aus den Erlaubnisgesetzen folgen.[157] Nachdem die moralische Eigenschaft des Rechts beseitigt wurde, ist man nicht mehr kategorisch verpflichtet, die Rechte anderer anzuerkennen und sich an die Rechtsgesetze zu halten. Das heißt, das Recht besitzt nur einen hypothetischen, „bloss technisch-praktisch[en]" Charakter. Nur wenn die Menschen eine Gemeinschaft herstellen wollen, wo alle für die Freiheit der anderen die eigene Freiheit beschränken, hat das Recht seine Geltung. Allerdings ist es für die Menschen keine absolute Pflicht, eine solche Gemeinschaft zu gründen.[158]

---

156 *Kersting*, Die Unabhängigkeit des Rechts von der Moral (Einleitung), in: Merle (Hrsg.), Grundlage des Naturrechts, S. 25.; *ders.*, Wohlgeordnete Freiheit, 2. Aufl., S. 167 ff.

157 *Fichte*, Grundlage des Naturrechts nach Principien der Wissenschaftslehre, in: I. H. Fichte (Hrsg.), Fichtes Werk, Band. III., S. 13: „Ein Recht ist offenbar etwas, dessen man sich bedienen kann; oder auch nicht; es erfolgt sonach aus einem bloß erlaubenden Gesetze […] Es läßt sich schlechterdings nicht einsehen, wie aus dem unbedingt gebietenden, und dadurch über alles sich erstreckenden Sittengesetze ein Erlaubnisgesetz sollte abgeleitet werden können."

158 *Fichte*, Grundlage des Naturrechts nach Principien der Wissenschaftslehre, in: I. H. Fichte (Hrsg.), Fichtes Werk, Band. III., S. 10: „Wird er (der Rechtsbegriff, *Lin*), weil der Gedanke, und die Aufgabe einer solchen Gemeinschaft willkürlich ist, gedacht als ein praktischer Begriff, so ist er bloß technisch-praktisch: d. h. wenn gefragt würde, nach welchen Grundsätzen eine Gemeinschaft zwischen freien Wesen, als solchen, errichtet werden könnte, wenn etwa jemand eine solche errichten wollte, so müßte

Konsistent interpretiert mag sich ein Gegenbild zu dem, was *Zaczyk* in seiner Habilitationsschrift entwickelt hat, aus dem *Fichte'schen* Rechtsbegriff ergeben. Dass die Autonomie in der Rechtsbegründung *Fichte*s keine Rolle mehr spielt und stattdessen das Recht sich nur auf die Klugheit gründet, die Nachteile im Naturzustand zu vermeiden, würde ebenfalls bedeuten, dass es im Recht zulässig wäre, die Menschen wie Tiere heteronom zu behandeln. Der innere Zusammenhang vom Selbstsein und Recht geht verloren. Es ist möglich, dass das Recht zu einem herrschaftlichen Werkzeug wird, das nur für bestimmte Gruppen und Klassen funktioniert, und anschließend seine Allgemeinheit verschwindet. Im Kontext der versuchten Tat ist die Beeinflussung eines solchen Rechtsbegriffs gleichermaßen vorstellbar. Der zurzeit gemäß StGB und theoretisch *Zaczyk* zufolge zutreffend nichtstrafbare fahrlässige Versuch sowie die nichtstrafbaren Fälle des untauglichen Versuchs würden im Namen der Sicherheit und/oder des anderen Ziels unter Strafe stehen. *Zaczyk* will diese Konsequenzen nicht und hat alles gegeben, sie zu vermeiden. Er möchte deswegen *Kant*s Autonomiebegriff und *Fichte*s Rechtsbegründung integrieren. Es ist ihm allerdings nicht gelungen. Der Grund liegt nicht nur in der früher schon dargestellten problematischen Untermauerung der Moral *Kant*s sowie ihrer Übertragung aufs Recht, sondern auch in der vermeintlichen Revision *Fichte*s gegen *Kant*s Philosophie, vor allem gegen seine in einen infiniten Regress geratende Selbstbewusstseinserklärung. *Fichte* wollte einen korrigierten Selbstbewusstseinsbegriff, der einerseits als die Totalität von Subjektivität sowie Objektivität verstanden wird. Er funktioniert andererseits als Ausgangspunkt, von dem aus all die weiteren subjektiven Bestimmungen beginnen. *Fichte* hat den Finger in die theoretische Wunde *Kant*s gelegt und auf den ersten Blick zugleich eine mögliche Lösung geliefert. Betracht man dies näher, taucht sofort die Problematik auf. *Fichte*s Lösung ist eine Tautologie. Er ersetzt *Kant*s transzendentale Apperzeption durch einen Subjektivität und Objektivität vereinigenden Selbstbewusstseinsbegriff, der weder beweisbar noch bezweifelt ist. Statt das Defizit zu beheben, schiebt eine solche Behandlungsweise das Problem auf die Seite. Neue Fragen sowie Schwierigkeiten erfolgen ebenfalls daraus. Relativ verkürzend gesagt, stützt *Fichte*s Auffassung sich auf eine bestimmte Metaphysik, in der das Selbstsein des Subjekts als die unhintergehbare Grundlage gesetzt wird. Es ist fraglich, ob ein solcher unbegründeter metaphysischer Gedanke in der Moderne, wo alle Menschen durch Gründe und Konsens Probleme aller Typen lösen können, weiterhin ohne Einwände gelten

---

geantwortet werden; nach dem Rechtsbegriffe. Daß aber eine solche Gemeinschaft errichtet werden solle, wird dadurch keineswegs gesagt."

kann.[159] Im Kontext dieser Arbeit wird nicht dazu aufgerufen, auf die gewichtigen Erben von *Kant* und *Fichte* – Begriffe wie Freiheit, Vernunft, Subjektivität, Intersubjektivität und so weiter – zu verzichten. Gerade umgekehrt sollen sie beibehalten werden, aber mit überzeugenderen Argumentationen, die später im zweiten Teil dieser Arbeit zum Ausdruck gebracht werden. Nach einer pragmatisch-kommunikativen Wende lassen sich einsichtigere Argumente für jene Begriffe geben. Solche Rechtfertigungen können ebenso eine aufschlussreiche Rolle bei der Begründung und Anwendung des strafrechtlichen Versuchs spielen.

II. Versuch als Normgeltungsschaden oder Mitwirkungspflichtverletzung des Bürgers?

In dem vorangegangenen Abschnitt wurde die bewusstseinsphilosophisch orientierte Strafrechtstheorie der *Wolff*'schen Schule ausgeführt und sodann kritisch bewertet. Ihr Zugriff auf die Erben des deutschen Idealismus präsentiert gleichzeitig einen möglichen – sogar notwendigen – Zusammenhang zwischen Strafrechtstheorie sowie einem gesamtphilosophischen Projekt, dessen Kern den ausschlaggebenden Status des Subjekts und seine angeborene vernünftige Eigenschaft umfasst. Trotz *Fichte*s interpersonaler Umwandlung, die das von *Kant* übernommene abstrahierte Subjekt in der intersubjektiv strukturierten Wirklichkeit verankert, behält es jedenfalls die zentrale Rolle. In den sich darauf stützenden strafrechtlichen Ansätzen von *Wolff* bis *Zaczyk* steht wiederum das Subjekt bei der Konstruktion der Rechtsgüter und bei deren Destruktion im Zentrum. Eine derartige, scheinbar unentziehbare Stelle des Subjekts mag aufgrund geistesgeschichtlicher Wende ebenso in Zweifel geraten und mit Herausforderungen konfrontiert sein. Spätestens seit *von Liszt* wurde das als Vernunftträger bezeichnete Subjekt, das in der Lage ist, durch einen Verallgemeinerbarkeitstest richtige Beziehungen mit anderen zu beurteilen und zu konstruieren, nach und nach durch ein sich auf Nutzen-Verlust-Kalkül ausrichtendes Menschenbild ersetzt. In diesem Rahmen wird das gesamte Strafrecht zu einem der vielen Mittel des Staates, die hauptsächlich zur Maximierung des Lebensinteresses dienen.[160] Subjekte lassen sich damit nur als eine Variable innerhalb dieses gesamten sozialen Projekts begreifen. Ein klares Beispiel dazu wäre *von Liszts* Umdeutung des strafrechtlichen Zurechnungsfähigkeitsbegriffs. Den in

159 *Habermas*, Metaphysik nach Kant, in: *ders.*, Nachmetaphysisches Denken, S. 18 ff.
160 *Von Liszt*, Lehrbuch des Deutschen Strafrechts, 4. Aufl., S. 8 f.

seiner Zeit noch herrschenden, aus der Willensfreiheit abgeleiteten Zurechnungsbegriff hielt er für nicht mehr überzeugend. Jener wurde durch einen „moderneren" ersetzt. Die Zurechnung hatte *von Liszt* zufolge nichts mehr mit der Autonomie zu tun. Sie richtete sich allein auf die Motivierungsfähigkeit der Menschen, unrechtliches Verhalten zu unterlassen.[161] Strafe, die daraus folgte, war dementsprechend keineswegs Zweck an sich, sondern sollte den Zweck verfolgen, die Motivierungsdefizite der Täter zu beseitigen, aufgrund verschiedener Gründe der Defizite jeweils durch Besserung, Abschreckung oder Unschädlichmachung.[162] Allerdings wäre dies nicht das Ende, sondern der Anfang der Tendenz zur „Entsubjektivierung". Diese geisteswissenschaftsgeschichtliche Entwicklungsrichtung mag sich auf zwei einander beeinflussende Bereiche beziehen: auf Strafrechtswissenschaft einerseits, innerhalb derer entweder Subjekt oder Strafrecht allmählich gegenübergestellt wurden[163] oder ein interner Legitimitätszusammenhang zwischen den beiden fehlt; andererseits auf die – grob gesehen – sogenannte „postmoderne" Philosophie, die sich mehr oder weniger der Stellung des Subjekts entzieht. Die Intention des Subjekts wäre bei der Feststellung der strafrechtlichen Zurechnung und beim Verstehen der Gesellschaft ohne (entscheidende) Bedeutung.[164] Eine solche Lage wird in der Theorie von *Günther Jakobs* zugespitzt, die als der Komplex von beiden vorausgesagten Ebenen angesehen werden könnte. In seiner Theorie stehen – an *Niklas Luhmanns* Systemtheorie der Gesellschaft anknüpfend – die Gesellschaft überhaupt und ihre Erhaltung im Vordergrund. Das Rechtssystem und alle Merkmale darin sollen sich infolgedessen ebenso darauf ausrichten. Dies soll genauso für die Auslegungen des Zwecks des Strafrechts, des Zurechnungsbegriffs, des Schuldkonzepts, der Funktion der Strafe und konsequenterweise des Versuchsunrechts gelten.[165] Nach der jahrzehntelang andauernden Debatte von *Jakobs* und anderen Strafrechtswissenschaftlern ist der Begründungsgang der Theorie *Jakobs'*, vor allem der Rückgriff auf *Luhmanns* Auffassungen aus soziologischer Sicht, trotz Innovation und Aufschluss fraglich geworden. *Michael Pawlik*, einer der

161 *Von Liszt*, Die deterministischen Gegner der Zweckstrafe, in: ZStW 13 (1893),, S. 342; *ders.*, Die strafrechtliche Zurechnungsfähigkeit, in: *ders.*, Strafrechtliche Aufsätze und Vorträge. Band 2, S. 214 ff., S. 219.

162 *Von Liszt*, Der Zweckgedanke im Strafrecht, in: ZStW 3 (1883), S. 40.

163 Kritisch dazu siehe *Zaczyk*, Kritische Bemerkungen zum Begriff der Verhaltensnorm, GA 2014, S. 80 ff.

164 Zur verlorenen Stelle der subjektiven Intention vgl. *Habermas*, Faktizität und Geltung, 5. Aufl., S. 67.

165 *Jakobs*, Schuld und Prävention, S. 12 f.

Schüler von *Jakobs*, versucht deshalb seit Jahren, diese Lage zu retten, untermauert seine Strafrechtswissenschaft – abweichend von *Jakobs* Orientierung an *Luhmann* – jedoch mit der philosophischen Grundlage *Hegels*. Das Legitimationsproblem, das die Theorie *Jakobs'* immer begleitet, scheint damit gelöst zu sein. Wiederum taucht eine Problematik auf, die mit der des *Jakobs'*schen Systems identisch ist: Die Stellung und die Fähigkeit des Subjekts (im Sinne der Möglichkeit, die Normen, den das Subjekt gehorcht, zu kritisieren, zu verändern und mitzuwirken) werden in diesem Theoriegebilde von *Pawlik* erneut unterschätzt und nicht berücksichtigt. Die sich darauf stützende Versuchstheorie, die von *Pawliks* Schüler *Matthias Wachter* dargelegt wurde, wäre mit derselben Problematik konfrontiert.

Im Folgenden werden zunächst die Versuchslehre von *Jakobs* und ihr Argumentationsgang im Ganzen kritisch analysiert (1.). Danach werden die Theorie von *Pawlik* und die Versuchslehre von *Wachter* betrachtet (2.).

1. Jakobs Auffassung im Anschluss an Luhmanns Systemtheorie

In seinem Lehrbuch begreift *Jakobs* das Unrecht der versuchten Tat als einen „expressive[n] und tatbestandsnahe[n] Normbruch".[166] Da das erste Prädikat dieser Beschreibung als die gesamte Grundlage des Unrechtsbegriffs von *Jakobs* mit dem Versuch, der Vollendung und allen strafwürdigen Handlungen geteilt wird, wird es zum Schlüssel für das angemessene Verständnis der *Jakobs'schen* Versuchslehre unter Berufung auf seine Strafrechtstheorie im Allgemeinen und ihre Einschätzung. Um eine solche berechtigte Einschätzung zu gewinnen, ist ein Vorverständnis der Strafrechtstheorie *Jakobs'* durch detaillierte Untersuchung seiner wesentlichen Beiträge unvermeidbar. Dazu gehören vor allem zwei Aufsätze, die als Grundlagenwerke bezeichnet werden können: „Der strafrechtliche Handlungsbegriff" (A.) sowie „Das Strafrecht zwischen Funktionalismus und ‚alteuropäischem' Prinzipiendenken (Oder: Verabschiedung des ‚alteuropäischen Strafrechts?)" (B.). Nachdem die theoretischen Gebilde von *Jakobs* in Angriff genommen wurden, wird klar, was der Begriff des „Expressiv-Werdens" im Sinne des Versuchsunrechts und dessen Einfluss auf die Interpretation der Versuchstatbestands bedeuten sollen (C.).

---

166 *Jakobs*, AT, 2. Aufl. 25 / 21. Zuvor schon *ders*, Kriminalisierung im Vorfeld einer Rechtsgutsverletzung, ZStW 97 (1985), S. 758 ff.

A. *Jakobs' Grundgedanke im Aufsatz: „Der strafrechtliche Handlungsbegriff"*

Im Jahr 1976 veröffentlichte *Günther Jakobs* seinen ausschlaggebenden Aufsatz „Schuld und Prävention", in dem er behauptete, dass der strafrechtliche Schuldbegriff und die daraus abgeleiteten Merkmale sich an der generell-präventiven Funktion der Strafe orientieren sollten.[167] Eine Behauptung dieser Art wäre auf den ersten Blick nicht etwas Besonderes, sondern trivial.[168] Auffällig ist, dass *Jakobs* sein Verständnis der Generalprävention auf den sozialsystemtheoretischen Rahmen von *Luhmann* bezieht,[169] in dem die als System(e) erfasste Gesellschaft sich durch ihr eigenes Mittel erhalte.[170] Dieser Aufsatz scheint seine langjährige Bemühung um die *Luhmann'sche*-funktionalistische Rekonstruktion der Strafrechtswissenschaft zu eröffnen. In dem 1992 publizierten Beitrag: „Der strafrechtliche Handlungsbegriff", erweiterte *Jakobs* die anfangs auf Schuld eingeschränkte Argumentation bis zu einer allgemeinen Ebene. Somit lassen sich all jene funktionalistischen Thesen als einheitliche Leitgedanken bei der Auslegung konkreter strafrechtlicher Begriffe und Tatbestände begreifen.[171]

Schon im Vorwort des eben erwähnten Aufsatzes bringt *Jakobs* den Argumentationsgang und die Thesen zum Ausdruck. Drei wesentliche Momente sollen in den strafrechtlichen Handlungsbegriff integriert werden: Handlung als Sinnausdruck (der Hauptgedanke des Finalisten); der Sinn solle durch ein

---

167 *Jakobs*, Schuld und Prävention.

168 Es sieht trivial aus, weil der generalpräventiver Strafbegriff schon zu seiner Zeit kein neues Thema war. Das Gleiche gilt auch für das am generalpräventiven Strafbegriff angeknüpfte Schuldkonzept. Zur Begriffsentwicklung siehe nur *Roxin*, AT I, 4. Aufl., 3 / 24 ff. (die generalpräventive Funktion der Strafe), 19 / 1 ff. (Funktionalistisches Schuldkonzept).

169 *Jakobs* zitiert hierzu unter anderem *Luhmann*, Rechtssoziologie I, 1. Aufl.; *dens.*, Legitimation durch Verfahren, 1. Aufl.

170 Zum Begriff „Autopoiesis" siehe *Luhmann*, Die Gesellschaft der Gesellschaft, Bd. 1, S. 65 ff.; *Esposito*, Artikel: Autopoiesis, in: Baraldi / Corsi / Esposito (Hrsg.), Glossar zu Niklas Lumanns Theorie sozialer Systeme, S. 29 ff.

171 *Jakobs*, Schuld und Prävention, S. 12 f.: „Er [Ein strafrechtlicher Handlungsbegriff, *Lin*] muß, soll er nicht zu einem Begriff von einer didaktisch nützlichen Deliktseingangsstufe verkümmern, eine möglichst komplette Theorie strafrechtlich relevanten Verhaltens enthalten. Der Handlungsbegriff als strafrechtlicher Begriff muß garantieren, daß es sich bei strafrechtlich zurechenbarem Verhalten nicht um ein - wie auch immer zustande gekommenes - Sammelsurium von heterogenen Merkmalen handelt, sondern um *eine* Sinneinheit." (Hervorhebung im Original)

objektives – hier im Sinne von sozialem – Deutungsschema interpretiert werden (eine entscheidende Wende des sozialen Handlungsbegriffs); ein Schuld enthaltender Handlungsbegriff.[172] Als *Jakobs* diesen Beitrag schrieb, schien die Debatte vom Handlungsbegriff durch diejenige der objektiven Zurechnung ersetzt zu werden. Der Handlungsbegriff verlor damit seine Gewichtigkeit als die Gemeinsamkeit aller Delikte. An seine Stelle trat die Lehre der objektiven Zurechnung. Umgekehrt behauptet *Jakobs*, dass nicht die Lehre der objektiven Zurechnung den Handlungsbegriff ergänzen oder ersetzen solle, sondern dass „die Lehre von einem besonderen objektiven Zurechnungszusammenhang den Handlungsbegriff präzisiert".[173] Seiner Meinung nach darf ein angemessener Handlungsbegriff weder nach Kausalismus noch Finalismus gerichtet sein. Nur das menschliche Verhalten, das in der Gesellschaft verankert und auf dem sozialen Horizont verständlich sein kann, lässt sich als eine strafrechtliche Handlung bezeichnen.[174]

„Wie also hängen Handlung, Gesellschaft und Strafrecht zusammen?",[175] fragt sich *Jakobs* als nächsten Schritt. Er nimmt ein paar Beispiele, damit dargestellt werden kann, dass auf der einen Seite kein notwendiger Zusammenhang zwischen Verantwortlichkeit und dem Handlungsbegriff vorliegt. Er erinnert an die Zustand- und Sippenhaftung, wenn jemandem aufgrund seines Dasein oder seiner Angehörigkeit zu irgendeiner Sippe zugerechnet werden könnte, ohne die Tatsache zu berücksichtigen, dass man dabei gar nicht gehandelt hat.[176] Der Verantwortungs- und der (auch: strafrechtliche) Handlungsbegriff müssen *Jakobs* gemäß mit der Zeit und der Gesellschaft zusammenhängen.[177] Begreift man sich in der jetzigen Zeit, in einer funktionierenden Gesellschaft zu leben, ist die Handlung als „eine Haftung für vorgenommene oder vornehmbare Körperbewegung", die auch „Organisation" genannt werden kann, zu erfassen.[178] Außerdem steht eine menschliche Handlung statt einer kollektiven Verantwortung für eine individualisierte.[179] Diese Merkmale einer Handlung könnten ebenso den Eindruck erwecken, dass jedes menschliche Verhalten, das eine nachteilhafte

172 *Jakobs*, Der strafrechtliche Handlungsbegriff, S. 7.
173 *Jakobs*, Der strafrechtliche Handlungsbegriff, S. 12.
174 *Jakobs*, Der strafrechtliche Handlungsbegriff, S. 12.
175 *Jakobs*, Der strafrechtliche Handlungsbegriff, S. 14.
176 *Jakobs*, Der strafrechtliche Handlungsbegriff, S. 14 f.
177 *Jakobs*, Der strafrechtliche Handlungsbegriff, S. 14 f.
178 *Jakobs*, Der strafrechtliche Handlungsbegriff, S. 16.
179 *Jakobs*, Der strafrechtliche Handlungsbegriff, S. 16.

Folge herbeiführt oder herbeiführen könnte, als Handlung im *Jakobs'schen* Sinn bezeichnet werden darf. Dies ist nicht der Fall.

Kurz danach wendet *Jakobs* sich gegen das kausale Handlungskonzept *von Liszts* über *Beling* bis *Radbruch*, die das Verständnis der Handlung bloß auf eine Verursachung der Folge beschränken. Im Rahmen einer derartigen naturwissenschaftsorientierten Handlung kann die subjektive Vorstellung, die Sinnstiftung des Täters, keinen entscheidenden Platz mehr finden. Für *Jakobs* ist etwas anderes bezüglich eines solchen Handlungsverständnisses problematischer: die Abkoppelung des Strafrechts, der strafrechtlichen Handlung, von der Gesellschaft. Die gleiche Problematik ist in dem finalen Handlungsbegriff wiederzufinden. Diesmal richtet sie sich nicht auf die Gleichsetzung von Menschen und natürlichen Elementen, wie der Kausalismus es präsentiert hat, sondern auf die Einseitigkeit des Verstehens von Handlungssinn. Sie ist schlicht auf die Täterabsicht beschränkt. Trotzdem hat *Welzels* Ansatz die Entwicklung der strafrechtlichen Handlungslehre derart, dass eine Handlung als ein subjektiver „Sinnausdruck" begriffen werden müsse,[180] definitiv einen Schritt nach vorne gebracht. Wird die sinnstiftende Funktion bloß auf die Absicht des Handelnden abgestellt, dass er seine Verstellung in der Welt verwirklicht werden will, wäre eine solche Theorie schwierig mit Fahrlässigkeit zu vereinbaren – insofern, als dass der Handelnde keine Erkenntnisse dazu hat, sein Verhalten könne jemanden verletzen. Diese mehrfach kritisierte Lücke will *Jakobs* dadurch schließen, dass er den Sinnausdruckbegriff von den tatsächlich im Kopf des Handelnden vorliegenden subjektiven Vorstellungen und Erkenntnissen entkoppelt, einen solchen Begriff anschließend normiert. So hat der Sinn mit dem subjektiven Zustand des Handelnden nichts zu tun. Stattdessen sei „die individuelle Vermeidbarkeit" dabei von wesentlichem Belang. *Jakobs* hat es in aller Klarheit geschrieben:

> „Handlung ist also Sinnausdruck; Sinnausdruck ist individuell vermeidbare also vorsätzliche oder individuell fahrlässige Folgenbewirkung; individuell vermeidbar sind diejenigen Bewirkungen, die bei gegebenem dominantem Motiv zur Folgenvermeidung unterbleiben würden."[181]

Das reicht laut *Jakobs* jedoch noch nicht aus, um eine Handlungslehre zu nennen, die erfolgreich einen Zusammenhang von Handlung-Strafrecht-Gesellschaft erklärt. Bei der erwähnten (genauer: vorläufigen) Behauptung wird die

---

180 *Welzel*, Studien zum System des Strafrechts, ZStW 58 (1939), S. 491 ff.

181 *Jakobs*, Der strafrechtliche Handlungsbegriff, S. 26.

Sinninterpretation auf der gesellschaftlichen Ebene noch nicht berücksichtigt. Sie beruht lediglich auf einem „quasi individuell-anthropologischen" Horizont.[182] Bei dem Sinnausdruck und seinem Verstehen geht es nicht allein um die Sicht der Sich-Ausdrückenden und diejenige des Empfängers. Ein objektiv-soziales, jenseits des Horizonts der Sich-Ausdrückenden sowie des Empfängers vorliegendes „Deutungsschema" spiele vielmehr gemäß *Jakobs* eine entscheidendere Rolle, weil erst dieses Schema die durch Sinn vermittelte Kommunikation ermöglicht, indem es an die Stelle des subjektiven Schemas tritt, das den Kommunikationspartnern niemals zur Verfügung steht. *Jakobs* zufolge sei ein solches Schema ebenso nicht willkürlich von irgendjemandem verändert. Bis jetzt ist erhellt, dass eine strafrechtliche Handlung für *Jakobs* ein durch das soziale Deutungsschema verständlich gemachter Sinnausdruck ist, den der Täter durch seine individuell vermeidbare Erfolgsbewirkung explizit macht.

Die eigentliche Behauptung, die Handlung sei eine individuell vermeidbare Erfolgsherbeiführung, wurde bis zur jetzigen Phase durch ein weiteres soziales Deutungsschema erweitert. Dementsprechend wird dies auf die gesellschaftliche Ebene umgesetzt. Trotzdem darf eine andere Problematik auftauchen: Verbrechen ohne Verletzungsfolge des Interesses, und zwar versuchte Taten sowie abstrakte Gefährdungsdelikte und so weiter. Um die Aufgabe der Definition der Handlung zu erreichen – die gemeinsame Grundlage aller Verbrechen zu sein –, bedarf jener Handlungsbegriff, der sich immerhin auf eine Folgebewirkung bezieht, so dass Delikte ohne Folgebezug nicht enthalten sind, einer Korrektur. Die von *Jakobs* angebotene Lösung ist eine erneute Relativierung der subjektiven Sinnstiftung (Die erste Relativierung bestand vorher in der Umwandlung von der tatsächlichen Vorstellung des Handelnden in die individuelle Vermeidbarkeit). Bei der Bezeichnung einer strafrechtlichen Handlung kommt es deshalb nicht darauf an, ob man eine durch ein soziales Kriterium entschiedene, vermeidbare Interessensverletzung verursacht hat. Maßgebend ist vielmehr die dadurch dargestellte Nichtanerkennung der Normgeltung.[183] Es sind die drei Phasen der Exposition des strafrechtlichen Handlungsbegriffs, den *Jakobs* vertritt: derjenige in Bezug auf die individuelle Vermeidbarkeit, derjenige im Gegensatz zum rein kausalen Verständnis und derjenige mit der notwendigen Einführung eines sozialen Deutungsschemas, damit er sich nicht mehr an die Anthropologie zu halten braucht. Durch den Einstieg ins Niveau der Normgeltung hat *Jakobs* schließlich seinen Handlungsbegriff und den Zusammenhang von Person, Strafrechtsnorm

182 *Jakobs*, Der strafrechtliche Handlungsbegriff, S. 27.
183 *Jakobs*, Der strafrechtliche Handlungsbegriff, S. 33 f.

und Gesellschaft gezeigt. *Dass* der Zusammenhang in Erscheinung tritt, verdeutlicht nicht unbedingt, *wie* und ob er *berechtigt* funktioniert. Nach der nötigen Untersuchung zum Aufsatz: „Das Strafrecht zwischen Funktionalismus und ‚alteuropäischem' Prinzipiendenken (Oder: Verabschiedung des ‚alteuropäischen Strafrechts?)", von *Jakobs* sind die Antworten kaum herauszufinden.

B. Weiterentwicklung in: „Das Strafrecht zwischen Funktionalismus und „alteuropäischem" Prinzipiendenken"

Die Gegenüberstellung von Funktionalismus, dem sogenannten „alteuropäischen" Prinzipiendenken und dem daraus folgenden Strafrecht spiegelt sich überall in den Erklärungen *Jakobs'* vom Verhältnis zwischen Person, Recht und Gesellschaft. Er bezieht sich auf den Rahmen von *Luhmann*s Systemtheorie, dessen Gedanken er als Funktionalismus bewertet, und spricht dementsprechend gegen einen Typ von Behauptungen zur Gesellschaftsgründung, die zum Zurückzugreifen auf Subjekte tendiert – sei es das interesseorientierte Subjekt von Hobbes, sei es das angeborene praktisch-vernünftige Subjekt von *Kant*. Seiner Meinung nach wird die Gesellschaft weder durch die sozialen Verträge noch durch den kategorischen Imperativ hergestellt. Sie soll als ein Bereich, wo regelgeleitete Kommunikation geschieht, verstanden werden.[184] An *Luhmann* anknüpfend bringt *Jakobs* zum Ausdruck, dass das Strafrecht durch sein Mittel – Strafe – dazu dient, sich selbst, ein Subsystem und das soziale System überhaupt zu erhalten. Taucht irgendwann eine auf der kommunikativ-sinnlichen Ebene vorliegende strafrechtliche Handlung auf, reagiert die Strafe darauf, indem sie einen Gegensinn repräsentiert. Gleichzeitig ist die „soziale Identität" als solche bewehrt, und zwar unverändert. Soziale Identität dieser Art ist – anders als die partiell sozial-psychischen Argumenten zugrunde liegende generalpräventive Funktion der Strafe – nicht empirisch zu erfassen.[185] Dies liefert gemäß *Jakobs* ein Verständnis der Normativität des Rechts, welches bei der dogmatischen Arbeit helfen kann. Wenn man beantworten will, was „objektive Zurechnung", „Vorsatz und Fahrlässigkeit" oder „Versuch" heißen sollen und wie sie anzuwenden sind, sollte man einen Blick auf die Grundidee des Funktionalismus

184 *Jakobs*, Das Strafrecht zwischen Funktionalismus und „alteuropäischem" Prinzipiendenken, ZStW 107 (1995), S. 843.; jüngst auch *ders.*, Norm, Person, Gesellschaft, 3. Aufl., S. 13 ff., 28 ff., 61 ff.

185 *Jakobs*, Das Strafrecht zwischen Funktionalismus und „alteuropäischem" Prinzipiendenken, ZStW 107 (1995), S. 844.

werfen.[186] So betrachtet, stünden Gesellschaft und Strafrecht einander nicht gegenüber. Sie wären voneinander abhängig, indem das Strafrecht soziale Probleme löse und die Gesellschaft den Ausgangspunkt der strafrechtlichen Interpretationen anbiete.[187]

Strafrecht sei fähig, gesellschaftliche Probleme zu bewältigen, weil eine als kommunikativ konstruierte Gesellschaft durch Normen hergestellt werde, zu denen das Strafrecht gehöre.[188] Normen seien insofern die Regeln für Kommunikationen, die so verlaufen sollen und nicht anders. Garantieren die Normen die kommunikativen Vorgänge auf eine bestimmte Art und Weise, kann die soziale Identität gesichert werden. Bezugnehmend auf *Luhmann* gliedert *Jakobs* Normen in zwei Gruppen: Die eine teile das Wesen der Naturgesetze, die einfach unverändert blieben, würden sie mit Widersprüchen konfrontiert. Die andere besitze eine solche Eigenschaft jedoch nicht, so dass sie Mittel benötige, um den abweichend kommunikativen Verlauf auszugleichen und um die mögliche Veränderung der Gesellschaft zu vermeiden. Das Strafrecht – vor allem die Strafe – animiere demgemäß zur Identitätserhaltung der Gesellschaft, passiere eine strafrechtliche Handlung, die als Normwiderspruch gelten könne, führte sie dann zu neuen Orientierungen.[189]

Die oben gezeigte Weiterführung der (anfangs im Titel) expliziten Entgegensetzung von Funktionalismus und alteuropäischem Prinzipiendenken hatte Sorge und Kritik ausgelöst. Gälten derartige systemtheoretische Thesen, würde der unhintergehbare Wert des Subjekts verloren gehen. An seine Stelle träte die Stabilisierung der Norm und der Gesellschaft, was ein viel zu hoher Preis zu sein scheint. *Jakobs* versuchte, jene Einwände zu entkräften, indem er argumentierte – einmal empirisch, dann ontologisch – dass die Subjektivität nur durch die Vermittlung der Sozietät möglich sei.[190] Er beschrieb daraufhin knapp die Entwicklung einer Theoriereihe des Kommunitarismus, von *Mead*, *Rousseau*

186 *Jakobs*, Das Strafrecht zwischen Funktionalismus und „alteuropäischem“ Prinzipiendenken, ZStW 107 (1995), S. 845 f.

187 *Jakobs*, Das Strafrecht zwischen Funktionalismus und „alteuropäischem“ Prinzipiendenken, ZStW 107 (1995), S. 845 ff.

188 *Jakobs*, Das Strafrecht zwischen Funktionalismus und „alteuropäischem“ Prinzipiendenken, ZStW 107 (1995), S. 847.

189 *Jakobs*, Das Strafrecht zwischen Funktionalismus und „alteuropäischem“ Prinzipiendenken, ZStW 107 (1995), S. 848 f. unter Berufung auf *Luhmann*, Rechtssoziologie, 4. Aufl. 53 ff.

190 *Jakobs*, Das Strafrecht zwischen Funktionalismus und „alteuropäischem“ Prinzipiendenken, ZStW 107 (1995), S. 848 ff.

und *Hobbes*, die jeweils eine vermittelte Subjektivität vertreten, um genauer die Gemeinsamkeit zu zeigen, dass es falsch sei, Subjektivität und Sozialität gegenüberzusetzen. Seiner Ansicht nach können ohne die funktionierende Gesellschaft die Menschen ihre subjektive Einseitigkeit wegen Erkenntnislimit sowie Empfindungsverschiedenheit nicht überwinden. Eine objektive Welt fehle deshalb eventuell.[191] Hierbei geht es nur um die empirische Ebene. Ontologisch betrachtet seien die Menschen nicht in der Lage, sich als ein Subjekt zu begreifen, wenn sie nicht an gesellschaftlichen Beziehungen mit anderen teilgenommen haben. In diesen könnten sie erst durch die Erkenntnis und die Abgrenzung von anderen, die nicht sie selbst sind, wissen, wer sie sind. *Jakobs* stellt dies ein anderes Mal auf der kommunikativen Ebene dar: „Nur vor dem Hintergrund kommunikativen Sinns erscheint subjektiver Sinn."[192] Zusammenfassend gesagt: Die Strafe als Reaktion auf die gesellschaftlich abweichende, deliktische Handlung um der Erhaltung von Sozietät willen trage in diesem Sinne ebenso zur Erhaltung der Subjektivität bei. Fraglich ist, ob der Inhalt und die Gerechtigkeit einer solchen Gesellschaft und der dadurch erreichten Subjektivität immer offenbleiben, so dass die bereits gestellte Frage in einer anderen Weise erneut auftaucht: Wieso „diese" Subjektivität? Wieso „diese" Gesellschaft und Norm? Wieso „dieser" Kommunikationsbegriff? In solch einem Theoriegebäude scheinen das Legitimationsproblem des Strafrechts und dessen Geltungsschutz nicht mehr im Zentrum zu stehen. Der Zusammenhang von Strafrecht und Gesellschaft aus der Sicht von *Jakobs* ist solcherart zu erfassen, dass Strafrecht nur ein Spiegel der Gesellschaft ist. Wenn die Gesellschaft so ist – freiheitlich, autokratisch oder demokratisch –, ist das Strafrecht auch so.[193] Zu versuchen, den Status quo des Strafrechts aufgrund irgendeines gesellschaftlichen Modells kritisch zu bewerten und zu verändern, gehöre nicht zur Aufgabe der Strafrechtswissenschaft, sondern zur Politik.[194] Damit wäre die Relation zwischen Strafrecht und den Sozietätsmodellen einerseits und der Politik andererseits abgekoppelt.

---

191 *Jakobs*, Das Strafrecht zwischen Funktionalismus und „alteuropäischem" Prinzipiendenken, ZStW 107 (1995), S. 850 f.

192 *Jakobs*, Das Strafrecht zwischen Funktionalismus und „alteuropäischem" Prinzipiendenken, ZStW 107 (1995), S. 852.

193 *Jakobs*, Das Strafrecht zwischen Funktionalismus und „alteuropäischem" Prinzipiendenken, ZStW 107 (1995), S. 853 ff.

194 *Jakobs*, Das Strafrecht zwischen Funktionalismus und „alteuropäischem" Prinzipiendenken, ZStW 107 (1995), S. 855.

Jene erwähnte Unterscheidung von dem individualisierten und dem sozial vermittelten Subjektbegriff – genauer, in der Terminologie *Jakobs*: Person[195] – findet ihre weitere Anwendung auf jede Zurechnungsstufe in der Theorie von *Jakobs*. Dabei gehe es um eine Objektivierung des Zurechnungskriteriums, die auf dem *Luhmann'schen* Rollenkonzept (hier = Person) basiere, das wiederum als durch Normen gegliederte Zuständigkeit jedes Rechtsgemeinschaftsmitglieds zu verstehen sei. Solche Zuständigkeiten, was sie tun oder unterlassen sollen, regeln die Personen. Gewissermaßen wird eine Stabilität innerhalb sozialer Beziehungen hergestellt, sofern jeder von dem anderen Verhaltenspartner erwarten kann, dass jener gemäß seiner Zuständigkeit handelt. Dies sei für die Kommunikation in einer durch „hochgradig anonym[e] Kontakte"[196] konstruierten Gesellschaft von großem Belang. Dort wären gesellschaftliche Verhältnisse nahezu unmöglich, wenn bei jeder Interaktion mehrere Zugriffe auf die subjektive Vorstellung der Beteiligten nötig wären, um die Bedeutung der Handlung/Äußerung der Verhaltenspartner festzustellen.[197] Bei einem solchen Verständnis ruft der Norm- und Personsbegriff das in der oben Passage genannte „soziale Deutungsschema" ins Leben, nach dem eine Handlung als (auch: strafrechtlich) recht/unrecht zu beurteilen sei. Dieselbe Logik darf einwandfrei auf die objektive Zurechnung übertragen werden. Die Übertragung auf die subjektive Stufe, vor allem den Vorsatz, dessen Vorliegen aufgrund des subjektiven Zustands des Handelnden beurteilt ist, scheint auf den ersten Blick problematisch. Allerdings deutet *Jakobs* die einmal am Kenntnisstand des Subjekts gerichtete Vorsatzdefinition um und behauptet dann einen objektiviert-normierten Vorsatzbegriff, der gemäß dem Kenntnisstand des allgemeinen Bürgers beim Zeitpunkt der Handlung darüber bestimme, was der Akteur wissen soll. Könnte der Bürger dabei etwas wissen oder zumindest in Kauf nehmen, sollte der aktuelle Handelnde das Gleiche wissen oder in Kauf nehmen können, dessen Vorsatz deswegen zu bejahen sei.

C. Die Versuchslehre bei Jakobs und ihre Kritik

Nach der obigen skizzenhaften Ausführung zur strafrechtlichen Handlungstheorie sowie zum kommunikativen Strafrechtsansatz *Jakobs*' in Verbindung

195 *Jakobs*, Das Strafrecht zwischen Funktionalismus und „alteuropäischem" Prinzipiendenken, ZStW 107 (1995), S. 859; auch *ders.*, Norm, Person, Gesellschaft, 3. Aufl. S. 41.

196 *Jakobs*, Das Strafrecht zwischen Funktionalismus und „alteuropäischem" Prinzipiendenken, ZStW 107 (1995), S. 859

197 *Jakobs*, Das Strafrecht zwischen Funktionalismus und „alteuropäischem" Prinzipiendenken, ZStW 107 (1995), S. 860 f.

mit *Luhmann* wäre es nicht überraschend, wenn *Jakobs* den Versuch als einen „expressiven und tatbestandnahen Normbruch“[198] definierte. Bei der Versuchslehre ist alles nichts anderes als eine Konkretisierung der allgemeinen Strafrechtslehre. Dementsprechend darf eine nur im Kopf bleibende, noch nicht nach außen objektivierte Vorstellung nicht als Versuchstat gelten. Ein Akt, der sich auf Magie, Zauberkraft und ähnliche übernatürliche Kräfte gründet, soll ebenso kein Versuch sein. Eine geäußerte und auf normale Naturgesetze gestützte Handlung, die noch in der Organisation/Zuständigkeit des Handelnden gehalten ist, darf auch nicht als eine versuchte Tat bezeichnet werden. Die Gesamtheit dieser drei Arten von Fällen ist soziale Irrelevanz. Sie können nicht als ein Normbruch auf der kommunikativen Ebene angesehen werden, auf den die Strafe reagieren muss, um wiederum die herausgeforderte Erwartung herzustellen.

Auffällig ist das andere Argument von *Jakobs*, das sich an den Privatheit-Schutz richtet. Von so einer Theorie *Jakobs'*, die sich grundsätzlich an objektivierten Kommunikationen orientiert, darf jene Folge nicht unbedingt abgeleitet, sondern es soll ausgeschlossen werden, dass die private Sphäre des Einzelnen vor dem Eingriff des Staates zu schützen ist. Er gebraucht trotzdem dieses Argument auf zwei Arten, die voneinander abhängig sind. Erstens hält er die Privatheit des Einzelnen für die Grenze der Vorverlagerung. Überschreiten die strafrechtlichen Eingriffe jene Grenze, „würde die bürgerliche Person zerstört“. Ohne einen Privatbereich ist ein Bürger überhaupt nicht vorhanden“.[199] Neben dieser negativ-beschränkenden Argumentation nutzt *Jakobs* wiederum das Argument der Privatheit, um den Grund für die strafrechtliche Sanktion der versuchten Tat zu erklären – über den Bezug auf die kommunikative Ebene hinaus. Er versucht dadurch, ein Kriterium zwischen der straflosen Vorbereitung und dem strafbaren Versuch anzubieten. Dass jeder einen privaten Bereich besitzt, dessen Gestaltung nicht unter Kontrolle des Staates stehen soll, soll nicht heißen, dass dieser Bereich unbegrenzt ist. Seine Benutzung, laut *Jakobs*, „steht in einem Synallagma: Die Person hat dafür zu sorgen, daß aus ihrem Organisationskreis keine schädigenden Verläufe austreten“.[200] Wäre der Handelnde dabei gescheitert, das aus seinem privaten Bereich kommende Risiko zu beherrschen, und würde es sodann zum Nachteil eines anderen führen, hätte solches Geschehen mit der Öffentlichkeit zu tun. Deshalb wäre es strafbar.[201] Fraglich wäre,

198 *Jakobs*, AT, 2. Aufl., 25 / 21 ff.
199 *Jakobs*, AT, 2. Aufl., 25 / 1a.
200 *Jakobs*, AT, 2. Aufl., 25 / 21.
201 *Jakobs*, AT, 2. Aufl., 25 / 21.

von welchem Zeitpunkt an jenes Risiko nicht mehr beherrschbar ist. Somit ist zu entscheiden, dass der Handelnde von da an eine strafrechtliche Handlung unternimmt und unter Strafe gestellt werden soll. Nur wenn diese Frage beantwortet wird, ist die Grenze zwischen Vorbereitung und Versuch zu ziehen, wie *Jakobs* erwartete. *Jakobs* versucht, durch „ein[en] Katalog von Topoi", der sich im Verlauf der Zeit verändern darf, die obige Frage zu beantworten. Das wäre aufgrund der Komplexität des Handlungskontexts wohl unvermeidbar. Abgesehen von der Plausibilität einer solchen Auffassung würde der Rückgriff auf die Preisgabe der Herrschaft als materiellem Grund des Versuchs doch eine neue Problematik herbeiführen: die totale Entkriminalisierung des unbeendeten Versuchs. Der Handelnde ist in diesem Entwicklungsabschnitt noch fähig, das Risiko innerhalb seiner Organisation zu behalten.[202] *Jakobs* sucht nunmehr die Lösung auf der Bedeutungsebene. Der unbeendete Versuch ist trotz seines noch beherrschbaren Risikovorgangs deswegen strafbar. Der Handelnde bringt durch seine Handlung bereits in diesem Stadium die Bedeutung zum Ausdruck, dass er die Norm nicht anerkennt.[203] Gerade dieser nochmalige Rekurs auf die kommunikative Bedeutungsebene, um den eigentlich hinsichtlich des personellen Organisationsarguments straflosen unbeendeten Versuch erneut zu „kriminalisieren", würde ebenso bedeuten, dass jenes Argument bei der Rechtfertigung des Versuchsunrechts keine Rolle spielt. Das soziale Kriterium, ob der Handelnde die Nichtanerkennung expressiv macht, hat hingegen vielmehr bei dem Urteil des Vorliegens einer versuchten Tat die einzig entscheidende Stellung. Daraus kann man ohne große Schwierigkeit einen argumentativen Bruch innerhalb der in zwei Richtungen geteilten Erklärungen *Jakobs* – einerseits in Bezug auf den objektivierten, kommunikativen Horizont und andererseits hinsichtlich der personellen Privatheit – zum Strafgrund des Versuchs ablesen. Der Bruch besteht vor allem in der hybridischen Einführung des Privatheit-Schutzes in die gesellschaftlich gerichteten Theoriegebäude. Im Rahmen der Verbrechenstheorie von *Jakobs* soll die Gesellschaft selbst immer der Standard sein. Sie entscheidet darüber, welche Rolle der Bürger spielen, was eine rationale Person bei den sozialen Interaktionen wissen, was sie dabei tun oder unterlassen soll: Die Gesellschaft ist zur endgültigen Interpretation der personellen Handlung berechtigt, während der Einzelne keine Befugnis zu solcher Sinnstiftung hat.[204] Er kann sich

202 Vgl. die Kritik von *Struensee*, nämlich, *dens.*, Versuch und Vorsatz, GS - Armin Kaufmann, S. 529.

203 *Jakobs*, Tatvorstellung und objektive Zurechnung, GS - Armin Kaufmann, S. 277.

204 Dazu *Jakobs*, Norm, Person, Gesellschaft, 3. Aufl., S. 97 f.

nur bewusst machen, was dies und jenes bei Kommunikationen bedeuten sollen, um eine gute Rolle zu spielen.[205] Verhielte es sich so, dann wäre es nicht erst die unbegrenzte Vorverlagerung, die „die bürgerliche Person zerstört". Die völlig sozial orientierte strafrechtliche Theorie selbst wäre es, in der die subjektive Gestaltungskraft und ihre Wesentlichkeit zur Gesellschaft keinen Platz mehr finden können.

Die Ursache, wieso der erwähnte Bruch vorliegen mag, ist auf eine grundsätzliche Problematik der *Jakobs'schen* Strafrechtstheorie zurückzuführen. Die Problematik taucht auf verschiedene Art und Weise in vielen konkreten Bereichen dieser Theorie immer wieder auf. Grob beschrieben, geht es vor allem um das überwiegend vereinfachte – und deswegen einseitige – Verständnis des kommunikativen Prozesses und der Gesellschaft überhaupt. Das hat zur Folge, dass Begriffe wie die Personen, die an den kommunikativen Vorgängen teilnehmen, und die Normen, an denen sich Kommunikationen orientieren sollen, ebenfalls in Einseitigkeit geraten. Der theoretische Ausgangspunkt von *Jakobs* ist eine kommunikativ konstruierte Gesellschaft, in der es Normen gibt, die als normative Verhaltenserwartungen für die Kommunikationsteilnehmer gelten würden.[206] Falls diesen Erwartungen nicht gefolgt wird, müssten sie sich durch ihre eigenen Mittel – Strafen gehören auch dazu –wiederum selbst bestätigen. Dies lässt sich nicht als selbstverständlich betrachten. Es setzt mehr voraus, als *Jakobs* selbst einmal verdeutlicht und gerechtfertigt hat. Anspruchsvoll vorausgesetzt sind sowohl die von ihm beschriebene Gesellschaft, die hochkomplex sowie funktional ausdifferenziert ist und deren Formung nicht unmittelbar auf die Vorstellung der Subjekte rekurrieren darf, als auch die in solcher Gesellschaft bestehenden Personen, denen die bestimmte Fähigkeit zuzuschreiben ist, durch kommunikative Verständigung ihre Handlungen miteinander zu koordinieren. Kraft dieser Gesellschaftsform sprach *Jakobs* von den anonymen Interaktionen, die durch objektivierte Deutungsschemen vermittelt werden müssen,[207] was ebenso die Schemen und ihre Stabilität so wichtig zu machen vermag. Auf der anderen Seite benötigt eine solche Gesellschaft demgemäß ihre kommunikativ fähigen Mitglieder. Sie müssen zumindest verstehen können, was die Normen und die anderen Kommunikationspartner sagen. Nur unter diesen beiden Voraussetzungen wäre eine als „Bedeutung" verstandene strafrechtliche Handlung

---

205 *Jakobs*, Norm, Person, Gesellschaft, 3. Aufl., S. 97.

206 *Jakobs*, Norm, Person, Gesellschaft, 3. Aufl., S. 51 f.

207 *ders.*, System der strafrechtlichen Zurechnung, S. 17 ff., diesmal macht er aber von neuen Termini wie „Regel einer Verhaltenssemantik" Gebrauch.

personell zurechenbar, die eine soziale, nicht auf das Individuum beschränkte, generalisierte Ebene aufweist.[208]

Neben diesen von *Jakobs* implizit in Anspruch genommenen Begriffen – namentlich der bestimmte Gesellschaft- und Personsbegriff – müssen die kommunikativ fähigen Personen in den wechselseitigen Anerkennungsverhältnissen bestehen, innerhalb derer jeder sich selbst und den anderen als Kommunikationsteilnehmer erfasst. Sie koexistieren in erster Linie mithilfe interpersonal gegenseitiger Verständigungen und nicht durch Gewalt oder Kraft.[209] Lediglich dadurch darf *Jakobs* von einem „Synallagma" sprechen, weil dieses Synallagma – Wer sein Recht ausübt, soll den daraus eventuell herbeigeführten Nachteil vor dem Rechtsgebiet des anderen verhindern – nicht etwas Selbstbegründetes sein mag. Es muss auf eine Gesellschaft von gleichen Rechtspersonen zurückführen, die Rechte ausüben können und zugleich die entsprechenden Pflichten erfüllen sollen. Ohne diesen vor dem Synallagma vorliegenden Zustand der interpersonalen Anerkennungsverhältnisse wäre nicht nachvollziehbar, wieso jemand sein Recht unbegrenzt ausdehnen darf – bis hin zur Rechtssphäre aller anderen. Dann wäre er der Einzige, der Rechte hätte, während alle anderen nur willkürlich als Unperson behandelt würden. In diesem extremen Fall würde „Unperson" Folgendes bedeuten: Jemand, der keine Rechte hätte, sollte jedoch Pflichten erfüllen. Ein Synallagma besteht erst dann, wenn es wechselseitige Anerkennungen gibt. Allerdings konnte die von *Jakobs* vertretene Theorie keinen ausreichenden Grund anbieten, um die oben beschriebenen Anerkennungsverhältnisse zu rechtfertigen.

Ein mögliches Begründungsmodell, das von der vorliegenden Arbeit vertreten werden soll, ist: Die Menschen bestehen in gegenseitigen Anerkennungsverhältnissen, in denen jeder sich selbst und den anderen als Kommunikationspartner erfasst, der bei jeder kommunikativen Handlung Geltungsansprüche erhebt, die notfalls durch Gründe einlösbar sind.[210] Strafrechtliche Normen gelten in

208 Die Kritik erschien schon in *Günther*, Schuld und kommunikative Freiheit, S. 52 f.

209 Grundlegend *Apel*, Das Apriori der Kommunikationsgemeinschaft und die Grundlagen der Ethik, in: *ders*, Transformation der Philosophie. Band 2: Das Apriori der Kommunikationsgemeinschaft, S. 400. Dieses Gesellschaftsmodell, das auf dem intersubjektiven Konsens oder Diskurs beruht, lehnt *Jakobs* offensichtlich ab, siehe *dens.*, Norm, Person, Gesellschaft, 3. Aufl., S. 5., seine Zurückweisung des *Hegelschen* Anerkennungsmodells siehe S. 34 ff.; dazu eher kritisch *Seelmann*, Anerkennung, Person, Norm, FS - Jakobs, S. 635 ff., 640 ff. wie auch *ders.*, Günther Jakobs und Hegel, in: Kindhäuser u. a. (Hrsg.), Strafrecht und Gesellschaft, S. 88 ff.

210 Fundamental vgl. *Habermas*, Theorie des kommunikativen Handelns, Band 1, S. 27 ff.; ferner auch *ders*, Faktizität und Geltung, S. 32 ff.; *Günther*, Welchen Personenbegriff

diesem Rahmen ebenso als Kommunikation, die einerseits Handlungsorientierungen für Rechtspersonen liefert und andererseits mithilfe des demokratischen Gesetzgebungsprozesses, innerhalb dessen der rechtsförmige Austausch von Gründen verläuft, ihre Legitimation verlangen darf.[211] Eine strafrechtlich unrechte Tat ist hierfür als eine Kommunikation zu verstehen, die nicht durch gute Gründe unterstützt werden kann – vor allem unter der Voraussetzung, dass Rechtspersonen die Chance haben, ihre kritischen Meinungen in den demokratischen Institutionen zum Ausdruck zu bringen und zu der Veränderung des Gesetzes zu führen.[212] Dadurch ist die Schwäche der Theorie *Jakobs*' zu retten. An die Stelle seiner Theorie, innerhalb derer die Legitimation auf Legalität reduziert ist und die Subjektivität nahezu verlorengeht, soll eine Theorie treten, die sich auf die kommunikative Freiheit gründet.[213] Dies wird in dem zweiten Teil dieser Arbeit ausführlich entwickelt.

2. Versuch als eine Mitwirkungspflichtverletzung des Bürgers

Obwohl vor Kurzem der Kölner Strafrechtswissenschaftler *Claus Kreß* behauptet hat, dass die Bedeutung der Systemtheorie für *Jakobs*' Werk überschätzt sei,[214] wäre der von ihm vorgebrachte Grund, der sich bloß auf die Rede von *Jakobs* über dessen Selbstdistanzierung von *Luhmanns* Theorie bezieht, für eine solche Einschätzung unzureichend.[215] In der Tat sieht es der oben durchgeführten Analysen zufolge umgekehrt aus. Der Einfluss der *Luhmann*'schen Systemtheorie ist überall zu beobachten. Die in der Theorie *Luhmanns* immer schon vorliegende, jedoch wegen ihrer bloß soziologischen Bezugnahme nicht enorme Problematik

---

braucht die Diskurstheorie des Rechts?, in: Brunkhorst / Niesen (Hrsg.), Des Recht der Republik, S. 83 ff. Interessanterweise bedient *Pawlik* sich neuerdings eines naheliegenden Handlungsverständnisses in Anschluss an die Auffassungen von *John McDowell* und *Robert Brandom*, übersieht aber die in der Praxis des Nachfragens liegende Dynamik zwischen Subjekt und Gesellschaft, siehe *Pawlik*, Rückkehr zu Hegel in der neueren Verbrechenslehre?, in: Kubiciel u. a. (Hrsg.), Hegels Erben?, S. 270 ff., auch *dens.*, Normbestätigung und Identitätsbalance, S. 9 ff. Dazu unten 2. C.

211 *Günther*, Schuld und kommunikative Freiheit, S. 245 ff.

212 *Günther*, Criminal Law, Crime and Punishment as Communication, in: Simester / Pedain / Neumann (ed.), Liberal Criminal Theory. Essays for Andreas von Hirsch, pp. 132 - 133.

213 *Günther*, Schuld und kommunikative Freiheit, S. 245 ff.

214 *Kreß*, Einführung, in: Kindhäuser u. a. (Hrsg.), Strafrecht und Gesellschaft, S. 5 f.

215 *Jakobs*, Das Strafrecht zwischen Funktionalismus und „alteuropäischem“ Prinzipiendenken, ZStW 107 (1995), S. 843.

von der Legitimation der Gesellschaft und der Stellung des Subjekts spiegelt sich in der Strafrechtstheorie von *Jakobs* wider. Sie wird hingegen gewichtiger, weil es hier und jetzt nicht nur um die Beschreibung irgendeiner Gesellschaft geht, sondern um den Legitimationsbedarf eines vom Staat geübt erzwingenden Mittels: Strafe. Für *Luhmann* ist klar: Ob das Recht gilt, hänge nicht von seiner Legitimität ab, sondern kraft der Entscheidung,[216] weil das Rechts- und das Politiksystem nicht zueinander gehören und deswegen voneinander kontingent seien.[217] Gemeinsam mit dieser Unterscheidung des Rechts von der Politik *Luhmanns* betont *Jakobs* ebenso die verschiedenen Aufgaben der beiden. Als das Teilsystem der Gesellschaft im Ganzen, die zur Vernachlässigung der Freiheit tendieren würde, könnte (und sollte) das Strafrecht als solches dabei die Gesellschaft nicht verbessern: „[G]egen politische Umwertungen ist sie [die Strafrechtswissenschaft – *Lin*] machtlos und für politische Umwertungen kann sie nicht optieren."[218] Dies erscheint auf den ersten Blick nicht umstritten, ist allerdings problematisch. Als Strafrechtswissenschaftler oder -Anwender darf und kann man das geltende Strafrecht wegen seiner verfehlenden Legitimität nicht direkt als ungültig ansprechen. Dafür ist das Verfassungsgericht allein zuständig. Dies bedeutet trotzdem nicht, dass sich die Frage nach der Legitimität innerhalb der Strafrechtswissenschaft einfach beiseiteschieben lässt. Insbesondere in demselben Textabschnitt des letzten Zitats von *Jakobs* hat er dies unterschrieben: „Die Strafrechtswissenschaft mag […] offenlegen, was neue rechtliche Regelungen genau bringen werden und was […] als Nutzen und was als Schaden durchgeht." Dann wäre man neugierig, wieso das Legitimitätsproblem unberücksichtigt bleiben darf, insofern, als – bloß funktionalistisch betrachtet – die Legitimität auch der langfristigen Stabilität der Normen dienen kann.[219]

Wahrscheinlich, um die Schwierigkeit bei der Lösung der Legitimitätsproblematik in der *Jakobs'schen* Strafrechtstheorie zu überwinden, versucht *Michael Pawlik*, einer der Schüler *Jakobs'*, seit Jahren, die Auffassungen *Jakobs'* einerseits

216 *Luhmann*, in: *ders.*, Soziologische Aufklärung – Bd. 1: Aufsätze zur Theorie sozialer Systeme, S. 180.

217 Zum Begriff der Gesellschafsdifferenzierung, *Luhmann*, Die Gesellschaft der Gesellschaft, Bd. 2, S. 609 ff.

218 *Jakobs*, Das Strafrecht zwischen Funktionalismus und „alteuropäischem" Prinzipiendenken, ZStW 107 (1995), S. 843

219 Vgl. *Luhmann*, Legitimation durch Verfahren, 6. Aufl., S. 28.; *Habermas*, Diskursethik – Notizen zu einem Begründungsprogramm, in: *ders.*, Moralbewusstsein und kommunikatives Handeln, S. 72; *ders.*, Legitimationsprobleme im modernen Staat, in: *ders.*, Zur Rekonstruktion des Historischen Materialismus, S. 271 ff.

in Verbindung mit denen *Hegels* zu bringen.[220] Andererseits gründet er die eigenen strafrechtlichen Ansätze von Anfang an auf die (Rechts-)Philosophie *Hegels* und lässt die Freiheitsverwirklichung der Menschen die Legitimationsgrundlage des Strafrechts bilden. Der erste Versuch ist tatsächlich nicht als gelungen anzusehen. Mit den folgenden Interpretationen versuchte *Pawlik* einen Zusammenhang zwischen *Jakobs* und *Hegel* zu herstellen: Erstens, behauptet *Pawlik*, beanspruchen die beiden Autoren ein Subjektivierungsmodell kraft objektiver Maßstäbe. Der Einzelne kann sein eigenes Urteil über Selbst-, Welterkenntnis bis zur Handlungs- als Kommunikationsbedeutung nicht einmal durch eigene Kraft erhalten, sondern nur durch einen Zugriff auf Allgemeinheit – kurz gesprochen: Jedes Subjekt ist „situiert"[221] –,[222] was allerdings nicht etwas Spezielles bei *Hegel* und *Jakobs* ist. Derjenige, der die holistische Weltanschauung teilt, soll dasselbe erfassen.[223] Zweitens betrifft es *Hegels* Kritik am Kontraktualismus,[224] über die zwar *Jakobs* derselben Meinung sei,[225] aber eigentlich auf Durkheim hinweist.[226] Kontinuierlich versuchten Theoretiker, den fragwürdigen infiniten Regress bei der Gesellschaftsvertragsargumentation der Gemeinschaftsgründung, der wohl seit der Geburt des derartigen Ansatzes gleichzeitig zur Welt kam, zu bewältigen, sei es durch das Ausüben von Kritik daran oder durch das

220 Zum Beispiel *Pawlik*, Rückkehr zu Hegel in der neueren Verbrechenslehre?, in: Kubiciel u. a. (Hrsg.), Hegels Erben?, S. 260, 272, 274; auch *ders.*, Das Strafrecht der Gesellschaft, in: Kindhäuser u. a. (Hrsg.), Strafrecht und Gesellschaft, S. 219 ff.

221 *Fish*, Das Recht möchte formal sein, S. 87, zitiert nach *Pawlik*, Das Strafrecht der Gesellschaft, in: Kindhäuser u. a. (Hrsg.), Strafrecht und Gesellschaft, S. 219 f.

222 *Pawlik*, Das Strafrecht der Gesellschaft, in: Kindhäuser u. a. (Hrsg.), Strafrecht und Gesellschaft, S. 219 f. *Hegel*, Vorlesungen über die Geschichte der Philosophie I, werke Bd. 18, S. 21; vgl. auch *Jakobs*, Das Strafrecht zwischen Funktionalismus und „alteuropäischem" Prinzipiendenken, ZStW 107 (1995), S. 849 ff.; *dens.*, Norm, Person, Gesellschaft, 3. Aufl., S. 38.

223 Zum Holismus vgl. *Esfeld*, Holismus und Atomismus in den Geistes- und Naturwissenschaften. Eine Skizze, in: Bergs / Curdts (Hrsg.), Holismus und Individualismus in den Wissenschaften, S. 11.

224 *Hegel*, Hamanns Schriften, in: *ders.*, Werke 11, S. 334, zitiert nach *Pawlik*, Das Strafrecht der Gesellschaft, in: Kindhäuser u. a. (Hrsg.), Strafrecht und Gesellschaft, S. 220; siehe auch *Hegel*, Grundlinien der Philosophie des Rechts, § 100, dazu *Seelmann*, Anerkennung, Person, Norm, FS - Jakobs, S. 635 ff., 640 ff. wie auch *ders.*, Günther Jakobs und Hegel, in: Kindhäuser u. a. (Hrsg.), Strafrecht und Gesellschaft, S. 8 f.

225 *Jakobs*, Norm, Person, Gesellschaft, 3. Aufl., S. 21.

226 *Durkheim*, Physik der Sitten und des Rechts. Vorlesungen zur Soziologie der Moral, S. 245, zitiert nach *Jakobs*, Norm, Person, Gesellschaft, 3. Aufl., S. 21.

Bemühen mancher, den Regress auf verschiedene Weisen zu unterbrechen.[227] Dass sowohl *Hegel* als auch *Jakobs* einmal das Begründungsdefizit der Gesellschaftsvertragsargumentation kritisierten, würde nicht unbedingt heißen, dass ein enger argumentativer Zusammenhang zwischen den Ansätzen der beiden besteht. Es wäre als hinreichend anzusehen, wenn die beiden eine Gemeinsamkeit bei der Normbegründung hätten. Doch ist es de facto nicht der Fall. Bei *Hegel*s Normbegründung kommt es zuallererst auf die wechselseitigen Anerkennungsverhältnisse an als ein Prozess, in dem die zuerst nur in einem von Lust/Unlust gebildeten Schema gefangenen Individuen ihre eigene Interessenslage transzendieren können. Sodann können sie durch und durch ihre eigenen Rechte und Pflichten sowie die der anderen kennen.[228] Hingegen legt *Jakobs* der Begründung der Normgeltung einen „Gewaltinhaber" zugrunde, der irgendwie die Normen schaffe.[229] Ein Gewaltinhaber, der von irgendwo seine Macht entgegengenommen und auf beliebige Art und Weise die Normen produziert hätte, könnte zwar seinen Untertanen Handlungsorientierungen geben. Dies ist weit entfernt von der Rede von Legitimität. Bis jetzt bleibt die Auffassung wohlbegründet, dass bei *Jakobs* die Legitimitätsproblematik ungelöst ist.

Im Vergleich zu *Jakobs*' Anschluss an *Luhmann* und zugleich seinem Leiden am Legitimitätsdefizit beruht *Pawlik*s Strafrechtswissenschaft auf *Hegel*s Philosophie. Ihr letztes Ziel und die Legitimationsgrundlage bestehen in der Freiheitsverwirklichung der Menschen.[230] Davon ausgehend, konstruiert *Pawlik* nicht nur sein gesamtes Strafrechtssystem, das unter anderem in seiner Monografie: „Das Unrecht des Bürgers", zur Erscheinung kommt. Er übernimmt auch die holistische Betrachtungsweise und bewährt teilweise die Terminologie von *Jakobs*. Auf der Basis des grundlegenden Werks von *Pawlik* entwickelt auch *Matthias Wachter*, ein Schüler von *Pawlik*, seinen Ansatz zum Unrecht der versuchten Tat. Im Folgenden werden zuerst die bedeutenden Thesen und der

---

227 Ausführlich siehe unter anderem *Kersting*, Die politische Philosophie des Gesellschaftsvertrags.

228 *Seelmann*, Anerkennung, Person, Norm, FS - Jakobs, S. 635 ff.; *Stübinger*, Hegel und das moderne Verständnis der Person im Recht, in: Seelmann / Zabel (Hrsg.), Autonomie und Normativität, S. 93 ff.; Ferner hat *Ludwig Siep* darüber gezeigt, dass heutzutage die Idee der Anerkennung weitgehend als die Grundlage sowohl der Normbegründung wie auch der sozialen und politischen Institutionen gehalten wird, dazu *ders.*, Anerkennung als Prinzip der praktischen Philosophie., S. 22 ff.

229 *Jakobs*, Norm, Person, Gesellschaft, 3. Aufl., S. 36.

230 *Pawlik*, Das Unrecht des Bürgers, S. 99 ff.; auch *ders.*, Normbestätigung und Identitätsbalance, S. 39 ff. In beiden Texten befinden sich weitere Nachweise.

Argumentationsgang *Pawliks* zu seiner Strafrechtstheorie rekonstruiert (A.). Daraufhin wird *Wachters* Auffassung zum strafrechtlichen Versuch zur Diskussion gestellt (B.). Zum Schluss dieses Abschnitts wird gezeigt, dass die von *Pawlik* in „Das Unrecht des Bürgers" dargestellte Auffassung, seine scheinbar nach einer „linguistischen Wende" erneut ausgedrückte Meinung und *Wachters* Arbeit verfehlen, in ihren Theoriegebäuden die gerechte Stelle des Subjekts, seine kritische Fähigkeit und die wechselseitigen Wirkungen zwischen Subjekt und Gesellschaft zu verankern (C. und D.).

A. Pawliks Strafrechtstheorie

Pawlik bemüht sich in seinem Buch: „Das Unrecht des Bürgers", um eine systemische Herstellung der Strafrechtswissenschaft[231] – wie es schon im Titel des Buches erscheint. Er führt diesen Systemgedanken unter anderem auf *Kant* zurück, der das System als „die Einheit der mannigfaltigen Erkenntnisse unter einer Idee"[232] definierte, anschließend auf *Hegels* Gleichsetzung von der Herstellung des Systems und Wissenschaft: „Eine Philosophie ohne System kann nichts Wissenschaftliches sein."[233] Daraus folgernd bestimmt *Pawlik* zwei Aufgaben der „Allgemeinen Verbrechenslehre": Die eine sei die Regulierung des Verhältnisses von Strafrechtsdogmatik und dem wissenschaftlichen Standard anderer Disziplinen. Beispielhaft seien die Legitimationsforderung und ihre Argumente zu nennen.[234] Die andere bestehe in der Reflexion und Rekonstruktion der in der gewöhnlich dogmatischen Arbeit implizit verwendeten Regeln.[235] Dies bietet ebenso eine gute Perspektive, um sein 500-seitiges Werk zu verstehen. Auf der einen Seite gründet *Pawlik* seinen Ansatz methodisch und legitimitätstheoretisch vor allem auf dem *Hegel*schen philosophischen Gedanken,[236] der zur Verwirklichung der Freiheit treibt. Er fragt andererseits nach der Vernünftigkeit und Angemessenheit der herkömmlichen Verbrechenslehre und versucht sodann, sie einigermaßen zu korrigieren. Insbesondere das Erste interessiert im hiesigen Kontext.

231 *Pawlik*, Das Unrecht des Bürgers, S. 1 ff.

232 *Kant*, Kritik der Vernunft, B 860.

233 *Hegel*, Enzyklopädie I, § 14 A.

234 *Pawlik*, Das Unrecht des Bürgers, S. 16.

235 *Pawlik*, Das Unrecht des Bürgers, S. 16.

236 Schon in seiner Habilitationsschrift ist diese Verbindung zu finden, *Pawlik*, Das unerlaubte Verhalten beim Betrug, S. 34 ff.

Der Anhaltspunkt – zugleich die durch das System im *Kant'schen* Sinne gebildete Idee in dieser Arbeit – sei die Pflicht des Bürgers, „an der Aufrechterhaltung des bestehenden *Zustandes rechtlich verfaßter Freiheitlichkeit* mitzuwirken".[237] Daraus abgeleitet, bedeutet ein strafrechtliches Delikt, dass der Bürger derartiger Pflicht widerspreche, was zur Strafe führen möge.[238] Er entwickelt anschließend eine entsprechende Theorie des Zuständigkeitssystems. Damit sind die Inhalte der eben genannten Mitwirkungspflichten zu bestimmen.[239] Danach bringt er eine Reihe von Regeln zum Ausdruck, mit denen entschieden werden kann, ob unter konkreten Umständen der Pflichtwidersprechende zurechenbar ist.[240]

Die Begründungskette beginnt mit der Frage nach dem Legitimationsbedarf der vom Staat durchgesetzten Strafe, die mit dem Kern des neuzeitlichen Freiheitsgedankens unvereinbar sein könnte. Um einen möglichen inneren Zusammenhang zwischen diesem scheinbar widersprüchlichen Begriffspaar herzustellen, wendet *Pawlik* sich offensichtlich gegen den Freiheitsbegriff im negativen Sinne,[241] wie *Kant*s berühmte Beschreibung von Freiheit in seiner Rechtslehre nur als „Unabhängigkeit von eines anderen nötigender Willkür".[242] Er bevorzugt hingegen eher den positiven Freiheitsbegriff, der neben der Abwesenheit anderer Willkür vielmehr sein konkret-reales Dasein verlange.[243] Dies erweitert die als nicht hinreichend angesehene, rein abstraktive Subjektivkonzeption bei *Kant*, insofern, als dass sie sich „nur im Reiche der Freiheit realisieren"[244] kann. In einer rechtlich verfassten, institutionalisierten Gemeinschaft (also einem Staat) wäre es in erster Linie die Aufgabe des Staates, einen solchen Zustand oder ein derartiges Reich zu schaffen und ihn zu bewahren. Allerdings sei gemäß *Pawlik* der Staat aufgrund seiner tatsächlich eingeschränkten Kapazität nicht immer imstande, seine Aufgabe zu erfüllen.[245] Darüber hinaus hält *Pawlik* es für „ein Gebot der Fairneß", und zwar, wenn jemand von seinen Freiheiten in einer rechtlich verfassten Ordnung Gebrauch machen will, ihm

---

237 *Pawlik*, Das Unrecht des Bürgers, S. 23, 89, 106 ff. (Hervorhebung im Original)

238 *Pawlik* betont seine Auffassung statt einer Kriminalisierungs- oder einer Straferzwingungstheorie nur als eine Strafe ermöglichende, *ders.*, Das Unrecht des Bürgers, S. 109.

239 *Pawlik*, Das Unrecht des Bürgers, S. 159 ff.

240 *Pawlik*, Das Unrecht des Bürgers, S. 257 ff.

241 Die bekannte Unterscheidung von *Berlin* siehe *dens.*, Freiheit, 201 f.

242 *Kant*, Metaphysik der Sitten, AB 45.

243 *Pawlik*, Das Unrecht des Bürgers, S. 105.

244 *Luhmann*, Gesellschaftsstruktur, Bd. 3, S. 214; *Pawlik*, Das Unrecht des Bürgers, S. 101.

245 *Pawlik*, Das Unrecht des Bürgers, S.106; auch *ders.*, JRE 14 (2006), 279 ff.

zugleich obliegt, diese Ordnung zu beschützten.[246] Diese Begründungsstrategie impliziert gleichzeitig einen Vorrang der normativen Ordnung vor dem Subjekt. Diese beansprucht von Anfang an ständig Geltung und Gehorsamkeit, ob sie legitim ist oder nicht: Es scheint selbstverständlich zu sein, dass jedermann ab dem Augenblick der Geburt seine Freiheiten keine Sekunde nicht in Anspruch nimmt. Dementsprechend hat er von da an immer die Pflicht, den genannten Zustand zu bewahren. Um die Freiheit in der Wirklichkeit zu realisieren, wäre es im Prinzip besser als nichts, wenn es schon Normen als Handlungsmuster gäbe, an dem Subjekte sich orientieren können. Das spricht ebenso von der primären Stellung von Sicherheit vor Demokratie und Legitimation.[247]

Nach dem Gesagten ist klar, dass laut *Pawlik* die Gesamtheit aller Delikte in dem Widerspruch der Mitwirkungspflicht besteht, den freiheitlichen Status innerhalb der Rechtsordnung zu behalten. Offen bleibt, auf welche Art und Weise die Inhalte solcher Pflichten festzustellen sind. Kernargument dafür seien die durch die Normen geteilten und bestimmten verschiedenen Rollen in einer (vor allem: modernen) Gesellschaft.[248] Aus diesen Rollen heraus sind die entsprechenden Zuständigkeiten herzuleiten. Für das Interesse der hiesigen Arbeit ist es im Grunde hinreichend, das Unrechtskonzept von *Pawlik* und seine Begründung im obigen Umfang darzustellen. Nun ist es möglich, einen Blick auf die Übertragung eines solchen Konzepts auf die Versuchslehre werfen.

B. Wachters Auffassung zum strafrechtlichen Versuch

In seiner jüngst publizierten Dissertationsschrift übernahm *Matthias Wachter* die strafrechtlichen Grundbegriffe seines Lehrers und ging einen Schritt weiter bis zur Diskussion des Unrechts der versuchten Tat. Anschließend an *Pawliks Hegel'sches* Freiheitsverständnis als „Freiheit im Allgemeinen", bevorzugt

246 *Pawlik*, Das Unrecht des Bürgers, S.106. Er zitiert auch einen Zeitungstext von *Huber*, also *dens.*, FAZ v. 22. 1. 2001, 8. In der Tat erinnert ein solches Argument uns leicht an die Rede vom „Synallagma" bei *Jakobs*, das ich an der vorigen Phase zur Diskussion stellte und kritisierte. Dazu siehe II., 1.

247 Offenkundig *Pawlik*, Das Unrecht des Bürgers, S. 104, 107, insbesondere die Fußnote 594.

248 *Pawlik*, Das Unrecht des Bürgers, S. 106. Freilich siehe auch die Auffassungen von *Jakobs*, dazu *ders*, Das Strafrecht zwischen Funktionalismus und „alteuropäischem" Prinzipiendenken, ZStW 107 (1995), S. 859; in diesem Text siehe II., 1.

Wachter einen Freiheitsbegriff im positiven Sinne,[249] insbesondere seine Institutionsbedingtheit und dementsprechend die allgemeine Mitwirkungspflicht eines jeden für die Erhaltung eines solchen „freiheitlichen Klimas".[250] Er begreift mithin – trotz eines anderen Wortlauts als bei *Pawlik* – „das Verbrechen als Absage an das gemeinsame Freiheitsprojekt".[251] Für einen Schüler von *Pawlik* wäre es nicht überraschend, dessen Auffassung zu übernehmen. *Wachters* Innovation besteht in der Herstellung der Verhältnisse zwischen der Versuchstheorie und der Lehre der objektiven Zurechnung. Der Witz versteckt sich in der ähnlich strukturellen Stellung sowie der Betrachtungsweise der beiden: Sie beziehen sich gemeinsam auf die Beurteilung eines unerlaubten Verhaltensmodus angesichts eines sozialen Kriteriums, unabhängig davon, ob der Schädigungserfolg auftritt oder nicht.[252] Er sieht es folglich als empfehlenswert an, die Lehre der objektiven Zurechnung auf den Bereich versuchter Tat zu übertragen.[253]

Um diese These weiter zu erläutern, hält er einen skizzenhaften Rückblick in die Geschichte der strafrechtlichen Zurechnungslehren vom Kausalismus bis zum Finalismus,[254] die hier nicht wiederholt werden. Seit der Entwicklung der Lehre von der objektiven Zurechnung scheint die jeweilige Einseitigkeit des Kausalismus und Finalismus erst einmal überwunden. Ob einem Handelnden zugerechnet werden soll, hängt der Lehre der objektiven Zurechnung gemäß nicht mehr nur davon ab, dass der Handelnde einfach einen äußerlich tatsächlichen Schädigungsverlauf eröffnet – wie der Anhänger des Kausalismus betont – oder dass ein solcher Verlauf schon im Willen des Handelnden

249 Hier nimmt er Bezug auf *Hegels* Rechtsphilosophie (*Hegel*, Grundlinien der Philosophie des Rechts, § 484: „seinen (freier Wille, *Lin*) Begriff, die Freiheit, in der äußerlich objektiven Seite zu realisieren." *Wachter*, Das Unrecht der versuchten Tat, S. 108.

250 *Wachter*, Das Unrecht der versuchten Tat, S. 107 ff., der Ausdruck „freiheitliches Klima" erscheint beispielerweise auf S. 173.

251 *Wachter*, Das Unrecht der versuchten Tat, S. 115 ff. Obwohl er im Titel dieser Abschnitt nicht den exakt identischen Ausdruck (Verletzung der Mitwirkungspflicht) verwendet, findet dieser Ausdruck überall im Text Anwendung.

252 *Wachter*, Das Unrecht der versuchten Tat, S. 172.

253 *Wachter*, Das Unrecht der versuchten Tat, S. 170 ff. Als Vorläufer siehe unter anderem *Roxin*, Strafrecht AT II, 29 / 28; *ders.*, Selbstständigkeit und Abhängigkeit des Strafrechts im Verhältnis zu Politik, Philosophie, Moral und Religion FS - Küper, S. 496; *ders.*, Zur Strafbarkeit des untauglichen Versuchs, FS - Jung, S. 829 ff.; ferner auch *Frisch*, Tatbestandsmäßiges Verhalten und Zurechnung des Erfolgs, S. 43.; *Reyes*, Theoretische Grundlagen der objektiven Zurechnung, ZStW 105 (1993), 135 f.; *Rey-Sanfiz*, Begriffsbestimmung, S. 238 ff

254 *Wachter*, Das Unrecht der versuchten Tat, S. 128 ff.

enthalten ist – wie der Finalist. Indem ein normiert-objektives Kriterium für das Zurechnungsurteil eingeführt wird, soll die Zurechnung nicht weiter von der Zufälligkeit abhängig sein, sei es von der kausalistischen der Natur oder von der subjektiv-willkürlichen des Handelnden. Funktionalerweise betrachtet wäre diese Lehre für die Behandlung der Problematik der vorherigen Zurechnungslehren geeignet. Es wäre legitimationstheoretisch unzureichend, bis die Frage, wieso ein normativer objektiver Standard an diese Stelle treten darf, beantwortet werden kann. Die Antwort würde gleichzeitig den Kernunterschied zwischen der Auffassung *Roxins* und derjenigen von *Wachter* aufzeigen.

Die von *Roxin* entwickelte Lehre der objektiven Zurechnung ist im Rahmen seiner teleologischen Strafrechtswissenschaft zu verstehen und zu erklären. Das Endziel des Strafrechts sei *Roxin* und der überwiegenden Mehrheit anderer Strafrechtler zufolge der Rechtsgüterschutz. Daran orientiert, sollen die Stufe der objektiven Zurechnung und ihre Unterkriterien ebenso dazu dienen, um zu entscheiden, ob die Handlung die Grenze des „meßbare[n] Risiko[s] einer Rechtsgüterverletzung“[255] überschreite. Ist dies der Fall, so wäre die Handlung im Prinzip zurechenbar. Allerdings sei der Anwendungsbereich dieser Theorie laut *Roxin* eingeschränkt. Sie sei nur für die Zurechnung der Erfolgsdelikte von Belang und finde „bei den reinen Tätigkeitsdelikten“, die keinen „nach Raum und Zeit abgetrennten Außenwelterfolg“ benötigen, keine Anwendung.[256] In Anlehnung an *Frisch*[257] und *Kubiciel*[258] sieht *Wachters* dies anders: Eine solche Lehre habe „ihr Potential als normative Leitinstanz auch für eine Beurteilung des Täterverhaltens“, die nicht von der Möglichkeit des Erfolgseintritts abhänge.[259] Neben der Erweiterung des Anwendungsbereichs der Theorie wäre es wahrscheinlich für *Wachter* viel entscheidender, die verschiedenen Gründe von ihm und *Roxin* darzustellen, die diese Theorie unterstützen. Dies wirkt sich gleichzeitig deutlich auf das Verständnis und Urteil des gewichtigen Kriteriums der objektiven Zurechnung aus, also das unerlaubte Risiko. Konsequent zu seinem am Rechtsgüterschutz ausgerichteten Theoriegebilde hält *Roxin* Verhaltensweisen für unerlaubt riskant, brächten sie mehr Nach- als Vorteile für die Gesellschaft. Eine solche Abwägung bringt ebenso zum Ausdruck, welche

255 *Roxin*, Gedanken zur Problematik der Zurechnung im Strafrecht, FS - Honig, S. 135; *ders.*, FS - Maiwald, S. 715.

256 *Roxin*, AT I, 11 / 1.

257 *Frisch*, Tatbestandsmäßiges Verhalten und Zurechnung des Erfolgs, S. 27.

258 *Kubiciel*, Die Wissenschaft vom Besonderen Teil des Strafrechts, S. 94.

259 *Wachter*, Das Unrecht der versuchten Tat, S. 165.

Verhaltensweisen trotz ihrer möglichen Güterverletzung strafrechtlich erlaubt sind, weil sie im Prinzip nützlich für alle in der Gemeinschaft sind.[260] Im Vergleich dazu sieht *Wachter* die Grundlage des unerlaubten Risikos nicht in der sozialen Nützlichkeit einer Handlung, sondern „als Ergebnis eines ‚normativen Konsenses'".[261] Erst auf dieser Basis könne sich das freiheitliche Zusammenleben entfalten, wo jeder/jede die Rechte anderer durch Einschränkung der eigenen Handlungssphäre reziprok beachtet, aber zugleich willkürlich innerhalb seines/ihres ihm/ihr zugekommenen Handlungsrahmens das Leben führen kann. Dadurch ist klar erläutert, dass ein solcher Konsens einerseits handlungsbeschränkend, dennoch freiheitsermöglichend ist.[262] *Wachter* hat zugleich auf diese Weise die Lehre von der objektiven Zurechnung und das von ihm vertretene Unrechtsverständnis in Zusammenhang gebracht. Die Ergebnisse des Beurteilungsprozesses des Risikos bieten den Bürgern eine Liste von vernünftigen Handlungen im rechtlichen Sinne. Wer diesem Standard folgend handelt, erfüllt dementsprechend seine Pflicht, bei der Bildung und Erhaltung des allgemeinen freiheitlichen Zusammenlebens mitzuwirken. Folglich ist diesem strafrechtlich nichts zuzurechnen.

Das Gesagte stellt dar, wie *Wachter* sein befürwortetes Unrechtsverständnis und die Lehre der versuchten Tat mithilfe der von ihm modifizierten Lehre der objektiven Zurechnung miteinander in Verbindung brachte. Der taugliche und der untaugliche Versuch teilten demnach die Qualität, dass sie der Mitwirkungspflicht widersprechen, das freiheitlich-rechtliche Zusammenleben zu erhalten. Ihre Unterscheidung wäre nur scheinbar und deshalb strafrechtlich irrelevant. Taugliche Versuche umfassen eine Reihe von Taten, die es noch ermöglichen, aufgrund einer *Ex-ante*-Betrachtung die jeweiligen Tatbestände zu verwirklichen, wie der von dem Handelnden abgegebene Todesschuss nicht von Beginn an notwendigerweise wegen des plötzlichen kräftigen Winds oder anderer Hindernisse verfehlt ist. Wie die meisten anderen Fälle des tauglichen Versuchs sei *Wachter* zufolge dieser Fall im Zeitpunkt der Ausführung, objektiv betrachtet, so zu beurteilen, dass er die Grenze des erlaubten Risikos überschreitet und

---

260 Unter anderem *Roxin*, AT I, 11 / 66; früher auch *ders.*, Pflichtwidrigkeit und Erfolg bei fahrlässigen Delikten, ZStW 74 (1962), S. 431 f.; *ders.*, Gedanken zur Problematik der Zurechnung im Strafrecht, FS - Honig, S. 133 ff.

261 *Wachter*, Das Unrecht der versuchten Tat, S.170. Hier zitiert er auch *Köhler*, AT, S. 186; *Duttge*, „Erlaubtes Risiko" in einer personalen Unrechtslehre, in: Bloy u. a. (Hrsg.), FS - Maiwald, S. 141 usw.

262 *Wachter*, Das Unrecht der versuchten Tat, S.170.

deswegen eine Verletzung der Mitwirkungspflicht begründet. Trotzdem betont *Wachter* hierbei, dass sich die subjektive Seite der Handlung nicht ausblenden lasse, weil „[j]e nach Tätervorstellung der Bedeutungsgehalt des Geschehenen sich wandelt".[263] Dies markiert einen großen Unterschied zur objektiven Versuchslehre einerseits. Diese tendiert dazu, die Stelle der Tätervorstellung zu schwächen. Dabei ist zu kritisieren, wenn nur die subjektive Seite des Handelnden – wie bei subjektiven Lehren – die entscheidende Rolle spielen darf. In Bezug auf *Pawlik* und *Hegel* hält *Wachter* eine gesamte Bewertung der Handlung samt subjektiver und objektiver Seiten für notwendig.[264] Eine solche Untrennbarkeit der Handlungsbewertung manifestiert sich auch in den erwachsenen Diskussionen über „Sonderwissen" bei der objektiven Zurechnung,[265] was wahrscheinlich die problematische Stelle der Lehre von der objektiven Zurechnung nachweist, dass sie sich nur auf die objektive Seite der Tatbestandsmäßigkeit beschränkt. *Wachter* schreibt mithin nochmals die Bedeutung dieser Theorie so um, dass er „objektiv" nicht im naturalistischen Sinne versteht, sondern im Sinne der Allgemeingültigkeit der Normen,[266] die sich wiederum auf der zu verwirklichenden Freiheit gründen.

Das Gleiche gilt für den untauglichen Versuch, bei dem der *Ex-ante*-Einschätzung gemäß die völlige Tatbestandsverwirklichung schon zur Zeit der Tatausführung unmöglich ist, insofern, als zumindest eines der Merkmale, und zwar das Handlungssubjekt, das Mittel oder/und das Tatobjekt, unerfüllbar ist.[267] Die prominente Schwierigkeit, die Strafzufügung in solchen Fällen zu legimitieren, besteht darin, dass derartige Handlung dabei keinen Schaden des tatsächlichen Interesses herbeiführen mag. Eine Fokussierung auf das subjektive Moment und auf seine Bedeutung für das Unrecht scheint demnach eine unvermeidbare Alternative zu sein, wie viele Vertreter der subjektiven Versuchstheorien meinen, die den rechtsfeindlichen Willen des Handelnden als den Grund für die Bejahung des Unrechts betrachten. Im Vergleich zu dieser Behandlungsweise beharrt *Wachter* auf seiner modifizierten Lehre von der objektiven Zurechnung. Sie bewertet, wie bei den Fällen eines tauglichen Versuchs, eine Handlung im Sinne einer zugleich subjektiven und objektiven Synthese. Die untauglich versuchten Taten sind prinzipiell immer noch deshalb strafbar, weil sie ebenso wie

263 *Wachter*, Das Unrecht der versuchten Tat, S. 175
264 *Wachter*, Das Unrecht der versuchten Tat, S. 176.
265 *Wachter*, Das Unrecht der versuchten Tat, S. 196.
266 *Wachter*, Das Unrecht der versuchten Tat, S. 176.
267 *Wachter*, Das Unrecht der versuchten Tat, S. 181.

der taugliche Versuch ein unerlaubtes Risiko schaffen. Zusätzlich repräsentieren sie die unerfüllte Pflicht für die Bewahrung des freiheitlichen Klimas, auch wenn sie keinen negativen Einfluss auf die bestehenden Rechtsgüter zu haben scheinen. In der Tat bringen solche Handlungen eine verneinende Botschaft gegen die Geltung des Strafrechts zum Ausdruck. Dagegen ist der untaugliche Versuch aus grobem Unverstand straffrei, weil aufgrund dieses Unverstandes keine oben beschriebene Botschaft aus der Handlung heraus abzulesen ist.

C. Neuere Argumentationen zum Unrechtsbegriff Pawliks

Nach dem Gesagten scheint es verständlich, welcher Zusammenhang zwischen der Lehre von der objektiven Zurechnung und der Versuchslehre besteht. Es ist noch erklärungsbedürftig, warum eine Straftat als eine verneinende Botschaft gegen die Normgeltung in diesem theoretischen Rahmen definiert werden kann und darf. In einem jüngst veröffentlichten Aufsatz erläutert *Pawlik* dies einigermaßen durch eine „linguistische Wende". Der Punkt des zur Diskussion stehenden Textes besteht nicht in dem Nachweis irgendeiner neuen These. Dabei geht es vielmehr um die ergänzenden Erklärungen zu den früher entwickelten Thesen, vor allem zu dem Verhältnis von Handlung und Kommunikation. Aus Sicht dieser vorliegenden Arbeit sind die unterschiedlichen Ansätze zur Frage, was es heißt, mit anderen zu kommunizieren und eine solche Handlung zu verstehen, besonders interessant. Denn: Ebenso wie *Pawlik*, sein Lehrer *Jakobs* und sein Schüler *Wachter* vertritt diese Arbeit ein Unrechtsverständnis, das auf dem Kommunikationsmodell beruht, das den Kern der gegenseitigen Verständigung anders sieht als die genannten Autoren. Indem auf die Verschiedenheit hier deutlich hingewiesen wird, ist verständlich zu machen, wieso die im Wortlaut ähnlich erscheinenden Auffassungen von Kommunikation zu so andersartigen Unrechts- und Versuchslehren führen können.

*Pawlik*s These lautet: „*Jedes* Handeln stellt ein kommunikatives Ereignis dar."[268] Zu kommunizieren bedeutet außerdem eine „Selbstfestlegung im öffentlichen Raum, für die er [der Kommunizierende, *Lin*] gegebenenfalls begründungspflichtig ist".[269] Dies mit dem bekannten Ansatz *Wittgensteins*

268 *Pawlik*, Normbestätigung und Identitätsbalance, S. 13 (Hervorhebung im Original).

269 *Pawlik*, Normbestätigung und Identitätsbalance, S. 13. *Pawlik* zitiert hier unter anderem zwei Stellen von *Jakobs* (Der strafrechtliche Handlungsbegriff, S. 27; *Welzels* Bedeutung für die heutige Strafrechtswissenschaft, in: Frisch u. a. (Hrsg.), Lebendiges und Totes in der Verbrechenslehre Hans Welzels, S. 263), wo nur die Rede von der Straftat als „Sinnausdruck" erkennbar ist; ob *Jakobs* selbst auch die Behauptung teilt, dass der Handelnde notfalls seine Handlungsgründe geben soll, wäre nicht ablesbar.

verknüpfend, bestreitet er ebenfalls die Möglichkeit einer privaten Sprache[270] und beharrt – wie immer – darauf, dass die Bedeutung einer Handlung und Kommunikation nur in der kollektiven Praxis ablesbar[271] und nicht im Rückgriff auf die Intention des Handelnden interpretiert sei.[272] Unter kollektiver Praxis versteht *Pawlik* bei der Verwendung des sprachlichen Ausdrucks eine Tätigkeit, sozialen, ausgeprägten Regeln zu folgen.[273] Die Bedeutung des sprachlichen Ausdrucks sei mithin nicht auf die subjektive Absicht des Sprechenden reduzierbar, weil sie nur im Prozess des Gebrauchs zu erfassen sei, der jeweils von konstitutiven Regeln bestimmt werde und an dem sowohl der Sprechende als auch der Adressaten sich beteiligen würden.

Darauf aufbauend betrachtet *Pawlik* das Unrechttun nicht nur, wie vorher, als eine Mitwirkungspflichtverletzung,[274] sondern auch als eine Stellungnahme, die derjenigen des geltenden Strafrechts gegenübersteht.[275] In derartigem Rahmen ist das Strafrecht samt der Tat etwas Interpretationsbedürftiges. „Bestimmte" Mitglieder innerhalb der Kommunikationsgemeinschaft können um die Bestimmung der Bedeutung kämpfen.[276] Bei einem solchen Kampf geht es nicht um die körperliche, sondern um die argumentative Kraft, die von der „Gemeinschaft der professionellen Strafrechtsexperten in ihrer Gesamtheit" ausgeübt wird.[277] Dazu gehören neben den Höchst- und Obergerichten unter anderem die Strafrechtswissenschaftler, die im Schrifttum Deutungsschemata darbieten, mit denen man sich entscheiden kann, wie Vorsatz, Versuch, Mord, Diebstahl etc. auszulegen sind.[278] Damit ist *Pawliks* Rede vom „Strafrecht als Produkt eines Begründungsfeldes" gemeint. Es ist jetzt gut erkennbar, dass bei *Pawlik* eine strafrechtliche Handlung eine mitwirkungspflichtverletzende einerseits sei und andererseits eine die strafrechtliche Norm verneinende Stellungnahme. Über die Maßstäbe,

270 *Wittgenstein*, Philosophische Untersuchung, §§ 255 ff.; *Pawlik*, Normbestätigung und Identitätsbalance, S. 9.

271 *Pawlik*, Normbestätigung und Identitätsbalance, S. 60.

272 *Pawlik*, Normbestätigung und Identitätsbalance, S. 17. Auch *ders.*, Rückkehr zu Hegel in der neueren Verbrechenslehre?, in: Kubiciel u. a. (Hrsg.), Hegels Erben?, S. 272.

273 *Pawlik*, Normbestätigung und Identitätsbalance, S. 60 f., mit weiteren Nachweisen.

274 *Pawlik*, Das Unrecht des Bürgers, S. 23, 89, 106 ff.; *Pawlik*, Normbestätigung und Identitätsbalance, S. 35 ff.

275 *Pawlik*, Normbestätigung und Identitätsbalance, S. 29 ff., mit weiteren Nachweisen.

276 *Pawlik*, Normbestätigung und Identitätsbalance, S. 64 f., mit weiteren Nachweisen.

277 *Somek*, Rechtssystem und Republik, S. 356 f., zitiert nach *Pawlik*, Normbestätigung und Identitätsbalance, S. 66.

278 *Pawlik*, Normbestätigung und Identitätsbalance, S. 63 ff.

ob eine Handlung mitwirkungspflichtverletzend ist und eine der Norm gegenüberstehende Stellungnahme ausdrückt, zu entscheiden, ist die Aufgabe und Zuständigkeit der Gemeinschaft, nicht des Einzelnen.

D. Kritik

Obgleich die Ansätze von *Pawlik* und *Wachter* so aufschlussreich sind, dass sie auf der einen Seite neue Möglichkeiten liefern, strafrechtstheoretisch zu denken, ohne allerdings auf der anderen Seite die Geschichte der Strafrechtswissenschaft außer Betracht zu lassen, sind sie nicht von den kritischen Bewertungen befreit und aus den folgenden Einsichten heraus nicht unproblematisch. Begonnen wird mit „technischen" Problemen zum Anwendungsbereich von *Wachters* Versuchslehre. Sodann wird auf die Kritik an der Grundlage der *Pawlik'schen* Strafrechtstheorie im Allgemeinen eigegangen.

Wachter versuchte, die Versuchslehre und die Lehre von der objektiven Zurechnung miteinander in Verbindung zu setzen. Seine Erläuterungen sind trotzdem nicht hinreichend. Hier geht es erstens um die Stellungen der genannten beiden Lehren innerhalb des Verbrechensaufbaus. Von den identischen Funktionen der beiden Lehren scheint eine von ihnen aufgehoben zu werden. Sonst wäre die andere redundant. Wie dann der Beurteilungsvorgang läuft, wäre unbeantwortet.

Zweitens ist die innere Logik der von *Wachter* umgedeuteten Lehre von der objektiven Zurechnung betroffen. Seines Erachtens soll der sogenannte „normative Konsensus" an die Stelle der „Nutz-Kosten-Kalkulation" bei der Grundlage dieser Lehre treten. Es bleibt jedoch immer noch offen, in welcher Weise ihre Unterbegriffe, wie zum Beispiel Risikoverringerung[279] oder fehlende Gefahrschaffung,[280] die eigentlich am Gedanken der Nützlichkeit orientiert sind, ebenso auf einen solchen Konsensus gerichtet sein mögen. Das gesamte Programm *Wachters* geht fehl, wenn keine weiteren Explanationen darüber zu ergänzen sind, weil nur so die strafbare versuchte Tat, die dem Konsensus nicht folgt und deswegen strafrechtlich relevant ist, im Detail verständlich gemacht wird.

Ebenso fragwürdig ist das Spannungsverhältnis zwischen dem in der Versuchslehre *Wachters* vorliegenden objektivierten Unrechtskriterium und der Rolle der Vorstellung des Handelnden in dieser Theorie. Nach den vorangegangenen Überlegungen sei bereits klar, dass das Unrecht der versuchten Tat

279 *Roxin*, AT I, 4. Aufl., 11 / 53 f.
280 *Roxin*, AT I, 4. Aufl., 11 / 55 ff.

vorliege, wenn durch ein subjektiv-objektives Gesamturteil die Handlung ein unerlaubtes Risiko in Anbetracht der Gesellschaft begründe. Die Interpretationsmacht der Handlung stehe mithin dem Täter nicht zur Verfügung. Dies gelte für die objektive und subjektive Seite. Maßgebend sei folglich nicht, ob der Handelnde ein bestimmtes Wissen habe. Es sei vielmehr entscheidend, welches Wissen eine Gesellschaft von ihren Bürgern erwarte.[281] Vor diesem Hintergrund betrachtet *Wachter* im Anschluss an die Auffassung von *Jakobs*[282] den Fall einer Flugreise, bei der der Neffe seinem Onkel die Reise empfiehlt, obwohl er sich dessen bewusst ist, dass sich eine Bombe im Flugzeug befindet, als nichtstrafbar. Eine zusätzliche Ermittlungsarbeit in Bezug auf die Flugzeugssicherheit ist dabei erfahrungsgemäß unverhältnismäßig und wird deshalb nicht erwartet.[283] Anders ausgedrückt, hat der Neffe als Bürger mit dem Sicherheitszustand des Flugzeugs nichts zu tun. In dem genannten Fall ist er nicht strafbar, weil sein Onkel nicht an einem Unfall stirbt, für den er (der Neffe) zuständig ist. Dieses Ergebnis wäre insofern besonders absurd, wie *Wachter* betont, als dass die Tätervorstellung die Handlungsbedeutung verändern möge.[284] Wenn dem so ist, warum verändert hier die mit der tödlichen Bombe verbundene Vorstellung dieses Neffen den Bedeutungsgehalt seiner Handlung von einer erlaubten zu einer unerlaubten nicht? In der Tat lässt sich dies als eine der Nebenfolgen der Strafrechtstheorie *Pawlik*s und *Wachters* ansehen, die dazu tendiert, die Interpretationsmacht des Handelnden für seine eigene Handlung zu vernachlässigen. Am Ende wird auf diesen Punkt zurückgekommen.

Wie gezeigt, liegt dem Strafrechtsverständnis *Pawlik*s die verwirklichte positive Freiheit zugrunde. Man gründet einerseits deswegen den Staat, um die Freiheit zu beschützen und zu fördern. Andererseits sieht *Pawlik* sich mit der Problematik der ungenügenden staatlichen Kapazität konfrontiert und hält es für notwendig, die Bürger die Aufgabe tragen zu lassen, den freiheitlichen Zustand ihres Lebens zu bewahren.[285] Dieser Ausgangspunkt, um die allgemeine Mitwirkungspflicht des Bürgers zu argumentieren, wäre der hier vertretenen Ansicht nach nicht überzeugend. Die Tatsache, dass der Staat keine hinreichende Fähigkeit hat, alle für die zu realisierende Freiheit relevanten Aufgaben zu erfüllen, führt nicht unbedingt dazu, dass die Bürger sie übernehmen sollten.

---

281 *Wachter*, Das Unrecht der versuchten Tat, S. 199.

282 *Jakobs*, AT, 9 / 26; *Wachter*, Das Unrecht der versuchten Tat, S. 196.

283 *Wachter*, Das Unrecht der versuchten Tat, S. 196.

284 *Wachter*, Das Unrecht der versuchten Tat, S. 175.

285 *Pawlik*, Das Unrecht des Bürgers, S.106; auch *ders.*, JRE 14 (2006), 279 ff.

Nachvollziehbar wäre beispielsweise die Erhöhung der staatlichen Kapazität oder bestimmten Gruppen von Personen solche Aufgaben zu übertragen und nicht den Bürgern im Allgemeinen. An anderer Stelle führt er einen anderen Grund an: Fairness.[286] Es ist für ihn insofern fair, da es den Menschen, die Freiheit genießen, zugleich obliegt, die Freiheit und ihre damit zusammenhängenden Institutionen zu beschützen.[287] Der hier gefolgten Meinung nach ist dies der Hauptgrund der Theorie *Pawliks*, der ebenso an das Synallagma bei *Jakobs* erinnert und die bereits in diesem Kontext geübten Kritiken teilt. Anders als *Jakobs* zieht *Pawlik* hierfür zusätzlich die demokratische Institution in Betracht. Er versteht die Freiheit als einen Begriff, der „nicht lediglich eine liberale, sondern auch eine demokratische Bedeutungskomponente“[288] besitzt. Mit der politischen Freiheit kann jeder Bürger mittels des von ihm gewählten Vertreters die rechtliche Lebensform, zu der er selbst gehört, jenseits seines eigenen Interesses herstellen.[289] Im Zusammenhang mit der Rede von Fairness ist zu folgern, dass die Bürger ihre politische Freiheit insoweit besitzen dürfen, als sie die sich aus der Verwendung einer solcher Freiheit ergebenden Obligationen erfüllen sollen. Es wäre nicht mit Schwierigkeiten abzulesen, dass es bei der Betonung des demokratischen Bezugs der Freiheit eher nicht um die Gestaltungsmacht der Bürger für ihre Gemeinschaft geht, sondern ihre Fähigkeit im Vordergrund steht, Handlungsentscheidungen jenseits des eigenen Interesses zugunsten der anderen Gemeinschaftsmitglieder oder der politischen Gemeinschaft im Ganzen zu treffen. Diese Grundposition stellt sich ebenso in seinem Unrechtsverständnis dar, sei es bei der Rede von der Mitwirkungspflichtverletzung oder der verneinenden Stellungnahme. Sie repräsentiert eine objektivierte Einstellung bei der Handlungsdeutung und dem Kommunikationsverständnis. Ob der Handelnde seiner Pflicht widerspricht, hängt hauptsächlich von seiner sozial konstruierten Rollzuständigkeit ab.[290] Ebenso ist nur der gesellschaftliche Auslegungsrahmen bei der Gehaltsdeutung der Kommunikation als Richtschnur geeignet.

In solchen Überlegungen drückt sich offensichtlich die Vernachlässigung der Stellung des Subjekts aus. Sie folgt nach hiesiger Ansicht wahrscheinlich aus

---

286 *Pawlik*, Das Unrecht des Bürgers, S. 106.

287 *Pawlik*, Das Unrecht des Bürgers, S. 106.

288 *Pawlik*, Das Unrecht des Bürgers, S. 102, mit weiteren Nachweisen.

289 *Seelmann*, Anerkennung, Person, Norm, FS - Jakobs, S. 635 ff.; *Stübinger*, Hegel und das moderne Verständnis der Person im Recht, in: Seelmann / Zabel (Hrsg.), Autonomie und Normativität, S. 93 ff.

290 *Pawlik*, Das Unrecht des Bürgers, S. 106 f.

einer verkürzten Auffassung der Handlung, die es als Psychologismus betrachtet, auf dem die Normen sich nicht gründen dürfen, wenn die subjektive Vorstellung beim Verstehen des Handlungssinns in Erwägung gezogen wird. In der Tat ist dies zu vermeiden, wenn von einem verständigungsorientierten kommunikativen Handeln ausgegangen wird, das die subjektive Ebene berücksichtigt, aber nicht auf die Normativität (besser: Rationalität) verzichtet. Die Rationalität besteht nicht in erster Linie aus der Behauptung des Handelnden, sondern in den nach der Frage des Hörers von ihm angeführten Gründen, die erklären können, wieso der Akteur so handelt. Dies führt nicht dazu, das soziale Handlungsdeutungsschema auszublenden. Die Möglichkeit ist nicht auszuschließen, dass die beiden Seiten der Kommunikationspartner direkt unter Rückgriff auf das lebensweltliche Hintergrundwissen ohne den durch die Rückfrage des Hörers eröffneten Diskursprozess jenes gegenseitige Einverständnis erreichen können. Weder die auf den Konventionen beruhende Lebenswelt noch die Intentionalität wäre die letzte Instanz für das Verstehen einer Handlung oder Kommunikation. Vielmehr machen die Dynamik vom zunächst naiv angenommenen Hintergrundwissen und die darüber angestellten Reflexionen der Diskursteilnehmer das völlige Bild aus. Solche Überlegungen lassen sich auf das Kriterium übertragen, darüber zu entscheiden, ob eine Handlung unrecht ist und ob sie zum strafbaren Versuch gehört. Es betrifft dabei nicht einfach das Verstehen des Sinns einer Handlung im Allgemeinen, sondern im Rahmen des Strafrechts. In dem zweiten Teil der vorliegenden Arbeit wird gezeigt, in welcher Art und Weise die erwähnten Elemente zusammengeführt werden können. Die hier vertretene Ansicht würde außerdem die angemessene Grundlage des Demokratieverständnisses bieten: Der Sinn des demokratischen Vorgangs besteht nicht – wie *Pawlik* behauptet – in der interesselosen Entscheidung über die Angelegenheiten in der Rechtsgemeinschaft. Er findet sich im unparteilichen Prozess, wo jeder die Chance hat, sein unvertretbares Interesse zum Ausdruck zu bringen. Erst auf diesem Grund darf das Recht legitime Geltung beanspruchen.

III. Zwischenbetrachtung

Der gerade abgeschlossene erste Teil richtet sich an drei Gruppen der Begründungen des Versuchsunrechts in Verbindung mit ihren jeweiligen philosophischen oder soziologischen Grundlagen. Damit wurden zugleich ihre Errungenschaften und Aporien gezeigt. Der Grund, warum diese Theorien überhaupt zur Diskussion und Analyse ausgewählt wurden, ist in dem nächsten Teil Schritt für Schritt zu erläutern. Diese Zwischenbetrachtung zielt darauf ab, klarer auf die strukturelle Korrelation beider Teile hinzuweisen.

Zaczyks Auffassung über das Versuchsunrecht, dass das Unrecht des Versuchs in dem Übergang von der Anerkennung zur Verletzung intersubjektiver Verhältnisse bildet,[291] beruht – im theoretischen Grundrahmen auf der *Wolff*'-*schen* Schule basierend – vor allem auf dem Autonomiebegriff von *Kant* und dem Intersubjektivitätsverständnis von *Fichte*.[292] Für *Zaczyk* ist die Autonomie der einheitliche Grund für Moral und Recht. Sie bringt auf der einen Seite die Fähigkeit des Subjekts zum Ausdruck, nach eigener Kraft richtige Beziehungen – im moralischen und rechtlichen Sinne – mit anderen zu konstituieren. Auf der anderen Seite heißt es ebenso, dass Subjekte in der Lage sind, solche Beziehungen zu dekonstruieren.[293] *Zaczyk* betonte deswegen im Versuchsunrecht die entscheidende Rolle der subjektiven Ebene des Handelnden.[294] Allerdings hängt dies von der problematischen Reflexionsmethode sowie dem daraus gefolgten Selbstbewusstseinsbegriff ab. Diese sind daran gescheitert, den wohlbegründeten Anhaltspunkt in der theoretischen und praktischen Philosophie *Kants* anzubieten.[295] *Fichtes* Argumentationsstrategie, das Selbstbewusstwerden des Subjekts in interpersonalen Beziehungen zu verankern, hat *Zaczyk* mithin aufgenommen. Die in *Fichtes* rechtsphilosophischem Werk im Zentrum stehenden, realen Bedingungen für die Entstehung des Selbstbewusstseins in der Intersubjektivität – von der Existenz der anderen Person bis hin zu bestimmten sozialen Institutionen – spiegeln sich in der objektiven Ebene des Versuchsunrechts aus der Sicht von *Zaczyk* wider. Sie verlangen bei ihren Verletzungen verschiedene Art und Weise, was wiederum bei der Beurteilung des Versuchs unterschiedlicher Kriterien bedarf.[296] Trotz Korrektur sind die Probleme, die einerseits auf den idealistischen Ausgangpunkt – den unhintergehbaren und nicht wohlbegründeten Selbstbewusstseins- und Autonomiebegriff – und andererseits auf die inkonsistente Kombination der rechtphilosophischen Ansätze von *Kant* und *Fichte* zurückzuführen sind, nicht vollkommen gelöst. Im Gegensatz dazu wird im nächsten Teil von der „detranszendentalisierten" Auffassung *Habermas*' ausgegangen. Bei dieser ist die Selbstbewusstwerdung durch Vergesellschaftung zu artikulieren, ohne eine transzendentale Grundlage berufen zu müssen. Bei

---

291 *Zaczyk*, Das Unrecht der versuchten Tat, S. 231, 327; auch NK - *ders*., 5. Aufl., § 22 Rn. 7. Im Detail siehe den ersten Teil, I.

292 Siehe den ersten Teil, I., 1. und 2.

293 *Zaczyk*, Das Unrecht der versuchten Tat, S. 245.

294 *Zaczyk*, Das Unrecht der versuchten Tat, S. 233. Siehe auch den ersten Teil, I., 3. B.

295 Siehe den ersten Teil, I., 1.

296 *Zaczyk*, Das Unrecht der versuchten Tat, S. 165 ff.

jenem Selbstbewusstwerdungsprozess spielt sprachliche Kommunikation eine ausschlaggebende Rolle. Wenn man eine Sprache beherrschen lernt, lernt man nicht nur, Regeln und Konventionen zu folgen, ergo Sozialisation, sondern auch, von ihnen abzuweichen, also selbstbewusst zu sein. Hierfür lässt sich erkennen, dass die ursprünglichen Einsichten von *Kant* und *Fichte* nicht übersehen werden, jedoch ihre transzendentale Eigenschaft sich schwächt. Dementsprechend sind die Einsichten der Theorie *Zaczyks* (sowie der *Wolff*-Schule), nämlich das autonome Subjekt von *Kant* und die Subjektivierung in der Intersubjektivität von *Fichte*, nicht nur behält. Durch ihre Verankerung und Umwandlung in der Struktur der Sprache sowie ihre Verwendung können sie ihre Überzeugungskraft wiedergewinnen.

Im Vergleich dazu geht *Jakobs* von einem vereinfachten Kommunikationskonzept aus, das an *Luhmann* angeschlossen ist. Dabei ist das Strafrecht als ein durch Kommunikationen erfasstes System verstanden, dessen Aufgabe in der eigenen Erhaltung besteht. Aus der Sicht von *Jakobs* sollen sich all die Merkmale im Strafrecht an dieser Aufgabe orientieren, auch das Verständnis des Versuchsunrechts. *Jakobs* definiert den Versuch als einen – wie andere Unrechtstypen – expressiven Normbruch. Die Beurteilung, ob ein solcher Normbruch im kommunikativen Sinne vorliegt, steht dem Handelnden nicht zur Verfügung. Stattdessen ist nur die Gesellschaft ermächtigt, jene Entscheidung zu treffen. *Jakobs* spricht hierbei als Begründung solcher Auffassung von einem „Synallagma“: Wer Rechte in der Gesellschaft ausüben will, soll zugleich die entsprechenden Pflichten dort erfüllen.[297] Ein ähnlicher Gedanke kann sich in der Theorie von *Pawlik* und seinem Schüler *Wachter* finden. Diesmal ist er zwar auf einer Vorstellung von „Fairness“ gegründet, aber sein Inhalt ist derselbe: Wer in einer Gemeinschaft Freiheit genießen will, soll dementsprechend den Pflichten genügen, die von derselben Gemeinschaft gefordert werden.[298] Der Widerspruch einer solchen Mitwirkungspflicht für das freiheitliche Zusammenleben begründet das Unrecht des Bürgers.[299] Zu bestimmen, ob eine Pflichtwidrigkeit solcher Art existiert, ist wiederum auf die soziale Ebene bezogen. In diesem Rahmen hat *Wachter* seine Versuchslehre in Anschluss an eine erweiterte Fassung der Theorie von der objektiven Zurechnung entwickelt: aus der sozialen Perspektive darüber zu urteilen, ob die Handlungsweise eines Handelnden die Grenze des erlaubten Risikos überschreitet. Wenn dem so ist, begründet jene Handlung

---

297 *Jakobs*, AT, 2. Aufl., 25 / 21. Dazu siehe den ersten Teil, II., 1.
298 *Pawlik*, Das Unrecht des Bürgers, S.106.
299 *Pawlik*, Das Unrecht des Bürgers, S. 23, 89, 106 ff.

das Versuchsunrecht.[300] Obgleich sich theoretische Weiterentwicklungen von *Jakobs* bis *Pawl*ik und *Wachter* ablesen lassen, bleibt das Hauptproblem ihrer Auffassungen im Prinzip unverändert: die (angeforderte) unbegrenzte Tendenz zur Sozialisation des Subjekts, ohne die Fähigkeit von Subjekten, soziale Verhältnisse und Ordnungen zu ändern, zu berücksichtigen. Erinnert man sich an den oben beschriebenen Mechanismus, bei dem Individuierung/Selbstbewusstwerdung und Vergesellschaftung mit Hilfe der Sprache gleichzeitig passieren, mag die problematisch einseitige Sozialisierung der Person korrigiert werden. Die bald im nächsten Teil noch zu erläuternde Analyse der allgemeinen Struktur der sprachlichen Verwendung wird zudem ein gerechtes Verständnis über das kommunikative Modell des Strafrechts darbieten können. Das bei *Jakobs* nicht wohlbegründete „Synallagma" und die auf der Vorstellung von „Fairness" gegründete Mitwirkungspflicht bei *Pawlik* lassen sich mit solcher Analyse anders interpretieren. Fairness heißt sodann nicht, unvermeidbare Kosten bei der Freiheitsausübung zu zahlen. Sie soll die in der sprachlichen Struktur implizierten Ansprüche ausdrücken. All diejenigen, die von Normen zu betreffen wären, sollen die Chance haben, die Normen mitzubestimmen.[301] Dementsprechend wäre *Pawliks* Betonung vom demokratischen Kern im Strafrecht verstehbar. Dies würde ebenso bedeuten, dass im zweiten Abschnitt des nächsten Teils die Untersuchung der allgemeinen Struktur sprachlicher Kommunikation und die Übertragung solcher Struktur auf Moral, Recht und Strafrecht im Zentrum stehen sollten.

---

300 *Wachter*, Das Unrecht der versuchten Tat, S. 167 ff.

301 *Habermas*, Faktizität und Geltung, 5. Aufl., S. 138. Dazu in Einzelheiten siehe den zweiten Teil, II., 3. Und III.

Zweiter Teil Die Grundlage der Diskursiven Rechtstheorie

Wie der Titel dieser Arbeit schon deutlich gemacht hat, besteht ihr Ziel in der Rekonstruktion und Untermauerung der Eindruckstheorie des Unrechts der versuchten Tat, indem man dies auf die Grundlage der diskursiven Rechtstheorie bezieht. Bis zur jetzigen Phase ist jenes Ziel grundsätzlich nur halb geschafft: Auf der einen Seite sind die auseinanderzusetzenden Versuchstheorien kritisch zu bewerten. Danach werden ihre Defizite auf der anderen Seite enthüllt. Aufgrund der vorgängigen Diskussionen wäre es verständlich, welche Denkweise und Argumentationen zu vermeiden sind. Doch reine Negation konstruiert nichts. Noch weiterzuentwickeln ist die eigene Ansicht dieser Problematik. Um eine Versuchslehre auf die Grundideen diskursiven Rechtsdenkens zu artikulieren, ist es essenziell, zu erläutern, was man unter solchem Rechtsdenken versteht und wie es begründet werden kann. Zuvor sind die Vorverständnisse über die allgemeine, formalpragmatische Struktur kommunikativen Handelns und die daraus entstehende kommunikative (oder: diskursive) Rationalität unentbehrlich. Neben den oben erwähnten Momenten wäre die Tür in jenes komplexe Theoriegebäude der in den intersubjektiven Interaktionen angesiedelte Selbstbewusstseinsbegriff, als die erste Schrift aus der traditionellen, auf das einsame Subjekt fokussierenden Bewusstseinsphilosophie heraus zu begreifen. Um einer solchen argumentativen Linie zu folgen, wird zunächst von dem durch Vergesellschaftung herausgebildeten Selbstbewusstseinsbegriff ausgegangen, den *Habermas* mittels seiner Interpretationen von der sozialpsychologischen Theorie *Meads* gewonnen hat (I.). Danach ist die Erörterung über die grundlegende sprachliche Struktur jener Interaktion mit den formalpragmatischen Ansätzen *Habermas*' angestellt. Dazu stehen vor allem die kommunikative Rationalität, die Dynamik und Komplementarität zwischen kommunikativem Handeln und der Lebenswelt zur Diskussion (II.). Nach diesen vorbereitenden Erklärungen ist es möglich, sich direkt der diskursiven Begründung des Rechts zuzuwenden (III.). Die strafrechtlich relevanten Probleme – das Unrechtsverständnis aus der Sicht der diskursiven Rechtsbegründung, die Grundlage versuchter Taten und ihre weitere dogmatische Problematik – werden im nächsten Teil behandelt.

I. Selbstbewusstsein durch Vergesellschaftung – Habermas' Rezeption und Rekonstruktion von Mead

Am Anfang des ersten Teils dieser Arbeit wurde neben anderen vor allem *Zaczyks* Ansicht über die Legitimation des Rechts, Strafrechts sowie über die Begründung des Unrechts versuchter Taten analysiert. Danach wurde Kritik geübt, insbesondere an seiner Anlehnung an die noch in der metaphysischen Phase bleibenden, bewusstseinsphilosophischen Grundgedenken – auch wenn er sich schon große Mühe gegeben hat, die Aporien innerhalb des *Kantischen* Systems dadurch zu beheben, dass er von *Kant* zu *Fichte* überging, dessen intersubjektive Denkweise der erste Schritt der Problemlösung wäre. *Fichtes* intersubjektive Wende geschieht nur noch auf halbem Wege. Seine Auffassungen sind im Grunde auf den metaphysischen Höhepunkt – die Tathandlung – zurückzuführen, worin das erkennende und praktische Ich zusammenfallen. Seinen Erklärungen zu den Entstehungsbedingungen empirischen Selbstbewusstseins, dass einer nur durch die Anerkennung der Aufforderung der anderen sein Selbstbewusstsein erstmal erhalten kann, fehlt der Horizont der symbolischen und sprachlichen Interaktionen.[302] *Meads* Auffassung bezüglich der Art und Weise, wie ein Mensch in einer Gesellschaft im Laufe seines Sozialisationsprozesses das Verständnis zu sich selbst erhalten kann, soll gerade ein gutes Modell darüber bieten, wie es möglich ist, eine intersubjektive Theorie menschlicher Selbstbeziehungen ohne metaphysische Voraussetzungen – wie bei *Fichte* – auszuprägen. *Habermas* hatte bereits in seinem frühen Erforschungsstadium das theoretische Potenzial in den *Mead'schen* Ansätzen erkannt[303] und gewichtige Konzepte von *Mead*, insbesondere die naturalisierte, statt metaphysische Methode sowie den Mechanismus der Einstellungsübernahme rezeptiert, aber auch um sein eigenes Erkenntnisinteresse erweitert. Im Folgenden wird erläutert, was *Habermas* von *Mead* aufgenommen hat (1.) und wie er danach die von *Mead* ungeklärten oder sogar vernachlässigten Bereiche enthüllt und dann weiterentwickelt hat (2.). Nachdem diese zweiteilige Erklärung vollgezogen wurde, wird klar, was

302 *Habermas*, Individuierung durch Vergesellschaftung. Zu George Herbert Meads Theorie der Subjektivität, in: *ders.*, Nachmetaphysisches Denken, S. 200.

303 Die Rezeption- und Interpretationsgeschichte *Habermas'* von *Mead'schen* Ansichten wie auch seine darauf gegründeten Auffassungen siehe jüngst *Corchia*, The Uses of Mead in Habermas' Social Theory. Before the Theory of Communication Action, Italian Sociological Review, 9 (2), 209-234.; *Henrich*, Zwischen Bewusstseinsphilosophie und Naturalismus, S. 44 ff.

Habermas zur Analyse der formalpragmatischen Grundstruktur menschlicher Kommunikationen führt, die im nächsten Abschnitt erforscht wird.

1. Rezeption: ihr Kontext und Argumente

Soll der von *Habermas* verwandte Selbstbewusstseinsbegriff verstanden werden, müssen zwei andere, in Verbindung stehende Konzepte in Betracht gezogen werden: „Identität" und „Individualisierung".[304] Diese beiden Konzepte sollen einerseits auf den Kontext der Fragestellung *Habermas'* zum Selbstbewusstseinsbegriff hinweisen und andererseits die systematische Stelle ausdrücken, in die *Habermas* die Theorie von *Mead* einführt. Er will wissen, wie kommunikationsfähige Subjekte in einer Gesellschaft, wo die Konstellation sich ständig verändert, unverändert bleiben können.[305] Dies fragt adäquat, in welcher Art und Weise man in einem so beschriebenen Status seine Identität beibehalten kann. Ohne große Schwierigkeiten kommt die Situation in der modernen Gesellschaft als der Hintergrund dieser Fragestellung in den Kopf. Moderne Gesellschaft ist im Grunde als arbeitsteilig,[306] funktional ausdifferenziert[307] oder entzaubert[308] bezeichnet. Trotz aller Verschiedenheiten liegt die Gesamtheit jener Beschreibungen in der zunehmenden Tendenz der möglichen Differenzierung von den sozialen Positionen des Einzelnen. Das würde aus Sicht von *Habermas* die steigenden Herausforderungen für die Einzelnen bedeuten, mit sich identisch zu bleiben. Schon mit der Art und Weise, wie *Habermas* diese Problematik gestellt hat, wäre es offensichtlich, dass er diese Frage beantworten wollte, ohne die Ich-Identität bloß als eine notwendige Voraussetzung menschlicher Erkenntnisse wie *Kant* in der ersten Kritik zu begreifen. Vielmehr hat er die Identitätsfrage mit den realistischen sozialen Bedingungen – vor allem in Anschluss an *Durkheim* und *Mead* –[309] gebracht, so dass die Identität des Einzelnen erst im Rahmen seines

---

304 Im Ganzen siehe *Habermas*, Individuierung durch Vergesellschaftung. Zu George Herbert Meads Theorie der Subjektivität, in: *ders.*, Nachmetaphysisches Denken, S. 187 ff.

305 *Habermas*, Können komplexe Gesellschaften eine vernünftige Identität ausbilden?, in: *ders.*, Rekonstruktion des historischen Materialismus, S. 93.

306 *Durkheim*, Über die Teilung der sozialen Arbeit.

307 *Luhmann*, Soziale Systeme; auch ders., Die Gesellschaft der Gesellschaft, S. 597 ff.

308 *Weber*, Wissenschaft als Beruf, in: Winkelmann (Hrsg.), Gesammelte Aufsätze zur Wissenschaftslehre, S. 593. Dazu auch *Habermas*, Theorie des kommunikativen Handelns, Bd. 1, S. 262 ff.

309 Vor allem in *Habermas*, Theorie des kommunikativen Handelns, Bd. 2, S. 9 ff.

Sozialisationsprozesses und zugleich Individualisierungsvorgangs verständlich gemacht werden kann.[310] Mit anderen Worten: In der modernen Gesellschaft, in der alle Überlieferungen, sei es Mythos[311] oder Sittlichkeit[312] und so weiter, nach und nach außer Kraft treten sollen,[313] würde die Identitätsproblematik zweierlei auftauchen. Auf der Mikroebene einerseits muss man sich fragen, wie der Einzelne im Falle des dauerhaft wechselnden sozialen Umfelds noch in der Lage ist, sich (identisch) bewusst zu sein. Jene immer vor Veränderungen stehende, ausdifferenzierte Sozialwelt selbst ist andererseits dabei ebenso zu einer Problematik geworden. Die Frage lautet: Wie kann sich die so erfasste Gesellschaft noch zusammenhalten? Es lässt die Überzeugungskraft des *Kantischen* Ansatzes, dass der Einzelne die Identität garantieren kann, und zwar gewissermaßen mithilfe seiner Fähigkeit, die Besonderheit unter die Allgemeinheit zu bringen,[314] verloren gehen,[315] denn damit wäre bloß die Frage auf der Mikroebene beantwortet. Woraus allerdings die Solidarität der Gesellschaft entsteht, bleibt im Dunkeln. Im Gegensatz dazu soll die Theorie von *Mead Habermas*‘ Meinung nach Lösungen darbieten, die sich gleichzeitig auf die beiden Seiten beziehen.

Der Argumentationsgang *Habermas*‘ lässt sich wie folgt erklären. Er verweist darauf, dass das menschliche Selbstverständnis für die Erhellung des Individualitätsbegriffs (vor allem im Sinne der Fähigkeit einer Person, autonom und von anderen getrennt zu sein[316]) konstruktiv sei. Seine Bedeutung müsse wiederum im Laufe der Interaktionen zwischen handlungs- und sprachfähigen Subjekten einbezogen werden,[317] und zwar während des Vergesellschaftungsvorgangs von Menschen. Jenes Selbstbewusstsein begründe sodann die Ich-Identität mit seiner Lebensgeschichte.[318] Indem *Habermas Meads* Verdeutlichung darüber, in

310 In der Tat ist solcher Gedanke der Soziologie gar nicht fremd, dazu siehe *Abels*, Identität, 3. Aufl., S. 22 ff.

311 Jüngst siehe nur *Habermas*, Auch eine Geschichte der Philosophie, Bd. 1, S. 201 ff.

312 *Hegel*, Grundlinie der Philosophie des Rechts, § 142 ff., in: Moldenhauer / Michel (Hrsg.), Werke in 20 Bänden, Bd. 7, S. 292 ff.; auch *Habermas*, Faktizität und Geltung, 5. Aufl., S. 135.

313 Vgl. *Habermas*, Theorie des kommunikativen Handelns, Bd. I, 72 ff.

314 *Kant*, Kritik der reinen Vernunft, A 108.

315 Zu diesem Punkt vgl. den ersten Teil, I., 1., mit anderen Nachweisen.

316 *Habermas*, Individuierung durch Vergesellschaftung. Zu George Herbert Meads Theorie der Subjektivität, in: *ders.*, Nachmetaphysisches Denken, S. 188.

317 *Habermas*, Individuierung durch Vergesellschaftung. Zu George Herbert Meads Theorie der Subjektivität, in: *ders.*, Nachmetaphysisches Denken, S. 207.

318 *Habermas*, Individuierung durch Vergesellschaftung. Zu George Herbert Meads Theorie der Subjektivität, in: ders., Nachmetaphysisches Denken, S. 204 ff., 207.

welcher Weise der „Übergang von der subhumanen, gestenvermittelten zur symbolisch vermittelten Interaktion“[319] geschieht, darstellt und erweiternd interpretiert, wird der Zusammenhang von den oben beschriebenen Merkmalen, also dem Selbstbewusstseinsverständnis, dem Individualitätsbegriff, der Vergesellschaftung und schließlich auch der Ich-Identität, zum Vorschein kommen.

Erstens zu den durch Geste operierten Interaktionen zwischen zwei Organismen, die sich vor allem auf Tiere oder die noch in der Anfangsphase der kommunikativen Kompetenz bleibenden Menschen beziehen: Wie sind die Interaktionen solcher Art zu erfassen? Mithilfe eines von *Mead* erhobenen Beispiels wäre der Mechanismus jener Interaktion deutlich. *Mead* nimmt zwei Hunde im Kampf als Beispiel.[320] Dabei wird die Bewegung des einen als ein Reiz für den anderen wahrgenommen. Sie könnte mithin die Bewegung des anderen beeinflussen. Die letztere Bewegung ist einerseits als die Reaktion auf die erstere Bewegung des einen und anderseits zugleich als ein neuer Reiz für den anderen zu begreifen. Für die beiden Seiten dieser Interaktion wäre jeder Reiz ein Anlass, eigene Bewegungen zu ändern.[321] Jedoch ist die Wechselbeziehung dieses Typs nur noch vom Instinkt abhängig,[322] einem Können, sich vor der Gefahr zu schützen und zu überleben. Tieren fehlt wohl die Möglichkeit, sich jenseits des Horizonts der Anpassung durch ein Medium, das die beiden gemeinsam haben, miteinander zu verhalten. Es wäre deswegen unfassbar, dass in jener kämpferischen Konstellation der eine Hund durch sein Gebell dem anderen, dem ersten, schnell laufenden Hund darüber „sagen“ will, „ich will dich nicht verletzen“, um seine Attacke zu vermeiden. Es würde heißen, dass menschliche Interaktionen auf diesen reinen Reiz-Reaktion-Mechanismus reduziert werden könnten, wenn es kein intersubjektiv geteiltes Medium, wie Symbole und vor allem Sprache, gäbe. Auf die wesentliche Rolle, die die für all die Mitglieder innerhalb einer Kommunikationsgemeinschaft geltenden Symbole und Sprachen spielen, wird später eingegangen. Hierbei wird erstmal auf den Sinn fokussiert, den das obige Beispiel zum Ausdruck gebracht hat. Laut *Habermas* will *Mead* durch diesen Fall darauf hinweisen, dass die Bedeutung jenes Falls nur in dem Maße verstanden

---

319 *Habermas*, Theorie des kommunikativen Handelns, Bd. 2, S. 14. Vgl. auch *dens.*, Individuierung durch Vergesellschaftung. Zu George Herbert Meads Theorie der Subjektivität, in: *ders.*, Nachmetaphysisches Denken, S. 210 ff.

320 Siehe auch *Habermas*, Theorie des kommunikativen Handelns, Bd. 2, S. 17.

321 *Mead*, Geist, Identität und Gesellschaft, S. 81 ff.

322 *Habermas*, Individuierung durch Vergesellschaftung. Zu George Herbert Meads Theorie der Subjektivität, in: *ders.*, Nachmetaphysisches Denken, S. 215.

werden kann, wie sich auf eine „Beobachterperspektive" eingestellt wird, also wie eine Ethologin, die den Interaktionsablauf zwischen Organismen nur betrachtet, ohne gleichzeitig vorauszusetzen, dass die in der Interaktion stehenden Organismen dieselbe Bedeutung ihrer Verhaltensweisen verstehen können, die die Betrachterin ihnen zurechnet.[323] Solche Zurechnung ist grundsätzlich bloß durch die Funktion des Verhaltens von Organismen bestimmt und mithin stark situationsabhängig, weil es ohne jene Beschreibung von Situationen, in die das Verhalten angesiedelt ist, unbekannt wäre, wozu das Verhalten dienen würde. Die Bedeutung des Verhaltens wäre deshalb unerkennbar. So weit ist die Erklärung zur gestenvermittelten Interaktion, die nur die Anfangsphase des evolutionär-sozialpsychologischen Erforschungsprogramms von *Mead* bezeichnet. Evolution zeigt sich darin, dass der Übergang von den mithilfe der Geste vollzogenen bis zu den symbolisch übertragenden Kommunikationen gerade ein erhöhtes Niveau der kommunikativen Kompetenz darstellen würde, über die im Grunde nur Menschen verfügen. Ein solcher Übergang ist der Interpretation *Habermas*' nach unter anderem mit drei Transformationen charakterisiert: Erstens werden die Gesten, deren Bedeutung bloß für den jeweiligen einzelnen Organismus, der die Gesten ausdrückt, selbst zugänglich ist, in Symbole umgestaltet, die für alle Teilnehmer identisch sein können. Dementsprechend kommt zweitens ein neuer Bereich zur Erscheinung, in dem die interaktiven Beziehungen von Organismen nicht funktionalerweise, sondern in kommunikativer Weise bestimmt werden sollen. Die Organismen, die bloß durch den Reiz-Reaktion-Mechanismus bestimmt und beschrieben wurden, treten mit neuem Gesicht insofern ein, als dass sie sich in den Sprecher-Hörer-Verhältnissen mit kommunikativer Absicht befinden. Dann erst entsteht die Möglichkeit, das erfolgs- von dem verständigungsorientierten Handeln zu unterscheiden. Die Interaktionsteilnehmer sind imstande, solche Unterscheidungen zu lernen.[324] *Mead* versucht mit einem Prozess der „Einstellungsübernahme", jene drei Transformen im Ganzen zu erläutern.[325] Ein anderes Beispiel soll hierfür helfen. Läuft im Alltag eine Person (B) plötzlich schnell zu einer anderen (A), würde A erstens darüber nachdenken, warum B so läuft, um zu entscheiden, wie A darauf reagieren soll oder

323 *Habermas*, Theorie des kommunikativen Handelns, Bd. 2, S. 18. Vgl. auch *dens.*, Individuierung durch Vergesellschaftung. Zu George Herbert Meads Theorie der Subjektivität, in: *ders.*, Nachmetaphysisches Denken, S. 215.

324 *Habermas*, Theorie des kommunikativen Handelns, Bd. 2, S. 20 f.

325 *Mead*, Geist, Identität und Gesellschaft, S. 216 ff.,; *Habermas*, Theorie des kommunikativen Handelns, Bd. 2, S. 21.

kann, ohne einfach die Instinkte bestimmen zu lassen. Eine solche Einstellungsübernahme ist wechselseitig. Das heißt, A und B sind fähig, die Perspektive der anderen zu übernehmen. Danach ist eine neue Möglichkeit entstanden. B versucht, durch den Wechsel zur Perspektive von A ihre eigene Handlungsbedeutung zu interpretieren oder verstehen, kann von Anfang an so (beispielsweise mit einem Lächeln und beide Arme bewegen sich nach oben) handeln, dass A diese Handlung von B als Feiern und nicht als einen Angriff zu begreifen vermag. Ein solcher gegenseitiger Einstellungsübernahmevorgang und die daraus entstehende Fähigkeit, mithilfe der Einstellung der anderen die eigene Handlung zu interpretieren, sind laut *Mead* die Entstehungsbedingung der Symbole, die für die Interaktionsteilnehmer identisch gelten. Sie geben den Anlass, dass Interaktionsteilnehmer miteinander als Sprecher und Hörer mittels Symbole kommunizieren. Auch entsteht ein sozialer Raum, der vor allem durch Verständigungshandeln statt nur durch erfolgsorientiertes Handeln ausgeprägt ist.

Gerade in diesem Zusammenhang stellt sich der von *Mead* bevorzugte Selbstbewusstseinsbegriff dar.[326] Indem der eine sich in jene Perspektive des anderen hineinversetzt, um das eigene (vorzunehmende) Verhalten aufgrund der vermutlichen Haltungen des anderen zu interpretieren, ist der eine zugleich in der Lage, aus der Sicht des anderen sich zu erkennen, ohne immerhin auf einem metaphysischen, introspektiven Ich zu beharren. Dieses per Perspektivwechsel geschaffene Selbstbewusstsein benennt *Mead* „me“, das *Habermas* ins Deutsche als „Mich“, die Akkusativform von „Ich“ übersetzt, weil dieses „Mich“ passiv bleibt. Dementsprechend unterscheidet Mead davon ein „Ich“ („I“), das sich auf die Spontanität des Subjekts beziehen soll, wenn dieses „Ich“ jenen Einstellungswechselprozess immer begleitet und sodann zum Urheber des eigenen Verhaltens wird. Deshalb definiert *Mead* das „Ich“ als

> „die Reaktion des Organismus auf die Haltungen anderer; […] Die Haltungen der anderen bilden das organisierte >Mich<, und man reagiert darauf als ein >Ich<.“[327]

Anschließend daran begreift *Habermas* das Selbstbewusstsein dieser Art als „ein kommunikativ erzeugtes Phänomen“,[328] das nicht dem Subjekt innewohnt und ihm nicht zur Disposition steht.[329]

---

326 *Mead*, Geist, Identität und Gesellschaft, S. 216 ff.

327 *Mead*, Geist, Identität und Gesellschaft, S. 218 (Übersetzung von mir korrigiert).

328 *Habermas*, Individuierung durch Vergesellschaftung. Zu George Herbert Meads Theorie der Subjektivität, in: *ders.*, Nachmetaphysisches Denken, S. 217.

329 *Habermas*, Individuierung durch Vergesellschaftung. Zu George Herbert Meads Theorie der Subjektivität, in: *ders.*, Nachmetaphysisches Denken, S. 217.

2. Habermas' Kritik an Mead und seine Erweiterung

Trotz aller bahnbrechenden Erläuterungen über die Entstehungsbedingungen des Selbstbewusstseins auf der naturalisierten Grundlage von *Mead* hält *Habermas* diesen Ansatz allerdings in manchen Bereichen für unzureichend klar und argumentativ mangelhaft. Einen der Defizite sieht *Habermas* darin, dass *Mead* keine angemessene, hinreichende Verdeutlichung zum oben erwähnten „Ich"-Begriff darbieten kann, der die aktiv-spontane Fähigkeit des Subjekts darstellt, sich als den Urheber der Handlung zu erkennen und zu verstehen. Wie in dem vorangegangenen Abschnitt erläutert, brachte der Mechanismus des Perspektivwechsels die Grundvoraussetzung der Möglichkeit der identischen Symbole und der Erkenntnis von sich selbst („Me") zum Ausdruck. Im Anschluss daran war das immerhin begleitende „Ich" einigermaßen gefunden, doch nicht im Augenblick, wenn das Handelnde etwas tut, sondern im nächsten Moment in Erinnerung daran. Also wechselt man erstens seine Perspektive zu derjenigen der anderen. Sodann erkennt er sich („Me"). Dann entscheidet man darüber, was zu tun ist. Nachdem er etwas getan hat, erinnert er an das gerade Getane und das spontane Ich.[330]

Analog zu dem Prozess der Einstellungsübernahme bei der Erhellung des „Mich", also der epistemischen Selbstbeziehung des erkennenden Subjekts – wie *Habermas* es benennt[331] – versucht *Mead* dieses Mal, durch einen anderen Mechanismus der Rollübernahme das „Ich" zu verdeutlichen, das *Habermas* im Vergleich zu der obigen epistemischen Selbstbeziehung als das praktische Selbstverhältnis des handelnden Subjekts[332] begreift. Die Rollenübernahme verlangt neben einer Verschiebung des einen in die Einstellung des Interaktionspartners die Übernahme dessen Rolle, die sich – wie schon bei *Luhmanns* Abschnitt angedeutet wurde – durch bestimmte Verhaltenserwartungen in einer Gesellschaft konstituiert. Wenn der eine einem anderen mithilfe des Rollenübernahmevorgangs begegnet, kann er nicht nur darüber wissen, dass er da existiert. Auch kann er sich durch die Übernahme der Rolle der anderen darüber bewusst sein, was von ihm durch den anderen in dieser Situation erwartet wird. Zugleich kann er dadurch motiviert sein, erwartungsgemäß zu handeln.[333] Beispielsweise: Wird

330 *Mead*, Geist, Identität und Gesellschaft, S. 217 ff.

331 *Habermas*, Individuierung durch Vergesellschaftung. Zu George Herbert Meads Theorie der Subjektivität, in: *ders.*, Nachmetaphysisches Denken, S. 218.

332 *Habermas*, Individuierung durch Vergesellschaftung. Zu George Herbert Meads Theorie der Subjektivität, in: *ders.*, Nachmetaphysisches Denken, S. 218.

333 Im Ganzen siehe *Mead*, Geist, Identität und Gesellschaft, S. 300 f.

in der Familie angenommen, dass die Interaktionspartnerin die Rolle der Mutter ausübt, wird sich dementsprechend verhalten. Das heißt, das Gegenüber verhält sich als ihre Tochter oder ihr Sohn, nicht ihre Mutter oder ihr Mann. Damit wäre es erschlossen, wie dabei angemessen, sprich erwartungsgemäß gehandelt wird. Doch eine Argumentation solcher Art würde nach der Sicht von *Habermas* der Gefahr ausgesetzt sein, dass das so verstandene „Ich“ von *Mead* den Kern eines solchen Begriffs, die Spontanität des Subjekts, verlieren und bloß zur Anpassung an beliebige Verhaltensregeln in einer Gesellschaft würde.[334]

So scheint der Vorgang der Individuierung durch Vergesellschaftung im Grunde eine Maschine zu sein, die nur die standardisierten, sozialisatorischen Individuen produzieren, die wiederum weder Einzigartigkeit noch Innovationsfähigkeit besitzen. Solche Menschen werden bestenfalls zu der Spiegelung bestimmter Lebensformen,[335] die einfach aufgrund der Verhaltensweisen der Mehrheit konventionell überliefert wurden. Die Rationalität solcher Lebensformen bleibt unberührt. Wenn dies der Endpunkt dieses Ansatzes wäre, würde diese Theorie nichts anderes besagen als: „Du sollst gehorchen, sonst nichts mehr“. Um dieses negative Resultat zu vermeiden, braucht *Habermas* einen Rationalitätsbegriff, mit dem sich der Einzelne einerseits in einen kollektiven Lebenszusammenhang intergieren lässt und das gesellschaftliche Zusammenhalten möglich ist. Andererseits muss diese Rationalität auf jeden Fall eine Distanz von der sozialen Realität bewahren können, die kritisch reflektiert werden können soll, so dass die sich in die Einzigartigkeit manifestierende Subjektivität der Einzelnen nicht im Zug des Vergesellschaftungsvorgangs verlorengeht. Dieses schon seit dem Anfang des menschlichen Denkens immer wieder thematisierte Spannungsverhältnis zwischen Individuum und Kollektiv wäre in einer anderen Art und Weise zu begreifen und besser zu behandeln, wenn im hiesigen Kontext, wie *Habermas* es tut, eine „pragmatistische Wende“ vorgenommen wird. So lässt sich der Anlass finden, sich dem Weg zu einem tauglichen Rationalitätsbegriff anzunähern, der sich immer schon in der alltäglich sprachlichen Kommunikation verkörpert. Diese Konzeption der Rationalität ermöglicht es, Individuum und Gesellschaft nicht aufeinander zu reduzieren. Ferner ist sie der Anhaltspunkt, um das soziale Handeln sowie die soziale Ordnung zu analysieren. Sie Schritt für Schritt zu erläutern, ist die Aufgabe des nächsten Abschnitts.

---

334 *Habermas*, Individuierung durch Vergesellschaftung. Zu George Herbert Meads Theorie der Subjektivität, in: *ders.*, Nachmetaphysisches Denken, S. 220 ff.

335 *Habermas*, Individuierung durch Vergesellschaftung. Zu George Herbert Meads Theorie der Subjektivität, in: *ders.*, Nachmetaphysisches Denken, S. 220.

II. Kommunikative Rationalität – ein formalpragmatischer Ansatz

Das in den früheren Phasen dieser Arbeit längst in Erscheinung kommende, aber bisher immer noch nur vorausgesetzt verwendete Konzept, die kommunikative Rationalität, soll von nun an im Vordergrund stehen sowie im Konkreten untersucht werden. Wörtlich gesehen wäre es leicht, zu erfassen, dass die kommunikative Rationalität ein vernünftiges Potenzial in der Kommunikation ist. Hiermit ist vor allem die sprachlich vermittelte Interaktion zwischen sozialen Aktoren relevant. Die vorher vielfach erwähnte, schon in den alltäglich sprachlichen Kommunikationen vorliegende Struktur der Diskurspraxis ist gerade der Ort, an dem jene in der sprachlichen Verwendung verschränkte Vernunft liegt. Die Bereitschaft von den beiden Seiten der Interaktionsteilnehmer, sich nur an den Geltungsansprüchen zu orientieren, ist eine der Komponenten des Vernunftbegriffs solcher Art. So muss der Sprecher imstande sein, notfalls die mit seinem Sprechakt erhobenen Geltungsansprüche durch Gründe einzulösen. Der Hörer muss fähig sein, jene Geltungsansprüche zu erkennen, zu verstehen, anzuerkennen oder zu negieren.[336] Wenn der Hörer sie schließlich anerkennt, soll er zugleich die daraus abgeleitete Verpflichtung ebenso akzeptieren und demgemäß handeln. Davon ist abzulesen, welche entscheidende Rolle der Begriff des Geltungsanspruchs spielt. Er funktioniert als eine Brücke der interpersonalen Beziehungen, wobei sich ein rational motiviertes – das heißt wegen der Gründe, die vom Hörer akzeptiert werden können – Einverständnis erzeugen lässt. Eine bestimmte soziale, intersubjektive Beziehung wird dadurch hergestellt. Die Handlungsvorsätze beider Seiten dieser Beziehung werden ebenso hinsichtlich dieses Einverständnisses koordiniert.[337] Dies ist aus Sicht von *Habermas* als die Grundlage der sozialen Ordnung zu verstehen, zu der das Rechtssystem gehört, auch wenn es gleichzeitig Spezifika enthält, die weitere Erklärungen benötigen.

Der Endpunkt der Argumentation wäre das Rechtssystem. Um den Rechtsbegriff zu analysieren, wird das Verständnis über die soziale Ordnung benötigt, das sich wiederum auf das Grundkonzept „das kommunikative Handeln" zurückführen lässt, in dem die kommunikative Rationalität repräsentiert wird, die durch einen formalpragmatischen Ansatz erläutert und begründet werden kann. Dementsprechend wird erstens mit dem Begriff des kommunikativen

336 *Habermas*, Handlung, Sprechakte, sprachlich vermittelte Interaktionen und Lebenswelt, in: *ders.*, Nachmetaphysisches Denken, S. 71.

337 *Habermas*, Theorie des kommunikativen Handelns, Bd. 1, S. 385.

Handelns und der kommunikativen Rationalität begonnen (1.). Danach wird der formalpragmatische Ansatz von Habermas skizzenhaft rekonstruiert (2.). Am Ende dieses Abschnitts ist auf das für diese vorliegende Arbeit bedeutsame komplementäre Verhältnis zwischen dem kommunikativen Handeln und der Lebenswelt hinzuweisen (3.). Dies ist der Weg, den *Habermas* in seinem rechtstheoretischen Grundlegungswerk Faktizität und Geltung ausgewählt hat, um zu erklären,

> „warum die Theorie des kommunikativen Handelns der Kategorie des Rechts einen zentralen Stellenwert einräumt, und warum sie ihrerseits für eine Diskurstheorie des Rechts einen geeigneten Kontext bildet."[338]

1. Kommunikatives Handeln und kommunikative Rationalität

Das Hauptinteresse in der Theorie des kommunikativen Handelns besteht nicht völlig darin, eine theoretische Auffassung in Bezug auf menschliche Handlungen zu entfalten. Vielmehr richtet sich eine solche Theorie an einer klassischen Fragestellung in der Sozialwissenschaft aus: Wie ist soziale Ordnung überhaupt möglich?[339] *Habermas* bedient sich des Konzepts des kommunikativen Handelns als Grundbegriff, damit er eine Grenze zwischen seiner eigenen Theorie und anderen vorliegenden Ansätzen zur selben Frage ziehen kann. Er geht von dem Handeln aus und begreift es als konstitutiv für die Herstellung sozialer Ordnung. Das heißt zugleich, dass er jene konkurrierenden Positionen, die behaupten, dass der Gesellschaft die funktional erfassten Systeme (wie die Meinungen *Luhmanns* und *Parsons'*) zugrunde liegen, für defizient hält.[340] Ferner soll das Prädikat „kommunikativ" darauf hinweisen, dass auf der einen Seite dieser Handlungsbegriff nicht durch einen instrumentalen, bloß an dem Ziel-Mittel-Verhältnis gemessenen ersetzt werden darf. Auf der anderen Seite ist dieser kommunikative Handlungsbegriff nur auf der intersubjektiven Ebene von Sprecher und Hörer verständlich gemacht, so dass die Problematik des seit *Descartes* bis *Kant* herrschenden subjektphilosophischen Modells der Gründung sozialer Ordnung zu überwinden wäre. Es wurden bereits in verschiedenen Kontexten

338 *Habermas*, Faktizität und Geltung, 5. Aufl., S. 21.

339 *Habermas*, Handlung, Sprechakte, sprachlich vermittelte Interaktionen und Lebenswelt, in: *ders.*, Nachmetaphysisches Denken, S. 82.

340 *Habermas*, Handlung, Sprechakte, sprachlich vermittelte Interaktionen und Lebenswelt, in: *ders.*, Nachmetaphysisches Denken, S. 83 f. Vgl. auch *dens.*, Erläuterungen zum Begriff des kommunikativen Handelns, in: *ders.*, Vorstudien und Ergänzungen zur Theorie des kommunikativen Handelns., S. 572.

die argumentativen Defizite der Subjektphilosophie sowie der Systemtheorie aus der Perspektive der kommunikativen Vernunft diskutiert. Daher wird folgend hauptsächlich mithilfe des Vergleichs von kommunikativem und instrumentalem/strategischem Handeln der Begriff des ersteren erläutert – auch wenn aufgrund des Themas dieser Untersuchung auf jene (wegen der Auseinandersetzungen von anderen, teilweise veränderten oder erweiterten) Einzelheiten der Grundannahme von *Habermas* nicht eingegangen werden kann.[341]

Habermas hat *Webers* Modell des zweckrationalen Handelns aufgenommen und das Handeln eines solchen Typs als die Urform der zwei weiteren Handlungsbegriffe erfasst, und zwar des instrumentellen sowie strategischen Handelns.[342] Die Zweckrationalität bildet also den Kern des instrumentellen und strategischen Handelns. Wird versucht, eine in der Realität vorgezogene Handlung unter die Typen vom instrumentellen oder strategischen Handeln einzuordnen, werden sie über ein Zweck-Mittel-Kriterium bewertet. Danach lässt sich fragen, ob der Handelnde bei einem schon gegebenen Ziel ein geeignetes Mittel ausgewählt hat, um jenes Ziel zu erreichen. Ob das Ziel erst durch Interaktion zwischen sozialen Akteuren erreichbar ist, ist beliebig. Das Ziel kann nicht nur in der objektiv-natürlichen Welt gesetzt werden, beispielsweise einen Baum zu fällen oder Tiere zu jagen (*Habermas* nennt solche Handlungsweisen „instrumentelles Handeln“[343]). Vielmehr wäre im Rahmen der Sozialwissenschaft ein Ziel, das mithilfe des Tuns oder der Unterlassung anderer erstmal zu verwirklichen wäre (*Habermas* nennt solche Handlungsweise „strategisches Handeln“[344]), bedeutender. Dabei geht es schließlich nicht um die menschliche Anpassungsfähigkeit an die Natur, sondern die Erhaltungsbedingungen der Gesellschaft, die den interaktiven Handlungskoordinierungen ihrer Mitglieder entspringt. Trotz

341 Ich orientiere mich hierfür im Grunde an den Auffassungen in der Theorie des kommunikativen Handelns, Bd. 1, S. 384 ff. Ferner kann man auch die folgenden Beiträgen vergleichen: *Habermas*, Erläuterungen zum Begriff des kommunikativen Handelns, in: *ders.*, Vorstudien und Ergänzungen zur Theorie des kommunikativen Handelns., S. 571 ff.; *ders.*, Handlung, Sprechakte, sprachlich vermittelte Interaktionen und Lebenswelt, in: *ders.*, Nachmetaphysisches Denken, S. 68 ff.; *ders.*, Rationalität der Verständigung. Sprechakttheoretische Erläuterungen zum Begriff der kommunikativen Rationalität, in: *ders.*, Wahrheit und Rechtfertigung, S. 121 ff, siehe vor allem die auffällige Unterscheidung zwischen kommunikativem Handeln im starken und schwachen Sinne auf S. 122 f.

342 *Habermas*, Theorie des kommunikativen Handelns, Bd. 1, S. 379 ff.

343 *Habermas*, Theorie des kommunikativen Handelns, Bd. 1, S. 385.

344 *Habermas*, Theorie des kommunikativen Handelns, Bd. 1, S. 385.

der Wesentlichkeit des strategischen Handelns für die Verdeutlichung sozialer Ordnung ist das instrumentelle Handeln eher die Grundform solcher Betrachtungsweisen der Handlungen. Es kommt unter dem Aspekt des instrumentellen Handelns auf die Einwirkungen in die natürliche Welt an, die sich aus dem nach der angemessenen Situationseinschätzung von dem Handelnden gewählten Werkzeug ergeben. In einem solchen Schema würde alles in der Welt dem Handelnden zur Disposition stehen. Der Handelnde als Subjekt wäre mithin in der Lage, alles als Objekt notfalls zu behandeln. Analog dazu sind die Zweck-Mittel-Beziehung und das Subjekt-Objekt-Verhältnis im strategischen Handeln erkennbar, weil für den Handelnden das Alter Ego ebenso derjenige ist, der (wie irgendein natürliches Wesen) durch das von ihm gewählte Mittel kausal bewirkt werden kann. Bei der Konstellation der Interaktion kann dies gleichzeitig für die beiden strategisch orientierten Akteure gelten. Beide verstehen einander als „Gegenspieler",[345] die hauptsächlich nach Maximalisieren des eigenen Interesses streben.

Im Vergleich zum strategischen Handeln zielt aus Sicht von *Habermas* das kommunikative Handeln auf die gegenseitige Verständigung der Interaktionsteilnehmer ab, die auf einer gemeinsamen Überzeugungsbasis beruht.[346] Dabei koordinieren die sozialen Aktoren nicht bloß über „egozentrische Erfolgskalkül", sondern durch einen Prozess, in dem sie miteinander über etwas in der Welt mithilfe der Bindungskraft der (natürlichen) Sprache wollen und können.[347] So ist der Verständigungsvorgang alles andere als ein zufällig erreichtes, empirisches Einverständnis zwischen Menschen[348] und besitzt einen normativen Kern, in dem die kommunikative Rationalität liegt. Wenn einer kommunikativ mit einem anderen handelt, kann er sich weder instrumentell, also durch die willkürliche Veränderung der Handlungskonstellation, noch strategisch, beispielsweise per Einflussnahme aufgrund von Erfolgskalkulation auf den anderen, verhalten.[349] Der eine muss imstande sein, auf der Grundlage der Bindungsenergie

345 *Habermas*, Theorie des kommunikativen Handelns, Bd. 1, S. 385.

346 *Habermas*, Theorie des kommunikativen Handelns, Bd. 1, S. 387. Vgl. auch *dens.*, Erläuterungen zum Begriff des kommunikativen Handelns, in: *ders.*, Vorstudien und Ergänzungen zur Theorie des kommunikativen Handelns., S. 574.

347 *Habermas*, Handlung, Sprechakte, sprachlich vermittelte Interaktionen und Lebenswelt, in: *ders.*, Nachmetaphysisches Denken, S. 77; auch *ders.*, Rationalität der Verständigung. Sprechakttheoretische Erläuterungen zum Begriff der kommunikativen Rationalität, in: *ders.*, Wahrheit und Rechtfertigung, S. 111.

348 *Habermas*, Theorie des kommunikativen Handelns, Bd. 1, S. 386 f.

349 *Habermas*, Theorie des kommunikativen Handelns, Bd. 1, S. 387.

von Sprache, sich an den – in jedem Sprechakt vorliegenden – Geltungsansprüchen zu orientieren. Wie angedeutet, heißt dies im Konkreten für den Sprecher, dass er seine Geltungsansprüche mit Gründen einlösen können muss, sobald sie vom Hörer bezweifelt werden. Andererseits muss der Hörer die Art und den Inhalt von Geltungsansprüchen erkennen können, damit er sie in Zweifel ziehen kann. Wenn es dem Sprecher allein durch diese Prozedur des (möglichen) Grundaustauschs gelingt, den Hörer alle von ihm erhobenen Geltungsansprüche akzeptieren zu lassen, kommt eine gemeinsame Überzeugungsbasis zum Vorschein, die sowohl den Sprecher als auch den Hörer rational motivieren kann, auf dieser Basis miteinander zu koordinieren.[350] Zusammenfassend kann man sagen, dass sich die kommunikative Rationalität im kommunikativen Handeln konstituiert, bei dem die sprachlichen Ausdrücke verständigungsorientiert zu verwenden sind. Die von der Perspektive des Hörers ausgehende Kritisierbarkeit sowie die von der Perspektive des Sprechers ausgehende Einlösbarkeit der von ihm erhobenen Geltungsansprüche bringt gerade die kommunikative Rationalität zum Ausdruck. Als ein soziologischer Grundbegriff kann das Konzept kommunikativen Handelns eine Interpretation für die Entstehung und Erhaltung einer Gesellschaft darbieten, während die kommunikative Rationalität zudem ein Kriterium dafür geben kann, ob die vorliegende soziale Ordnung verschiedener Art und Weise „rational" ist. Ein solcher Rationalitätsbegriff wäre mithin nicht im soziologischen Rahmen beschränkt. Er wäre ebenso für die Analysen in der Ethik, Politik und Rechtswissenschaft tauglich, auch wenn die unterschiedlichen Kontexte nicht außer Acht gelassen werden sollen.

Die kommunikative Rationalität stellt die Bindungskraft der sprachlichen Verwendung dar, in der gerade die notwendig begleiteten Geltungsansprüche den sprachlichen Ausdrücken solche Kraft stiften. Laut *Habermas* bilden die Geltungsansprüche eine allgemeine Struktur der sprachlichen Verwendung, im *Habermas'schen* Wort: „die Geltungsbasis der Rede",[351] und differenzieren sich in drei Sorten: Wahrheitsanspruch des propositionellen Gehalts, Richtigkeitsanspruch der interpersonalen Beziehung und schließlich Wahrhaftigkeitsanspruch der Sprecherintention.[352] Jene erhobenen Geltungsansprüche sind jeweils auf

---

350 *Habermas*, Theorie des kommunikativen Handelns, Bd. 1, S. 148 ff. Auch *ders.* Handlung, Sprechakte, sprachlich vermittelte Interaktionen und Lebenswelt, in: *ders.*, Nachmetaphysisches Denken, S. 81.

351 *Habermas*, Was heißt Universalpragmatik?, in: *ders.*, Vorstudien und Ergänzungen zur Theorie des kommunikativen Handelns, S. 353.

352 *Habermas*, Was heißt Universalpragmatik?, in: *ders.*, Vorstudien und Ergänzungen zur Theorie des kommunikativen Handelns, S. 427, Figur 15.

drei Dimensionen der Welt bezogen: Der Wahrheitsanspruch bezieht sich auf etwas in der objektiven Welt, in der alle Entitäten entstehen, die „als Inhalt von Aussagen behauptet werden“[353] können. Der Richtigkeitsanspruch bezieht sich auf etwas in der von Kommunikationsteilnehmern geteilten Welt, die sich durch alle legitim geregelten interpersonalen Verhältnisse ausprägen lässt. Der Wahrhaftigkeitsanspruch bezieht sich schließlich auf die innere Welt des Subjekts, in der subjektive Erlebnisse vorliegen, für die nur der Sprecher selbst zugänglich sein kann.[354] Die im folgenden Abschnitt zu beschreibende formalpragmatische Untersuchung von *Habermas* dient also zur Begründung des oben erwähnten Schemas der Geltungsbasis der Rede: zur Identifizierung und Nachkonstituierung von universalen Bedingungen möglicher Verständigung.[355]

2. Der formalpragmatische Ansatz des Verständigungsprozesses

Das kommunikative Handeln und die darin bestehende kommunikative Rationalität beruhen auf einem bestimmten, normativen Verständnis des Verständigungsprozesses zwischen Sprecher und Hörer, bei dem sich der Sprecher mit dem Hörer über etwas in der Welt mit Hilfe der Geltungsansprüche verständigen möchte. Erklärungsbedürftig hierfür wäre der Zusammenhang von Verständigung und Geltung. *Habermas* führt die Verdeutlichung eines solchen Zusammenhangs auf die Analysen und die Weiterentwicklung der sprachphilosophischen Bedeutungstheorien zurück. Er entwirft eine formalpragmatische Bedeutungstheorie, die dazu verhelfen soll, die universalen (im Sinne von der Unvermeidbarkeit bei der Verwendung der sprachlichen Ausdrücke für gegenseitige Verständigung) Voraussetzungen möglicher Verständigung zu zeigen und zu rekonstruieren.

Tatsächlich würde es auf den ersten Blick auffällig aussehen, aufgrund der in der Verwendung der „Sprache“ bestehenden, interpersonalen Bindungsenergie, das rationale Potenzial der „Handlung“ zu erhellen. Wenn man nochmals den Argumentationsgang von *Habermas* berücksichtigt, dass er seinen Begriff des kommunikativen Handelns an den im Grunde durch Sprache laufenden Verständigungsprozess gerichtet hat, in dem das rationale Potenzial existieren

---

353 *Habermas*, Was heißt Universalpragmatik?, in: *ders.*, Vorstudien und Ergänzungen zur Theorie des kommunikativen Handelns, S. 438.

354 Vgl. auch *Habermas*, Was heißt Universalpragmatik?, in: *ders.*, Vorstudien und Ergänzungen zur Theorie des kommunikativen Handelns, S. 440, Figur 16.

355 *Habermas*, Was heißt Universalpragmatik?, in: *ders.*, Vorstudien und Ergänzungen zur Theorie des kommunikativen Handelns, S. 353.

soll, dann könnte die Verbindung zwischen Sprache und rationaler Handlung hergestellt werden. Ferner kann man jene Verbindung für das Verstehen der Bedeutung von (strafrechtlichen) Handlungen fruchtbar machen, wenn *Habermas* erfolgreich den Zusammenhang zwischen der formalpragmatischen Bedeutungstheorie der Sprache sowie der Handlungskoordinierung gründen kann. Dadurch lassen sich die Struktur und Methode des Verstehens der Bedeutung von Verwendung sprachlicher Ausdrücke einigermaßen auf das Verstehen der Bedeutung von Handlungen übertragen. Dies braucht weitere Argumente und ist folgend für die Behandlung des Verständnisses zur Versuchstat von entscheidendem Gewicht.

Nun wird sich erstens auf *Habermas*' Kritiken und Weiterführungen der gängigen Bedeutungstheorien fokussiert, was ihn schließlich zu seinem formalpragmatischen Ansatz führt.

Wie *Habermas* angedeutet hat, besteht die Aufgabe einer sprachlichen Bedeutungstheorie darin, die Frage nach dem Verstehen des Sinns (wohlgeformter) symbolischer Ausdrücke zu beantworten.[356] Das von *Bühler* entworfene dreifache Schema der Sprachfunktionen von Anbeginn postulierte,[357] dass Sprachen zugleich drei Funktionen leisten können: Sie drücken Intentionen oder Erlebnisse des Sprechers aus, stellen Sachverhalte in der Welt dar und beziehen sich auf den Hörer. Durch die Verweisung darauf wäre es leicht zu erkennen, dass dieses für *Habermas* das ganze Bild der Bedeutungstheorie ist. Auf dieser Grundlage beginnt *Habermas* mit seinen Analysen über andere drei Kategorien der Bedeutungstheorien, die aus seiner Sicht eher in Einseitigkeit geraten.[358] Die intentionalistische Semantik rekurriert beim Verstehen symbolischer Ausdrücke grundsätzlich bloß auf die Intention des Sprechers. Die formale Semantik fokussiert überwiegend auf die Wahrheitsbedingungen von Sätzen. Die Gebrauchstheorie der Bedeutung geht im Prinzip nur von den interpersonalen Kontexten aus, in denen symbolische Ausdrücke verwendet werden.[359] Nachdem *Habermas* die Einsichten der Sprechakttheorie aufgenommen und die darin vorliegenden Mängel behoben hat, ist der Übergang von der formalsemantischen zur

---

356 *Habermas*, Zur Kritik der Bedeutungstheorie, in: *ders.*, Nachmetaphysisches Denken, S. 105.

357 *Bühler*, Sprachtheorie, S. 28. *Habermas*, Zur Kritik der Bedeutungstheorie, in: *ders.*, Nachmetaphysisches Denken, S. 105.

358 *Habermas*, Zur Kritik der Bedeutungstheorie, in: *ders.*, Nachmetaphysisches Denken, S. 113.

359 *Habermas*, Zur Kritik der Bedeutungstheorie, in: *ders.*, Nachmetaphysisches Denken, S. 106.

pragmatischen Bedeutungstheorie komplett. Dabei sind nicht nur die genannten Einseitigkeiten zu überwinden. Auch der interne Zusammenhang von Sprache und Handlung wird gleichzeitig verdeutlicht.

Die insbesondere von *Grice* behauptete intentionalistische Bedeutungstheorie[360] steht in einem größeren Rahmen der zwecktätigen Handlungstheorie. Wie irgendwelche andere Mittel sind sprachliche Ausdrücke vom Sprecher als Handelnden ausgewählt, um bestimmte Effekte beim Hörer hervorzurufen. Mit Hilfe der Sprache kann der Sprecher den Hörer verstehen lassen, was er meint oder glaubt. Möglicherweise kann er dadurch den Hörer dazu veranlassen, aufgrund seiner Absicht bestimmte Handlungen auszuführen.[361] *Habermas* hält es für problematisch, wenn nur der Intention des Sprechers die Befugnis zukommen soll, die Bedeutungen sprachlicher Zeichen zu definieren, weil dann die selbstständige Stellung der inneren Struktur der Sprache verlorengehen würde.[362] Anders gesagt: Ohne die nötigen Kenntnisse über die Struktur der Sprache, beispielsweise die Standardverwendung der Wörter sowie die Grammatik und so weiter, wäre es unmöglich für Menschen, mittels Sprache ihre Intention auszudrücken. Dies heißt wiederum, dass neben der Intention des Sprechenden die semantische Ebene berücksichtigt werden soll.

Im Gegensatz dazu bewahrt die formalsemantische Bedeutungstheorie die Selbstständigkeit der inneren Logik von Sprache. Jedoch lässt gerade dies umgekehrt die subjektive Absicht des Sprechenden außer Acht und steht nicht mehr in Verbindung mit der Handlungstheorie.[363] Die Bedeutung von Sinnausdrücken zu verstehen, würde für die Formalsemantiker heißen, zu wissen, was einen Satz wahr machen kann,[364] seien es die in der Welt passierten Ereignisse, seien es die Regeln, mit denen die Sprachfähigen wohlgeformte Sätze bilden können oder die Kombination der beiden und so weiter. Kurzum: Die Bedeutung sprachlicher Symbole zu verstehen, heißt, ihre Geltungsbedingungen zu kennen. Obwohl hier der Zusammenhang von Bedeutung und Geltung in Erscheinung

360 *Meggle* (Hrsg.), Handlung, Kommunikation und Bedeutung. Weitere Diskussionen vgl. auch Preyer / Ulkan / Ulig (Hrsg.), Intention – Bedeutung – Kommunikation.

361 *Habermas*, Zur Kritik der Bedeutungstheorie, in: *ders.*, Nachmetaphysisches Denken, S. 107 f.

362 *Habermas*, Zur Kritik der Bedeutungstheorie, in: *ders.*, Nachmetaphysisches Denken, S. 108.

363 *Habermas*, Zur Kritik der Bedeutungstheorie, in: *ders.*, Nachmetaphysisches Denken, S. 108 f.

364 *Habermas*, Zur Kritik der Bedeutungstheorie, in: *ders.*, Nachmetaphysisches Denken, S. 110.

tritt, wäre ein wesentlicher Aspekt noch unberührt. Erst, wenn man annimmt, dass das Erfassen der Bedeutung ein Verständigungsprozess zwischen Sprecher und Hörer ist und die Geltungsbedingungen der Bedeutung nicht von ihren Urteilen der Kommunikationsteilnehmer unabhängig gemacht werden können, ist die formalsemantische Einseitigkeit zu überwinden.[365]

Die von *Austin* vorgeschlagene Sprechhandlungstheorie versucht, die Erfassung von sprachlichen Zeichen in Verbindung mit dem interaktiven Kontext zwischen Sprecher und Hörer zu setzen, ohne das Verhältnis der Sprache zur objektiven Welt – also die Darstellungsfunktion der Sprache – ignorieren zu wollen.[366] Seine Grundidee lautet, dass der Sprecher gleichzeitig etwas tut, wenn er etwas sagt.[367] Das Sprechen ist zugleich das Handeln. Dementsprechend wäre es ungenügend, beim Sinnverstehen nur auf das Gesagte zu fokussieren. Die Perspektive des Modus, wie der Sprecher etwas gesagt hat, soll ebenso in Betracht gezogen werden. Problematisch ist trotzdem, dass *Austin* zunächst den Bestandteil des Gesagten vom Handlungsbestandteil zu scharf trennt.[368] Er nimmt an, dass der Sprecher mithilfe des Gesagte-Bestandteils, den er als lokutionären Akt bezeichnet, etwas sagt. Lokutionäre Akte besitzen assertorische Sätze, die Bedeutungen haben und wahr oder falsch sein können, während illokutionäre Akte, mit denen der Sprecher etwas tun kann, überhaupt keine Bedeutungen, sondern „Kraft" haben und nur geglückt oder misslungen sein können.[369] Der lokutionäre Akt kann auf der einen Seite jenen kognitiven Sprachgebrauch ermöglichen, bei dem im Grunde die Ereignisse in der objektiven Welt zum Ausdruck gebracht werden. Andererseits kann der illokutionäre Akt die Beziehungen zwischen Sprecher und Hörer herstellen.

Bald hat *Austin* allerdings eine solche dualistische Auffassung korrigiert. In illokutionären Akten bestehen normalerweise auch propositionale Gehalte, die

---

365 *Habermas*, Zur Kritik der Bedeutungstheorie, in: *ders.*, Nachmetaphysisches Denken, S. 118.

366 *Austin*, How to do Things with Words (hier zitiert nach der deutschen Edition, Zur Theorie der Sprechakte)

367 *Austin*, Zur Theorie der Sprechakte, S. 29 f.

368 *Habermas*, Was heißt Universalpragmatik?, in: *ders.*, Vorstudien und Ergänzungen zur Theorie des kommunikativen Handelns, S. 410; *Habermas*, Zur Kritik der Bedeutungstheorie, in: *ders.*, Nachmetaphysisches Denken, S. 119.

369 *Austin*, Zur Theorie der Sprechakte, S. 36. Hierfür verzichte ich auf die von *Austin* eigentlich benutzten Termini, nämlich performative und konstatierende Äußerung, und folge *Habermas*, illokutionäre sowie lokutionäre Akte in diesem Zusammenhang zu verwenden.

aus der originellen Sicht von *Austin* nur zu lokutionären Akten gehören sollen. Die Hauptkorrektur liegt darin, dass nicht nur der performative und der kognitive Sprachgebrauch die Doppelstruktur von illokutionärem und propositionalem Bestandteil haben.[370] Die vorgängige scharfe Trennung von Bedeutung und Kraft ist ebenso relativiert. Hierfür sind die Voraussetzungen für das Verstehen einer Sprechhandlung entscheidend, mit denen man beurteilen kann, ob der propositionale Gehalt wahr und der illokutionäre Bestandteil richtig ist. Dies führt zum formalpragmatischen Ansatz von *Habermas*, bei dem sich jene erwähnten Voraussetzungen zeigen und argumentieren lassen.[371] Die folgende Frage kann beantwortet werden: Unter welchen Umständen wären die jeweilig verschiedenen Teile der Sprechhandlungen als wahr oder richtig - oder allgemeiner - gültig zu betrachten? Die traditionelle Sicht aus dem Wahrheitssemantiker, demzufolge sich die Wahrheit eines Satzes aus der Beobachterperspektive allein auf den Verifikationsregeln gründen soll,[372] ist für *Habermas* unzureichend und muss deshalb durch die Einführung der Teilnehmerperspektive erweitert werden.[373] Mit diesem pragmatischen Übergang ist die Verankerung des Sinnverstehens in dem interaktiven Vorgang zwischen Sprecher und Hörer nötig. Der Hörer soll bei der Beurteilung über die Gültigkeit von Sätzen und mit Sätzen verwendeten Sprechhandlungen eine Rolle spielen, indem der Hörer indirekt von dem Sprecher Gründe verlangen kann, um die vom Letzteren ausgedrückten Sprechhandlungen zu rechtfertigen, statt direkt auf die Verifikationsregeln zu verweisen.[374] Außerdem bestimmt *Habermas* anhand des Schemas von *Bühler* die drei allgemeinen Geltungsaspekte, auf die sich jede Sprechhandlung beziehen kann: Wahrheit, Richtigkeit und Wahrhaftigkeit. Aus der Kombination vom erwähnten pragmatischen Ansatz des Grundaustauschs sowie den drei Geltungsaspekten sind diejenigen Folgen zu ziehen, die der Struktur des Verständigungsvorgangs und den notwendigen Kompetenzen des Sprachfähigen entsprechen: die früher schon beschriebene, allgemeine Struktur der Rede, die drei durch jede Sprechhandlung erhobene Geltungsansprüche, die von dem

---

370 *Austin*, Performative und konstative Äußerungen, in: *Bubner* (Hrsg.), Sprache und Analysis, S. 150.

371 Siehe den zweiten Teil, II., 1.

372 *Habermas*, Zur Kritik der Bedeutungstheorie, in: *ders.*, Nachmetaphysisches Denken, S. 116 f.

373 *Habermas*, Zur Kritik der Bedeutungstheorie, in: *ders.*, Nachmetaphysisches Denken, S. 124 ff.

374 *Habermas*, Zur Kritik der Bedeutungstheorie, in: *ders.*, Nachmetaphysisches Denken, S. 117.

Hörer anzuerkennen oder abzulehnen sind, sowie ihre Weltbezüge umfasst. Sprecher und Hörer, die sprachfähig sind, sollen in der Lage sein, sich an Geltungsansprüchen zu orientieren, damit sie sich über die Bedeutung von Sprechhandlungen miteinander verständigen können.

Solche Struktur – Diskurs – bietet die Möglichkeit, den Konflikt zwischen Menschen rational in dem Maße zu lösen, wie die Lösungsfähigkeit bloß an dem zwanglosen Zwang des besseren Arguments gerichtet sein soll. Dies wäre der einzige Weg, wenn man zwischenmenschliche Dispute rational beheben möchte, und zwar ohne Gewalt, Drohung, Täuschung oder andere Mechanismen, die gewissermaßen auf ungleichen Machtverhältnissen gründen.[375] Den unternommenen Analysen zufolge ist abzulesen, dass jene diskursive Struktur nicht der menschlichen Praxis fremd, sondern schon von Haus aus der alltäglich sprachlichen Kommunikation immanent ist. Wer sozialisiert ist und natürliche Sprache beherrschen kann, besitzt die Fähigkeit, mithilfe des Diskurses Konflikte zu lösen. Eine Grundannahme solcher Art kann zugleich Anlass dafür geben, die Bereiche der Konflikte ausdifferenzieren zu lassen und dann den Eigenschaften der Konflikte nach zu behandeln. Taucht bei den Kommunikationsprozessen der vom Hörer vorgebrachte Zweifel an dem Wahrheitsanspruch der empirischen Behauptung vom Sprecher auf, ist ein theoretischer Diskurs in Vollzug gesetzt. Im theoretischen Diskurs spielt vor allem das Induktionsprinzip eine wesentliche Rolle, aufgrund dessen sich die Kluft zwischen einer singulären Beobachtung und der allgemeinen Hypothese überbrücken lässt.[376] Im Vergleich dazu kann das Induktionsprinzip im praktischen Diskurs, bei dem der Richtigkeitsanspruch überhaupt einer Kontrolle unterzogen wird, nicht dieselbe Funktion erfüllen. Die sozialen Praktiken verhalten sich anders als die objektiven, empirischen Ereignisse und tragen ihre eigenen Charakteristika in sich.[377] Um das Brückenprinzip im praktischen Diskurs[378] wie jenes Induktionsprinzip im

---

375 Dazu siehe *Günther*, Artikel: Diskurs, in: Brunkhorst / Kreide / Lafont (Hrsg.), Habermas -handbuch, S. 303 ff.

376 *Habermas*, Diskursethik – Notizen zu einem Begründungsprogramm, in: *ders.*, Moralbewusstsein und kommunikatives Handeln, S. 73.

377 Zur Verschiedenheit zwischen dem Wahrheits- und dem Richtigkeitsanspruch: *Habermas*, Diskursethik – Notizen zu einem Begründungsprogramm, in: *ders.*, Moralbewusstsein und kommunikatives Handeln, S. 69 ff.; *ders.*, Richtigkeit versus Wahrheit. Zum Sinn der Sollgeltung moralischer Urteile und Normen, in: *ders.*, Wahrheit und Rechtfertigung, S. 299 ff.

378 *Habermas*, Diskursethik – Notizen zu einem Begründungsprogramm, in: *ders.*, Moralbewusstsein und kommunikatives Handeln, S. 73 ff.

theoretischen zu erklären und die diskursive Struktur auf die praktischen Problemgebiete anzuwenden, liefert *Habermas* Schritt für Schritt erstmals die Theorie der Diskursethik[379] und ein Jahrzehnt später zur Diskurstheorie des Rechts.[380]

3. Zur Diskursethik

Wie angedeutet, wird im praktischen Diskurs der Richtigkeitsanspruch der Sprechhandlung thematisiert und dann überprüft. Der Anspruch solcher Art bezieht sich auf die Herstellung und die Veränderung interpersonaler Verhältnisse. Dies bedeutet, dass bei der Überprüfung des Richtigkeitsanspruchs die Regelung zwischenmenschlicher Beziehungen überhaupt in Frage kommt. Allerdings lassen sich die Regelungen von interpersonalen Beziehungen nicht nur aus dem moralischen Gesichtspunkt, dem zufolge überhaupt die Interessen aller unparteilich und gerechterweise berücksichtigt werden sollen,[381] bestimmen. Sie können auch aus anderen Perspektiven geformt werden: sei es aus pragmatischer Perspektive, bei der gefragt wird, ob eine Handlung oder eine Handlungsnorm in dem Maße vernünftig ist, wie sie zur Erfüllung irgendwelcher Ziele geeignet sind; sei es aufgrund eines politischen Aspektes, aufgrund dessen Gedanken darüber zu machen sind, was für diese politische Gemeinschaft gut ist.[382] Daraus folgt, dass Diskursstruktur an sich für umfassende Überlegungsweisen der Beantwortung auf die praktische Frage, was „ich“ tun soll, offen und dementsprechend neutral ist.[383] Sie eröffnet und garantiert eher einen sozialen Raum, innerhalb dessen die Teilnehmer kooperativ wegen der Überzeugungskraft des guten Grunds zur Beantwortung jener Frage streben können. Weil in die praktischen Diskurse weitere Gründe als nur moralische fließen können, wäre die Möglichkeit ausgeschlossen, direkt aus der Diskursstruktur

---

379 *Habermas* spricht hierfür von einer Begründung der „Moraltheorie in der Form einer Untersuchung moralischer Argumentationen“: *ders.*, Diskursethik - Notizen zu einem Begründungsprogramm, in: *ders.*, Moralbewusstsein und kommunikatives Handeln, S. 67.

380 *Habermas*, Faktizität und Geltung, 5. Aufl.

381 *Habermas*, Faktizität und Geltung, 5. Aufl., S. 139.

382 *Habermas*, Vom pragmatischen, ethischen und moralischen Gebrauch der praktischen Vernunft, in: *ders.*, Erläuterungen zur Diskursethik, S. 100 ff. Auch *Forst*, Kontexte der Gerechtigkeit, S. 362 ff. und *ders.*, Politische Freiheit, in: *ders.*, Das Recht auf Rechtfertigung, S. 189 ff., insbesondere S. 196 ff.

383 *Habermas*, Faktizität und Geltung, 5. Aufl., S. 138 ff.

das diskurstheoretische Moralprinzip abzuleiten.[384] Für den diskursethischen Ansatz von *Habermas* heißt dies, dass in seiner Theorie der Moral kein Platz für solche Argumente zu finden ist, die zu der transzendentalen Deduktion bei *Kant* äquivalent sind.[385]

Für die vorliegende Arbeit wäre es unnötig, das ganze Begründungsprogramm der Diskursethik von *Habermas* im Einzelnen zu diskutieren. Entscheidend an Ort und Stelle ist es vielmehr, seine Argumentstrategie zu erkennen, um bessere Verständnisse über seine Rechtstheorie zu erhalten. Im Zentrum sollen drei Bestandteile der Theorie der Diskursethik stehen: die schon vielfach erwähnte Diskursstruktur, das Diskursprinzip »D« und das Universalisierungsprinzip »U«. Dem rationalen Potenzial wohnt die diskursive Struktur inne, mit Hilfe derer sich die Kommunikationspartner an der Verständigung miteinander orientieren können. Sie ist zudem durch bestimmte Diskursregeln zusammengefasst, die wiederum begründet werden müssen. »D« bringt die Anwendung diskursiver Lösungen auf praktische Fragen in der postkonventionellen Konstellation zum Ausdruck, bedarf einer weiteren Spezifizierung nach der Eigentümlichkeit der Moral, damit sich das Prinzip »U« gewinnen lässt. *Habermas* zufolge heißt es:

> „Die diskurstheoretische Begründungsidee besteht also darin, daß sich der Grundsatz »U«, in Verbindung mit der in »D« ausgesprochenen Vorstellung von Normbegründung überhaupt, aus dem impliziten Gehalt allgemeiner Argumentationsvoraussetzungen gewinnen läßt."[386]

Begonnen wird mit den Diskursregeln – oder, wie der obige Ausdruck von *Habermas*, den allgemeinen Argumentationsvoraussetzungen. In Anlehnung an *Alexys* Theorie der Argumentation, die zahlreiche Arten von Regeln und Formen

---

384 *Habermas*, Diskursethik – Notizen zu einem Begründungsprogramm, in: *ders.*, Moralbewusstsein und kommunikatives Handeln, S. 96; auch *ders.*, Eine genealogische Betrachtung zum kognitiven Gehalt der Moral, in: *ders.*, Die Einbeziehung des Anderen, S. 63; *ders.*, Zur Architektonik der Diskursdifferenzierung. Kleine Replik auf eine große Auseinandersetzung, in: *ders.*, Zwischen Naturalismus und Religion, S. 88 ff. Im Gegensatz siehe *Apel*, Sprechakttheorie und transzendentale Sprachpragmatik zur Frage ethischer Normen, in: *ders.*, Auseinandersetzungen – In Erprobung des transzendental-pragmatischen Ansatzes, S. 328.

385 *Habermas*, Erläuterungen zur Diskursethik, in: *ders.*, Erläuterungen zur Diskursethik, S. 194.

386 *Habermas*, Eine genealogische Betrachtung zum kognitiven Gehalt der Moral, in: *ders.*, Die Einbeziehung des Anderen, S. 61.

pragmatischer Diskursen thematisierten,[387] stehen vor allem vier pragmatische Argumentationsvoraussetzungen bei *Habermas* im Mittelpunkt seines Begründungsprogramms: Inklusivität, Gleichverteilung kommunikative Freiheiten, Aufrichtigkeitsbedingung und schließlich die Abwesenheit von kontingenten äußeren oder der Kommunikationsstruktur innewohnenden Zwängen.[388] Solche Voraussetzungen lassen sich in Regelgestalt wie folgt darstellen:

> „(3.1) Jedes sprach- und handlungsfähige Subjekt darf an Diskursen teilnehmen.
> (3.2) a. Jeder darf jede Behauptung problematisieren.
> b. Jeder darf jede Behauptung in den Diskurs einführen.
> c. Jeder darf seine Einstellungen, Wünsche und Bedürfnisse äußern.
> (3.3) Kein Sprecher darf durch innerhalb oder außerhalb des Diskurses herrschenden Zwang daran gehindert werden, seine in (3.1) und (3.2) festgelegten Rechte wahrzunehmen."[389]

Wie gezeigt, sind solche Voraussetzungen nicht im Sinne der transzendentalen Deduktion bei *Kant* zu begründen.[390] Laut *Habermas* lassen sie sich nur mithilfe der Überprüfung des „performativen Widerspruchs" erweisen, bei dem der propositionale und der illokutionäre Bestandteil einer Sprechhandlung nicht im Einklang stehen[391] und damit das rational motivierte Einverständnis zwischen Kommunikationsteilnehmern nicht zu erreichen ist.[392] Diese durch

---

387 *Alexy*, Theorie der juristischen Argumentation, 7. Aufl., S. 233 ff.; *ders.*, Diskurstheorie und Menschenrechte, in: *ders.*, Recht, Vernunft, Diskurs, S. 129 ff.

388 *Habermas*, Kommunikatives Handeln und detranszendentalisierte Vernunft, in: *ders.*, Zwischen Naturalismus und Religion, S. 89; auch *ders.*, Erläuterungen zur Diskursethik, in: *ders.*, Erläuterungen zur Diskursethik, S. 132: „Niemand kann ernsthaft in eine Argumentation eintreten, wenn er nicht eine Gesprächssituation voraussetzt, die im Prinzip Öffentlichkeit des Zugangs, gleichberechtigte Teilnahme, Wahrhaftigkeit der Teilnehmer, Zwanglosigkeit der Stellungnahme usw. garantiert."

389 *Alexy*, Theorie der juristischen Argumentation, 7. Aufl., S. 240; *ders.*, Diskurstheorie und Menschenrechte, in: *ders.*, Recht, Vernunft, Diskurs, S. 130 ff.; *Habermas*, Diskursethik – Notizen zu einem Begründungsprogramm, in: *ders.*, Moralbewusstsein und kommunikatives Handeln, S. 99.

390 *Habermas*, Diskursethik – Notizen zu einem Begründungsprogramm, in: *ders.*, Moralbewusstsein und kommunikatives Handeln, S. 105.

391 *Apel*, Das Problem der philosophischen Letztbegründung im Lichte einer transzendentalen Sprachpragmatik. Versuch einer Kritik des „Kritischen Rationalismus", in: Kanitscheider (Hrsg.): Sprache und Erkenntnis. FS – Frey, S. 71.

392 Beispiele hat *Habermas* in seinem Begründungsprogramm formuliert: *ders.*, Diskursethik – Notizen zu einem Begründungsprogramm, in: *ders.*, Moralbewusstsein und kommunikatives Handeln, S. 100 ff.

den performativen Widerspruch vorgenommene Überprüfung trägt, *Habermas* zufolge, keine Stelle der *Kantischen* transzendentalen Deduktion in sich, besitzen jene Voraussetzungen die Möglichkeit der Fallibilität und sind dementsprechend nur „schwach-transzendental".[393] Diese Voraussetzungen sind faktisch „unausweichliche Präsuppositionen" für die sprach- und handlungsfähigen Personen, sobald sie durch rationale Diskurse Probleme und Konflikte lösen wollen.[394]

Aus der Übertragung der obigen Argumentationsvoraussetzungen auf praktische Fragen, insbesondere die Begründung von Handlungsnormen, folgt das Diskursprinzip »D«. Es bringt die Annahme zum Ausdruck, dass nicht nur der Wahrheitsanspruch, sondern auch der auf praktische Regelungen bezogene Richtigkeitsanspruch innerhalb des rationalen Diskurses eingelöst werden können:

> „Gültig sind genau die Handlungsnormen, denen alle möglicherweise Betroffenen als Teilnehmer an rationalen Diskursen zustimmen könnten."[395]

Bloß die Möglichkeit, den Richtigkeitsanspruch in Diskursen einzulösen, wäre noch nicht hinreichend, das argumentative Ziel zu decken, wie die moralischen Normen oder Handlungsmaximen überhaupt in Diskursen begründet werden können. Um es zu verweisen, entwirft *Habermas* mit einer weiteren Spezifizierung aufgrund der Eigentümlichkeit der Moral das Universalisierungsprinzip »U«: Nur die Handlungsnormen können Geltung beanspruchen,

> „wenn die Folgen und Nebenwirkungen, die sich aus einer *allgemeinen* Befolgung der strittigen Norm für die Befriedigung der Interessen eines *jeden Einzelnen* voraussichtlich ergeben, von allen *zwanglos* akzeptiert werden können."[396] (Hervorhebung im Original)

Es wäre ohne große Schwierigkeit abzulesen, dass die von *Habermas* hervorgehobenen Merkmale des Prinzips »U« genau den erwähnten diskursiven Voraussetzungen entsprechen und »U« ferner das diskurstheoretische Verständnis

---

393 *Habermas*, Erläuterungen zur Diskursethik, in: *ders.*, Erläuterungen zur Diskursethik, S. 194.

394 Beispiele hat *Habermas* in seinem Begründungsprogramm formuliert: *ders.*, Diskursethik – Notizen zu einem Begründungsprogramm, in: *ders.*, Moralbewusstsein und kommunikatives Handeln, S. 100.

395 *Habermas*, Faktizität und Geltung, 5. Aufl., S. 138. Andere Variante auch *ders.*, Diskursethik – Notizen zu einem Begründungsprogramm, in: *ders.*, Moralbewusstsein und kommunikatives Handeln, S. 76.

396 *Habermas*, Diskursethik – Notizen zu einem Begründungsprogramm, in: *ders.*, Moralbewusstsein und kommunikatives Handeln, S. 103, siehe auch S. 75.

des „moralischen Gesichtspunkt[s]" darstellen,[397] unter dem alle durch die Normen Betroffenen, also die Menschheit insgesamt, aufgrund eines Tests gleichmäßiger Interessenberücksichtigung den Normen zustimmen könnten.[398] Wie das Induktionsprinzip bei der Einlösung der Wahrheitsansprüche die rationale Bindung zwischen singulären Beobachtungen und allgemeinen Hypothesen herstellen kann, kann nun »U« bei moralischen Diskursen dieselbe Funktion als das Brückenprinzip zwischen einzelnen Normen/Handlungen und ihrer allgemeinen Zustimmungswürdigkeit erfüllen. Das in diesem Abschnitt Gesagte hat gezeigt, in welcher Art und Weise sich die diskursive Rationalität auf der praktischen Ebene und einer ihrer Teilbereiche – Moral – gebrauchen lassen. Dies stellt sich gerade in der Formulierung und Erklärung vom »D« und »U« dar. Dieser Argumentationsgang, also die Konkretisierung der diskursiven Rationalität im Hinblick auf den Fragebereich sowie seine Eigenschaft, wird ebenso bis zum Recht weiterführen, dessen Charakteristika unter anderem in der Rechtsform und dem Zusammenhang mit der Politik bestehen. Bevor begonnen wird, auf die diskursive Rechtstheorie einzugehen, muss zuerst der Entstehungshintergrund des Rechtssystems innerhalb der Theorie kommunikativen Handelns klargemacht werden. Dabei wird sich vorerst dem Begriff der Lebenswelt zugewandt, der für das kommunikative Handeln komplementär ist und eine ausschlaggebende Rolle für die Rekonstruktion der Eindruckstheorie in weiteren Phasen spielen wird.

4. Zum Lebensweltbegriff

Die Grundannahme, dass sich für kommunikatives Handeln auf die soziale Ordnung zurückgreifen lässt und die sich in dem verständigungsorientierten Sprachgebrauch versteckende, vernunftstiftende Diskursstruktur theoretische und praktische Fragen mithilfe des zwanglosen Zwangs der besseren Argumente beheben kann, könnte ein Missverständnis erwecken, dass man immer durch unendliche Diskussionen belastet ist.[399] Auf der einen Seite ist es zutreffend, dass jeder Adressat der Sprechhandlung durch ein einfaches „Nein-Sagen" einen vom Sprecher erhobenen Geltungsanspruch bezweifeln oder sogar verweigern und dann zu seiner Einlösung im Diskurs gute Gründe verlangen kann. Auf der

397 *Habermas*, Zur Architektonik der Diskursdifferenzierung. Kleine Replik auf eine große Auseinandersetzung, in: *ders.*, Zwischen Naturalismus und Religion, S. 97.

398 *Habermas*, Faktizität und Geltung, 5. Aufl., S. 139.

399 *Günther*, Artikel: Diskurs, in: Brunkhorst / Kreide / Lafont (Hrsg.), Habermas - Handbuch, S. 303

anderen Seite soll es ebenso heißen: Wenn der Adressat jene Geltungsansprüche einfach akzeptiert, ohne einmal mit dem Sprecher über die Gründe zu sprechen, und die Interaktionskette so weiterlaufen kann, gibt es im Hintergrund jedes kommunikativen Handelns eine Reihe von übereinstimmendem Wissen und Handlungsmustern, damit im Normalfall der Kommunikation niemand nach Gründen fragen muss, auch wenn dies möglich ist. Der Horizont, den jenes im Hintergrund stehende Wissen bildet, benennt *Habermas* – im Anschluss vor allem an *Husserl*[400] – die Lebenswelt.[401] Der Grundgedanke dieses Begriffs liegt darin, dass sich die Wissenschaft nicht auf einen bestimmten – insbesondere technisch-naturwissenschaftlichen – Bereich beschränken und die Vernünftigkeit des Wissens nicht nur in solcher Weise bewertet werden soll. Vielmehr lohnt sich schon, die alltäglichen Erfahrungen und Praxen zu analysieren, weil sie das Fundament bilden, das die (Natur-)Wissenschaftler bewohnen und wo sie ihre Untersuchungen unternehmen. *Habermas* hat diese Impulse kritisch aufgenommen und mit seiner pragmatischen kommunikativen Vernunft in Einklang gebracht. Er dezentriert mit einer pragmatischen Wende den eigentlich bei *Husserl* noch subjektzentrischen Lebensweltbegriff und erweitert seinen Inhalt von einem damals bei *Husserl* eher nur epistemologisch eingeschränkten Begriff zu einem gleichzeitig theoretisch sowie praktisch bezogenen.[402] Demzufolge dient das Konzept der Lebenswelt nicht dazu, jedem Subjekt die einheitliche Weltkonstitution zu bieten, um die Identität seiner Welterkenntnisse zu garantieren. Es fungiert als ein Ensemble von Situationsdeutungen und Interpretationsschemata, wenn man miteinander qua kommunikatives Handeln interagieren möchte. Es verliert beim Nachfragen bald seine absolute Unbezweifelbarkeit und ist schließlich immer fallibel. Trotz ihres geschwächten Stellenwerts im Verhältnis zu dem

400 *Husserl*, Die Krisis der europäischen Wissenschaften und die transzendentale Phänomenologie. Eine Einleitung in die phänomenologische Philosophie, Biemel (Hrsg.), Gesammelte Werke VI, S. 269 ff. dazu vgl. *Habermas*, Edmund Husserl über Lebenswelt - Philosophie und Wissenschaft, in: *ders.*, Text und Kontexte, S. 34 ff.

401 Ausführlich siehe *Habermas*, Theorie des kommunikativen Handelns, Bd. 2, S. 182 ff.; *ders.*, Handlungen, Sprechakte, sprachlich vermittelte Interaktionen und Lebenswelt, in: *ders.*, Nachmetaphysisches Denken, S. 85 ff.; *ders.*, Die Lebenswelt als Raum symbolisch verkörperter Gründe., in: *ders.*, Nachmetaphysisches Denken II, S. 54 ff. Vgl. auch *Nida-Rümelin*, Lebenswelt und Lebensform, in: *ders.*, Philosophie und Lebensform, S. 11 ff.; Renn / Sebald / Weyand (Hrsg.), Lebenswelt und Lebensform: Zum Verhältnis von Phänomenologie und Pragmatismus.

402 *Habermas.*, Handlungen, Sprechakte, sprachlich vermittelte Interaktionen und Lebenswelt, in: *ders.*, Nachmetaphysisches Denken, S. 87 ff.

bei *Husserl* spielt die Lebenswelt allerdings weiterhin eine gewichtige Rolle in der Theorie kommunikativen Handelns: Indem sie Situationsdeutungen sowie Interpretationsschemata reserviert, kann sie den Handelnden bei jeder kommunikativen Konstellation bestimmte im Grunde übereinstimmende Kontexte geben, so dass nicht jede Kommunikation zum Diskurs, sprich zum reflexiven Prozess der Einlösung des bezweifelten Geltungsanspruchs führen müsste. Damit mag das Dissensrisiko, das die Kommunikationsstörung verursachen könnte,[403] im Zuge der Kommunikation in einem hohen Maß reduziert werden.[404]

Funktionalerweise betrachtet, kann die Lebenswelt bei der Vermeidung des Dissensrisikos und der möglicherweise daraus folgenden Kommunikationsunterbrechung helfen. Um solche Funktionen zu erfüllen, muss sie bestimmte Eigenschaften in sich tragen. Erstens muss das in der Lebenswelt vorliegende Hintergrundwissen den Zustand der „unvermittelten Gewissheit"[405] besitzen. Es taucht bei jeder kommunikativen Konstellation einigermaßen automatisch auf, bietet den Interaktionsteilnehmern direkt – ohne daraufhin nachgefragt – den im Grunde übereinstimmenden Kontext. Die Gewissheit resultiert aus der Vorprädikativität jenes Hintergrundwissens, die seine Bestehung vor der sprachlichen Identifizierung repräsentiert. Solche Gewissheit verschwindet, sobald das Hintergrundwissen sprachlich thematisiert, und zwar in den Vordergrund gestellt wird.[406] Die vorausgehend stabile Grundlage für das kommunikative Handeln wird damit selbst zu einer im Diskurs zu prüfenden Sache und deshalb nicht gewiss mehr. Auch wenn eine solche Situation stattfindet, kann der diskursive überprüfende Vorgang über einen problematisierten Schnitt der Lebenswelt nur wiederum in der Lebenswelt durchgeführt werden. Lebenswelt ist überall da, wo Menschen leben, erleben, (nicht allein kommunikativ) handeln und erkennen. Man kann sie deswegen nur stückweise thematisieren oder sogar kritisieren, aber sie niemals im Ganzen gleichzeitig verweigern, weil man

403 *Habermas*, Faktizität und Geltung, 5. Aufl., S. 36.

404 *Habermas*, Faktizität und Geltung, 5. Aufl., S. 38 ff.; *ders.*, Handlungen, Sprechakte, sprachlich vermittelte Interaktionen und Lebenswelt, in: *ders.*, Nachmetaphysisches Denken, S. 84; *ders.*, Die Lebenswelt als Raum symbolisch verkörperter Gründe., in: *ders.*, Nachmetaphysisches Denken II, S. 56 f. (Hier ist zwar das Dissensrisiko als „Negationspotential" beschrieben, aber die Leistung und das Verständnis der Lebenswelt bleibt unverändert.)

405 *Habermas*, Handlungen, Sprechakte, sprachlich vermittelte Interaktionen und Lebenswelt, in: *ders.*, Nachmetaphysisches Denken, S. 92.

406 *Habermas*, Handlungen, Sprechakte, sprachlich vermittelte Interaktionen und Lebenswelt, in: *ders.*, Nachmetaphysisches Denken, S. 92.

sich „immer schon" darin bewegt. Diese zweite Eigenschaft der Lebenswelt, ihre „totalisierende Kraft",[407] ist insofern eine der ermöglichenden Bedingungen des kommunikativen Handelns, als dass sie als ein fester Boden fungieren mag, auf dem der Diskurs laufen kann. Damit muss nicht alles, ob es relevant oder nicht ist, in den Diskurs eingeführt werden.

Jetzt ließe sich weiterfragen: In welcher Weise kann die Lebenswelt ihre Funktion leisten? Was genau würde in ihrem Rahmen passieren? Hiernach wird an die Auffassung von *Habermas* angeknüpft: Lebenswelt wird ihm zufolge als ein Raum der Gründe verstanden. Dieser lässt sich wiederum in drei Kategorien unterteilen.[408] Angeschlossen wird ebenso an die ausführlichen Analysen über den Lebensformbegriff von *Rachel Jaeggi*,[409] um zu zeigen, welche Rolle das in der Lebenswelt existierende Hintergrundwissen bei den menschlichen Praktiken spielt.

Wie vorher mehrmals angedeutet, wird das kommunikative Handeln als Interaktionsmechanismus zwischen sozialen Aktoren verstanden, in dem der Hörer rational motiviert werden kann, seine Handlung mit dem Sprecher zu koordinieren. Die motivierende Kraft eines solchen Interaktionsmusters besteht nicht in dem äußerlichen Zwang. Sie lässt sich vielmehr durch die Akzeptanz der vom Sprecher erhobenen Geltungsansprüche innerhalb der pragmatischen Struktur der Sprache an sich erzeugen.[410] Wenn die Lebenswelt ihre Funktion vollständig leisten will, um das Dissensrisiko zu verringern, muss sie alle drei Typen von Geltungsansprüchen decken können. Dabei handelt es sich deshalb nicht nur um das Hintergrund-„Wissen" für den Wahrheitsanspruch einer Sprechhandlung, aber auch um den Richtigkeits- und Wahrhaftigkeitsanspruch. Die Lebenswelt kann dementsprechend dreiteilig betrachtet, analysiert und jeweils als Kultur,

---

407 *Habermas*, Handlungen, Sprechakte, sprachlich vermittelte Interaktionen und Lebenswelt, in: *ders.*, Nachmetaphysisches Denken, S. 92 f.

408 *Habermas*, Theorie des kommunikativen Handelns, Bd. 2, S. 209 ff.; *ders.*, Die Lebenswelt als Raum symbolisch verkörperter Gründe., in: *ders.*, Nachmetaphysisches Denken II, S. 54 ff.

409 *Jaeggi*, Kritik von Lebensformen. Auf die Debatte um die Termini Lebenswelt oder Lebensform muss ich hierfür insofern nicht eingehen, als die *Habermas'sche* Lebenswelt und der von *Jaeggi* verwendete Lebensformbegriff in ihrem Bezug auf soziale Praktiken / Normen innerhalb von Gruppen von Personen als Synonyme fungieren. Zu dieser Debatte siehe vor allem Renn / Sebald / Weyand (Hrsg.), Lebenswelt und Lebensform: Zum Verhältnis von Phänomenologie und Pragmatismus.; auch *Nida-Rümelin*, Lebenswelt und Lebensform, in: *ders.*, Philosophie und Lebensform, S. 11 ff.

410 Dazu siehe den zweiten Teil II. 1. und 2.

Gesellschaft (im strengeren Sinne)[411] sowie Persönlichkeitsstruktur differenziert werden.[412] Zum Kriterium „Kultur" gehören semantische Bedeutungen und Inhalte, die durch kulturelle Überlieferungen ausgeprägt werden und auf die sich die kommunikativen Interaktionsteilnehmer bei den Interpretationen sprachlicher Symbole beziehen. Die Gesellschaft im strengeren Sinne umfasst die im sozialen Raum existierend legitimen Ordnungen, die zur Handlungskoordinierung zwischen sozialen Aktoren dienen sollen und damit die Solidarität der geregelten Gruppe garantieren können. Bei Persönlichkeitsstrukturen handelt es sich um das Wissen darüber, wie in historischer Dimension das kommunikationsfähige und zurechnungsfähige Subjekt neuerer Generationen heranwachsen könnte.[413] Für das Thema dieser Arbeit ist die zweite Dimension der Lebenswelt, der legitime Ordnungen umfassende soziale Raum, besonders interessant.

Im Folgenden wird dieser Bereich, im Anschluss an *Rachel Jaeggis* ausführliche Analysen zum Lebensformbegriff, näher betrachtet. Dadurch soll gezeigt werden, dass sich unter einem solchen Begriff die trägen Zusammenhänge sozialer Praktiken,[414] die Geltungsansprüche erheben,[415] zugleich weiter kritisierbar sind,[416] verstehen lassen. Trotz jener theoretischen Verbindung darf nicht missverstanden werden, dass alle Argumente von *Jaeggis* Untersuchung aufgenommen werden. Es gibt mindestens zwei Gründe: Erstens, wir bemühen uns um verschiedene Ebenen sozialer Praktiken, sie behandelt den ethischen Bereich, in dem bestimmte soziale Gruppen ihr Gutsein verfolgen. Im Kontext dieser Arbeit wird sich allerdings auf das Recht und seine noch spezifischere Form, das Strafrecht, bezogen. Der zweite Grund hängt mit dem ersten zusammen. Wenn das (Straf-)Recht nun im Zentrum dieser Arbeit steht, dann kommt nicht allein die Normativität der ethischen Normen und Praktiken, sondern auch der Geltungsmodus des Rechts in Betracht: der demokratische Rechtssetzungsprozess im diskursiv-rechtstheoretischen Sinne und eben die so verstandene Rechtsanwendungspraxis. Demzufolge ist ebenso die unterschiedliche Art und Weise zu finden, wie die von Lebensformen erhobenen Geltungsansprüche jeweils im

---

411 *Habermas*, Theorie des kommunikativen Handelns, Bd. 2, S. 212 ff.

412 *Habermas*, Handlungen, Sprechakte, sprachlich vermittelte Interaktionen und Lebenswelt, in: *ders.*, Nachmetaphysisches Denken, S. 96 f.

413 *Habermas*, Theorie des kommunikativen Handelns, Bd. 2, S. 208 f.

414 *Jaeggi*, Kritik von Lebensformen, S. 94 ff.

415 *Jaeggi*, Kritik von Lebensformen, S. 142 ff., insbesondere S. 200 ff.

416 *Jaeggi*, Kritik von Lebensformen, S. 257 ff.

Rahmen der Ethik oder des Rechts kritisiert werden können.[417] Wichtig ist auf jeden Fall, im Gedächtnis zu behalten, dass sich auch das Gebilde des Rechts immer schon in dem lebensweltlichen Hintergrundwissen bewegt. Im Rechtserzeugung- und Rechtsanwendungsprozess ist die Lebenswelt mitzudenken, die Geltungsansprüche erhebt und Interpretationsrahmen für Handlungen darbieten kann, weil genau dieser Ansatz entscheidende Konsequenzen für die weiteren Deutungen der Eindruckstheorie der strafrechtlichen Versuchslehre in sich tragen wird.

Jaeggi zufolge sind Lebensformen träge Zusammenhänge von sozialen Praktiken. Jedes dieser Merkmale ist erklärungsbedürftig. Wie fasst man hierfür Praktiken, Zusammenhang und Beschreibung von Trägheit auf? Praktiken sind Tätigkeiten, die wirklich ausgeübt werden, statt nur vorzuhaben.[418] Das Tätigsein wäre noch nicht hinreichend, um das ganze Bild der Praktiken auszudrücken. Obwohl die Praktiken von Individuen selbst gemacht werden, haben sie immer einen sozialen Bezug.[419] Sie nehmen auf die Sozialität Bezug, zumindest zweierlei: sofern ihre Bedeutung ohne diesen Bezug nicht angemessen verstanden werden könnte und es in der gegenwärtigen Ära grundsätzlich nicht mehr möglich wäre, beim Handeln keine sozialen Institutionen oder andere soziale Entitäten zu betreffen.[420] Man muss beispielsweise ebenso den sozialen Kontext bei den Supermärkten im Fall eines einfachen, alltäglichen Einkaufens miteinbeziehen, damit verstanden werden kann, dass die Handlung, Ware in den Kaufwagen zu geben, nicht ein Stehlen, sondern Bestellen bedeutet. Ohne gesellschaftliche Entitäten wie Geld-, Kredit- sowie Logistiksystem könnte das Einkaufen nicht in jener Weise vollzogen werden. Darüber hinaus sind die Praktiken von inneren Regeln geleitet, die statt der bloßen Beobachterperspektive die Teilnehmerperspektive verlangen. Solche schon den Praktiken immanenten Regeln entscheiden darüber, ob die einzelne Praktik richtig oder falsch ist.[421]

Dass Praktiken nicht abhängig von ihrem sozialen Bezug angemessen verständlich sein könnten, enthüllt ihre andere Eigentümlichkeit: die des Zusammenhangs. Den Sinn einer Handlung zu erfassen, heißt nicht, nur diese eine als selbstständige zu betrachten, sondern als einen Teil in einem bestimmten

---

417 Im Rahmen der Ethik siehe *Jaeggi*, Kritik von Lebensformen, S. 257 ff.; im rechtlichen Kontext siehe den zweiten Teil III, 1.

418 *Jaeggi*, Kritik von Lebensformen, S. 93.

419 *Jaeggi*, Kritik von Lebensformen, S. 96 ff.

420 *Jaeggi*, Kritik von Lebensformen, S. 97.

421 *Jaeggi*, Kritik von Lebensformen, S. 97 f.

Zusammenhang.[422] So ein Zusammenhang stellt erstmals Interpretationsschemata für jede in ihm vollgezogene Handlung her.[423] Lebensformen fungieren demzufolge als Interpretationsschemata, indem sie eine Handlung genau diesem Sinn stiften und nicht einem anderen. Diese Schemata sind für jeden Handelnden zugänglich, wenn er an diesen Lebensformen teilnimmt.[424]

Jetzt kommt das dritte Moment von Lebensformen in Betracht: Trägheit. Das erste Moment, Praktiken, drückt eher eine spontane Dimension von Lebensformen aus, dass sie von Menschen selbst gemacht sind. Der zweite Charakter des Zusammenhangs zeigt eine passive Dimension. Weil es nur vor einer Tätigkeit schon einen Zusammenhang gab, kann er als Interpretationsschema dieser Tätigkeit dienen. Dieses immer schon vorgängige Sein des Zusammenhangs von Praktiken wird von *Jaeggi* als das Moment der Trägheit bezeichnet. Der Sinn dieses Moments ist, zu zeigen, warum Lebensformen trotz Veränderbarkeit nicht einfach geändert werden können. Indem Praktiken sich verfestigen, werden sie träge. Sie können sich materialisieren, beispielsweise in der architektonischen Gestaltung innerhalb von Städten, dass auch in der Stadtmitte die Gebäude nicht zu hoch gebildet werden, um die Skyline der Stadt zu bewahren. Sie können sogar weiter institutionalisiert werden. Bestimmte Institutionen, wie Recht, könnten eingreifen, würde die obig beschriebene Regel verletzt.[425] Alternativ werden die Praktiken einfach zu Gewohnheiten, mit denen die Handelnden in jeweiligen Situationen quasi-automatisch, ohne andauernde Reflexion handeln oder sie unterlassen können.[426]

So weit ist erklärt, dass Lebensformen oder das Gesellschaftsmoment der Lebenswelt träge zusammenhängende Praktiken sind, die in Bezug auf das Soziale als relativ stabile Interpretationsschemata von Handlungen fungieren können. Mit Hilfe jenes Schemas lässt sich nicht nur die Bedeutung der Handlung erfassen. Die Bewertung, ob die Handlung im Rahmen einer Lebensform richtig oder falsch ausgeführt ist, ist dadurch vorzunehmen. Dies ist zwar bei der vorgängigen Auszeichnung der Praktiken als regelgeleitet bereits abzulesen, braucht trotzdem eine nähere Betrachtung. Es wird folgend gezeigt, dass die Lebensformen ihre Funktion als Handlungskriterien deshalb leisten können, weil sie an sich Geltungsansprüche auf Richtigkeit erheben und in sich gute praktische

422 *Jaeggi*, Kritik von Lebensformen, S. 102 f.
423 *Jaeggi*, Kritik von Lebensformen, S. 106 f.
424 *Jaeggi*, Kritik von Lebensformen, S. 106 f.
425 *Jaeggi*, Kritik von Lebensformen, S. 121 ff.
426 *Jaeggi*, Kritik von Lebensformen, S. 123 ff.

Gründe für soziale Aktoren tragen, etwas zu tun. Wenn die Handelnden sich nicht an jenen vorliegenden Gründen orientieren, lassen ihre Handlungen sich *prima facie* als falsch bewerten. Solche Bewertungen sind nur *prima facie*. Haben die Handelnden bessere Gründe, ihre Handlungen zu rechtfertigen, können die Bewertungen verändert sein. Dementsprechend können die in der Lebensform existierenden Gründe geändert werden. So betrachtet, ist die Lebenswelt ein Raum der Gründe. Sie kann genau dadurch die praktische Überlegung von Personen beeinflussen.

In Lebensformen bestehen Normen, die sozialen Praktiken regeln und an ihren Adressaten Geltung beanspruchen, dass sie etwas tun oder nicht tun sollen. Die Begründungen, warum Normen gelten sollen, können zahlreiche Möglichkeiten haben. Normen können ein Typ der Handlungen verpflichten, weil solche Handlungen im pragmatischen Sinne nützlich, im ethischen Sinne gut, im moralischen Sinne gerecht oder im rechtlichen Sinne legal und so weiter sind. Dass es in Lebensformen Normen gibt, die Geltungsansprüche erheben, soll nicht unbedingt heißen, dass nur bestimme Typen von Normen gelten sollen. In Lebensformen gibt es nicht nur Normen, die Geltungsansprüche erheben. In ihnen sind Gründe aufbewahrt, die für die Einlösung der von jenen Normen erhobenen Geltungsansprüche zur Verfügung stehen, damit bei normalen Interaktionskonstellationen nicht jeder Zweifel an jene Normen immer in den Diskurs hineingehen muss. Lebensformen umfassen nicht nur Normen, die den Handelnden auffordern, etwas zu tun oder zu unterlassen. Sie können diesen weiterhin Gründe für ihr Tun oder Nicht-Tun darbieten.

Diese Gründe können bei dem Übergang von Intention zur Handlung oder zum Urteil von Handelnden helfen, weil sie Antworten auf Warum-Fragen geben, wenn die Handelnden sich überlegen, was sie tun sollen oder was der Fall ist.[427] Gründe haben weitere Folge für die Personen, die fähig sind, sich an ihnen zu orientieren. So kommen den Personen normative Positionen zu. Mit den Gründen sind die Personen berechtigt, etwas zu tun oder zu glauben. Sie können damit bestimmen, vom Kontext abhängige Reaktionen des anderen zu verlangen.[428] Dies bedeutet zugleich umgekehrt: Wer keinen einzigen Grund

427 *Wingert*, Was geschieht eigentlich im Raum der Gründe?, in: Sturma (Hrsg.), Vernunft und Freiheit: Zur praktischen Philosophie von Julian Nida-Rümelin, S. 181 ff. Auch *Habermas*, Die Lebenswelt als Raum symbolisch verkörperter Gründe., in: *ders.*, Nachmetaphysisches Denken II, S. 54 ff.

428 *Wingert*, Was geschieht eigentlich im Raum der Gründe?, in: Sturma (Hrsg.), Vernunft und Freiheit: Zur praktischen Philosophie von Julian Nida-Rümelin, S. 189 f. In diesem Sinne sind Menschen praktisch vernünftig, *Forst*, Praktische Vernunft und

beziehungsweise keinen besseren Grund für seine Handlung oder sein Urteil als die hier und jetzt in der Lebenswelt vorliegenden Gründe geben kann, schädigt jenen normativen Status und muss die entsprechenden, von anderen angeforderten Reaktionen aufnehmen. So ist die Lebenswelt nicht nur funktionalerweise als Ensemble des Hintergrundwissens verstanden. Sie ist an sich schon ein normatives Gebilde, das Geltungsansprüche an jeden Teilnehmer erhebt, und ein Raum der Gründe, mithilfe derer die Handelnden zu bestimmten Handlungen motiviert werden können, indem sie bei der praktischen Überlegung darüber nachdenken, welche Konsequenzen aus der Orientierung an oder Abweichung von den Gründen sich ergeben mögen.

In diesem Rahmen lässt sich hierfür ein vorläufiges Bild für die Eindruckstheorie der Versuchslehre zeichnen. Der Eindruck des Allgemeinen ist entscheidend für die Bewertung des Versuchs – nicht nur deshalb, weil er das erregende Gefühl innerhalb einer Rechtsgemeinschaft repräsentiert oder es vermögen würde, die Rechtsbefolgungsmotivation der Rechtspersonen zu verringern. Vielmehr stützt er sich auf die Grundlage der Lebenswelt, die auch im Recht die Interpretationsschemata von Handlungen bildet, Geltungsansprüche erhebt und Gründe für Praktiken darbietet. Wenn der Handelnde jene Ansprüche verweigert, ohne bessere Gründe liefern zu können, muss er oder sie die jenen Interpretationsschemata entsprechenden Bewertungen akzeptieren. Im strafrechtlichen Sinn ist sie als unrecht ausgezeichnet. Allerdings liegt hierfür offenbar eine Lücke zwischen dem Lebensweltbegriff im Allgemeinen und dem im Recht vor. Nur nachdem eine solche Lücke durch eine nähere Betrachtung der Rechtsgeltung sowie Rechtsform geschlossen wird und der Lebensweltbegriff konkretere Gestalt im Hinblick auf das Recht erhalten kann, ist die grundlegende Erklärung der so verstandenen Eindruckstheorie erstmals vollendet. Nun wird sich deshalb an die diskursive Rechtstheorie gewandt.

III. Diskurstheorie des Rechts

Das Rechtssystem umfasst sowohl die subjektiven Rechte, die in erster Linie die private Handlungsfreiheit jeder Person garantieren, als auch die objektive Rechtsordnung, die erforderlichenfalls mit Zwang durchgesetzt werden kann. Von der Perspektive seiner Funktion entsteht dieses System, weil es – wie die Lebenswelt – das Dissensrisiko in einem erweiterten Maße verringern kann, da

rechtfertigende Gründe. Zur Begründung der Moral, in: *ders.*, Das Recht auf Rechtfertigung, S. 23 ff. Vgl. auch *Brandom*, Making it explicit, p. 159.

es sich an Institutionen anschließt, die Zwangsmittel ausüben können.[429] Trotzdem wäre die reine Funktionsbeschreibung des Rechtssystems solcher Art nicht hinreichend, dessen Rationalitätsgrundlage zu erfassen. Deshalb muss neben der Funktionsebene ebenso der Legitimitätsebene Rechnung getragen werden. Letztere kann wiederum in zwei verschiedenen, jedoch korrelativen Bereichen analysiert werden: in einem internen, in dem die Geltungsgrundlage der Rechtsordnung als Normen für eine und in dieser Rechtsgemeinschaft zu diskutieren ist,[430] und in dem anderen, also externen, in dem der durch die politische Macht ausgeübte Rechtszwang im Fokus stehen soll.[431]

Zuerst lässt sich die Funktion (oder im Terminus von *Habermas*: Faktizität) des Rechtssystems im Zuge des „Ergänzungsverhältnisses von Moral und Recht"[432] erklären. Der diskursethischen Auffassung zufolge betrifft die Moral jene praktischen Normen oder Handlungen, die für alle gleich gut sind oder zumindest sein könnten. Wenn alle ihre Handlungspläne nur auf dieser moralischen Ebene koordinieren, kann dies zu defizitären Konsequenzen führen, vor allem in einer nachmetaphysischen Epoche, als die Moral ihre Grundlage nicht mehr auf eine absolut stabile Sittlichkeit zurückführen konnte.[433] Diese durch Recht auszugleichenden Mankos von Moral sind bezogen auf die kognitive, motivationale und organisatorische Ebene.[434]

Die Moral ist kognitiv unbestimmt, sei es im bewusstseinsphilosophischen oder diskursethischen Kontext, weil es nur um allgemeine und deshalb weit zu abstrakte Grundsätze geht, die de facto kaum jemand bezweifeln würde. Doch ihre Interpretationen sowie Anwendungen auf konkrete, zeiträumliche Fälle können aufgrund des unklaren Inhalts der Normen einerseits und/oder des unvollkommen Wissens der anzuwendenden Situation andererseits Dispute auf Dauer zur Folge haben.[435] Um solche Defizite zu beheben, ist Moral, die vorab alle historischen und territorialen Grenzen transzendiert, durch Recht insofern

---

429 *Habermas*, Faktizität und Geltung, 5. Aufl., S. 55 ff.

430 *Habermas*, Faktizität und Geltung, 5. Aufl., S. 166 ff.

431 *Günther*, Strafrecht zwischen Moral und Politik, in: Fachbereich Rechtswissenschaft der Johann Wolfgang Goethe-Universität Frankfurt am Main (Hrsg.), 100 Jahre Rechtswissenschaft in Frankfurt - Erfahrungen, Herausforderungen, Erwartungen, S. 267 ff.

432 *Habermas*, Faktizität und Geltung, 5. Aufl., S. 145 ff.

433 *Habermas*, Faktizität und Geltung, 5. Aufl., S. 145; zum nachmetaphysischen Denken jüngst auch *ders.*, Auch eine Geschichte der Philosophie.

434 *Habermas*, Faktizität und Geltung, 5. Aufl., S. 146.

435 *Habermas*, Faktizität und Geltung, 5. Aufl., S. 147.

ergänzt, als es im Rechtssystem eine Gesetzgebungs- und Justizinstanz gibt, die dazu befugt, in „einer historisch lokalisierten Gemeinschaft"[436] die Inhalte der Normen zu bestimmen und die Anwendungen derselben zu unternehmen.[437]

Diskursethische Moral gründet sich außerdem auf einer Grundannahme, dass die Subjekte ihre Handlungen an guten Gründen orientieren können, die sie mittels eines Diskursprozesses zu erlangen vermögen. Solche Gründe können die Möglichkeit eröffnen, die Subjekte rational, also aus jenen Gründen zu motivieren, sie jedoch nicht garantieren. Von einer rationalen Einsicht moralischer Handlung zu ihrer tatsächlichen Ausführung brauchen die Subjekte vieles. Sie müssen vor allem andere Triebfedern als moralische Gründe auf die Seite schieben können, um sodann diese in Handlungen umzusetzen, auch wenn dies oft scheitern könnte. Unter solchen Umständen menschlicher Willensschwäche wäre die Moral trotz rechtlicher Ergänzung auf der kognitiven Ebene wie ohnmächtig auch immer.[438] Dies könnte ebenso eine negative Konsequenz für die faktische Befolgung allgemeiner Normen haben: Moralische Normen gelten, wenn sie Zustimmungen aller verdienen (könnten). Kann ihre faktische Befolgung nicht zumindest in einem durchschnittlichen Maße gesichert werden, könnten sie aus der Perspektive von Subjekten als ein Indiz für ihre Ungültigkeit angesehen werden. Dementsprechend müsste man sich nicht an sie halten. Anders gesagt: Eine moralische Norm wäre nicht mehr zumutbar, wäre ihre grundsätzliche Befolgung nicht tatsächlich versichert. In diesem Sinn kann das Rechtssystem im Anschluss an seine mögliche Zwangsausübung das motivationale Defizit der Moral ausgleichen.[439] Es ist trotzdem nicht möglich für den Zwang, das Subjekt aus moralischer Einsicht normbefolgend handelnd anzufordern. Nur er kann einen Raum schaffen, in dessen Rahmen Subjekte Moral erreichen können.

Die erwähnten zwei Eigenschaften des Rechts im Verhältnis zur Moral können dennoch ohne den Bezug auf Institutionen ihre Wirklichkeit nicht finden. Positives Recht und Gerichtsurteile, die in jeweiligen Weisen klarere

---

436 *Günther*, Liberale und diskurstheoretische Deutungen der Menschenrechte, in: Brugger / Neumann / Kriste (Hrsg.), Rechtsphilosophie im 21. Jahrhundert, S. 344.

437 *Habermas*, Faktizität und Geltung, 5. Aufl., S. 147.

438 *Günther*, Möglichkeiten einer diskursethischen Begründung des Strafrechts, in: Jung / Müller-Dietz / Neumann (Hrsg.), Rechts und Moral, S. 207 f.; *Habermas*, Faktizität und Geltung, 5. Aufl., S. 148.

439 *Günther*, Möglichkeiten einer diskursethischen Begründung des Strafrechts, in: Jung / Müller-Dietz / Neumann (Hrsg.), Rechts und Moral, S. 207 f.; *Habermas*, Faktizität und Geltung, 5. Aufl., S. 148.

intersubjektive Handlungsgrenzen als Moral darbieten, und die möglicherweise durchzusetzende Zwangsbefugnis, die die faktische Bedingung allgemeiner zustimmungsfähiger moralischer Normen liefert, brauchen Institutionen wie die Gesetzgebungsinstanz, Gerichte sowie andere Organisationen, die ermächtigt sind, Zwang auszuüben. Solche Institutionen realisieren die Funktion des Rechts und lassen sich gleichzeitig durch Recht zusammenschließen. Über die Ergänzung von Moral hinaus wäre dieses organisatorische Charakteristikum des Rechtssystems eine Beantwortung auf den stets erhöhten Regelungsbedarf in unterschiedlichen Lebensbereichen innerhalb der immer komplizierter werdenden modernen Gesellschaft. Zahlreiche bestehende Institutionen, wie Familie und Märkte, die nicht unbedingt von Haus aus mit dem Recht zu tun haben, werden doch schrittweise durch Recht verschränkt und überformt.[440]

Das bisherige Gesagte richtet sich in erster Linie nach der faktischen Ebene des Rechtssystems, die ein ergänzendes und notwendiges Verhältnis zur Moral bildet. Dies entspricht der gängigen Denkfigur der Rechtsperson, die als Träger von subjektiven Rechten und Pflichten zu verstehen ist. Alle Rechtspersonen sind berechtigt, ihre Rechte in beliebiger Art und Weise in Anspruch zu nehmen, aber nur unter der Bedingung der Reziprozität, dass einer bei der Ausübung seiner Rechte zugleich eine Pflicht hat, die Rechte anderer achten zu müssen. Die objektive Rechtsordnung kann indes dazu dienen, dass sie in sich klare Worte für jene Reziprozität ausdrücken kann und mit erzwingbaren Mitteln eingerichtet ist, deren Realisierung sich wiederum durch ermächtige Institutionen garantieren lässt. So können Rechtspersonen im Grunde von der Last der praktischen Fragen befreit werden. Sie können völlig ihr eigenes Interesse verfolgen, wenn sie sich an die Rechtsnormen halten, egal, ob sie ihre Gründe akzeptieren oder nicht – oder sie fragen danach gar nicht. Dies soll nicht heißen, die Möglichkeit für die Rechtspersonen sei ausgeschlossen, den Rechtsnormen aus ihrer Einsicht in die Gründe des Rechts zu folgen, nach der Legitimationsgrundlage des Rechts zu fragen und sie zu bestreiten.[441] In jeder solcher Konstellationen soll neben der Faktizität die Geltungsebene des Rechts in Betracht gezogen werden.

Aus der Sicht der Diskursethik von *Habermas* gelten die Handlungsnormen überhaupt, wenn sie von allen möglichen Betroffenen als Teilnehmer an rationalen Diskursen Zustimmung finden könnten, wie das Diskursprinzip zum Ausdruck brachte.[442] Wenn es hier und jetzt nicht nur um die Handlungsnormen

440 *Habermas*, Faktizität und Geltung, 5. Aufl., S. 148 ff.

441 Siehe *Günther*, Zur Rekonstruktion des Rechts (1), in: Koller / Hiebaum (Hrsg.), Jürgen Habermas: Faktizität und Geltung, S. 62.

442 *Habermas*, Faktizität und Geltung, 5. Aufl., S. 138.

überhaupt geht, sondern spezifisch um die Rechtsnormen, die in einer zeiträumlich bestimmten Rechtsgemeinschaft entstanden sind, muss man auf der anderen Seite der förmlichen, und zwar der „subjektive[n], zwingende[n], positive[n]" Eigentümlichkeit des Rechts Rechnung tragen.[443] Durch die Annahme der Rechtsform gelangt das Diskursprinzip in eine konkretere Umgestaltung: das Demokratieprinzip, welches lautet,

> „daß nur die juridischen Gesetze legitime Geltung beanspruchen dürfen, die in einem ihrerseits rechtlich verfaßten diskursiven Rechtssetzungsprozeß die Zustimmung aller Rechtsgenossen finden können."[444]

An diesem Demokratieprinzip ist abzulesen, auf welche Weise sich das Diskursprinzip mit der Rechtsform verschränkt, indem es Bezug auf die obig beschriebenen drei Charakteristika des Rechts nimmt. Erstens sollen juristische Gesetze eine Reihe von subjektiven Rechten, mit denen die Rechtspersonen einerseits ihre größtmögliche Handlungsfreiheit haben und damit ihre Interessen bestmöglich verfolgen können, garantieren. Subjektive Rechte derart ermöglichen Rechtsgenossen erst, in dem Rechtssetzungsprozess ihre Zustimmung für die dadurch erzeugten Gesetze zu geben. Diese Rechte entsprechen der ersten Kategorie von Rechten nach der Einordnung *Habermas*'.[445]

Zweitens geht es um die demokratische Gesetzgebungsprozedur. Sie soll den prominentesten Ort bilden, an dem die Gesetze ihre Legitimationsgrundlage aufgrund der politischen Autonomie (hier: Selbstbestimmung) aller Bürger erhalten. Um eine solche Rolle zu spielen, sollen die Regelungen dieser Prozedur annähernd die Rahmenbedingungen des rationalen Diskurses erfüllen, so dass das Ergebnis dieser Rechtssetzungsprozedur vor einer erneuten Revision rationale Geltung beanspruchen kann. Dieser Prozess kann sich demzufolge nicht willkürlich gestalten. Seine organisatorischen Regelungen müssen ebenso mit Recht verfasst werden, damit sie wiederum durch denselben Prozess rechtliche Geltung beanspruchen können.[446] Dieser Prozess ist ein ordentlicher Ort für die Ausübung der politischen Autonomie „aller Bürger" nur unter der Voraussetzung, dass alle gleichmäßige Opportunitäten haben, daran teilzunehmen. Deshalb muss das System des Rechts die Teilhaberechte an dem demokratischen Willensbildungsprozess umfassen. Mit Hilfe solcher Rechte verstehen

443 *Habermas*, Zur Architektonik der Diskursdifferenzierung. Kleine Replik auf eine große Auseinandersetzung, in: *ders.*, Zwischen Naturalismus und Religion, S. 85, 96 ff.
444 *Habermas*, Faktizität und Geltung, 5. Aufl., S. 141.
445 *Habermas*, Faktizität und Geltung, 5. Aufl., S. 155.
446 *Habermas*, Faktizität und Geltung, 5. Aufl., S. 161.

die Rechtsgenossen sich gegenseitig in dem Rechtssetzungsprozess nicht in erster Linie als private Personen, die sich grundsätzlich an ihren Eigeninteressen orientieren, sondern als Staatsbürger, die mit anderen Rechtsgemeinschaftsmitgliedern darüber mitentscheiden, wie sie ihr rechtliches Zusammenleben regeln wollen.[447] Zudem ist zu bemerken, dass die schon vor der Entstehung des Rechtssystems als moralisch begründeten, subjektiven Rechte[448] und der demokratische Prozess voneinander abhängig sind. Diese Rechte dienen dazu, einerseits den gleichmäßigen Rahmen von Handlungsfreiheiten für alle zu schaffen, in dem alle eigene Interessen anstreben können, andererseits die Teilnahme am Rechtssetzungsprozess zu versichern. Ersteres ist notwendig für das Letztere. Nur mit solchen Rechten können die Personen ihre Meinungen über die politisch zu behandelnden Angelegenheiten aufgrund ihrer je eigenen Interessen ausdrücken. Das Erstere braucht das Letztere. Der demokratische Prozess eröffnet einen sozialen Raum, in dem man die Möglichkeit haben kann, den Meinungen anderer zu praktischen Fragen des Kollektivs zuzuhören und zusammen miteinander im Fall des Konflikts zu koordinieren. Dadurch lassen sich konkrete Interpretationen und das Gestalten subjektiver Rechte ausprägen.[449]

Die Annahme des Diskursprinzips von dem dritten Charakteristikum der Rechtsform in das Demokratieprinzip, Erzwingbarkeit, hat hierfür einen doppelten Sinn und deswegen eine Scharnierfunktion zwischen Recht und Politik.[450] Auf der einen Seite fungiert die politische Macht als das faktische Mittel für das Recht, um eine durchschnittmäßige Befolgung so zu behalten, dass die Stabilisierung von Verhaltenserwartungen bestehen kann. Die an Faktizität gebundene politische Macht braucht auf der anderen Seite die legitimierende Kraft des Rechts, mit dessen Hilfe die staatlichen Institutionen sowie die dadurch ausgeübte herrschaftliche Macht als legitim organisiert betrachtet werden können.[451] Der demokratische Gesetzgebungsprozess legitimiert demzufolge nicht nur das Recht an sich, aber auch die mittels Rechts verfasste staatliche Herrschaft. Der Staat solcher Art ist der Rechtsstaat. In Bezug auf *Hannah Arendts* Begriff kommunikativer Macht bietet *Habermas* eine andere Leseart des Rechtsstaatsbegriffs

---

447 *Habermas*, Faktizität und Geltung, 5. Aufl., S. 109, 668; *Günther*, Zur Rekonstruktion des Rechts (1), in: Koller / Hiebaum (Hrsg.), Jürgen Habermas: Faktizität und Geltung, S. 64 ff.

448 *Günther*, Die Freiheit der Stellungnahme als politisches Grundrecht, in: Koller u. a. (Hrsg.), Theoretische Grundlagen der Rechtspolitik, ARSP - Beiheft 51, S. 63 ff.

449 *Habermas*, Faktizität und Geltung, 5. Aufl., S. 159.

450 *Habermas*, Faktizität und Geltung, 5. Aufl., S. 209 ff.

451 *Habermas*, Faktizität und Geltung, 5. Aufl., S. 178.

als die traditionelle. Diese Art versteht eher die Funktion des Rechts als die Einschränkung politischer Macht im repressiven Sinne.[452] *Arendt* zufolge sei die kommunikative Macht diejenige, die „zwischen Menschen, wenn sie zusammen handeln",[453] entsteht. Zusammen zu handeln, heißt jedoch nicht, bloß zufällig gleichzeitig etwas zu tun. Der Kerngedanke jener Auffassung liegt vielmehr darin, dass jeder Akteur während der Ausführung der oben erwähnten Handlung zugleich glaubt und will, dass er zu einer konkreten Gemeinschaft gehört, in der andere Menschen existieren, die mit demselben Gedanken handeln.[454] Wenn die Mitglieder solcher Gemeinschaft mit solchen Gedanken zusammen handeln, entsteht die kommunikative Macht, die nicht durch repressive Macht oder Gewalt ersetzt werden kann. Wenn diese Perspektive der Macht in Betracht gezogen wird, lässt sich darauf verweisen, dass der demokratische Prozess nicht nur die Rechtssetzung an sich, sondern die erzwingbare Rechtsdurchsetzung legitimieren kann. Die diskursiv interpretierte und an den Begriff kommunikativer Macht anschließende demokratische Prozedur zeigt so die Gleichursprünglichkeit des legitimen Rechtssystems und der staatlich-politischen Herrschaft.[455] Die Idee des Rechtsstaats soll in erster Linie demzufolge bedeuten, dass alle staatlichen Organe an das Recht gebunden sein sollen, dem die kommunikative Macht zugrunde liegt. Recht ist das Medium, mit dem die den gemeinsamen Willen einer Gemeinschaft repräsentierende kommunikative Macht in konkreten Fällen verwirklicht werden kann.[456]

Insofern ist diese Leseart der Rechtsstaatlichkeit überwiegend prozessabhängig, weil sich die Macht als kommunikativ nur in dem Maße ansehen lässt, wie sie in einem demokratischen Prozess, der im Vergleich zum anderen politischen System zwanglose Kommunikation garantieren kann, erzeugt wird. In einem solchen Prozess soll im Grunde nur der zwanglose Zwang besserer Argumente zählen, die die legitimierende Grundlage für die allgemein verbindlichen Entscheidungen öffentlicher Angelegenheiten bieten können. Jener Prozess kann legitime politische Entscheidungen in Gang setzen, weil er die Eigentümlichkeit der Unparteilichkeit in sich trägt, so dass die Interessen aller von den Entscheidungen Betroffenen im Rahmen dieses Prozesses berücksichtigt werden. Dieser

---

452 *Habermas*, Faktizität und Geltung, 5. Aufl., S. 183 f.

453 *Arendt*, Vita Activa, S. 194.

454 *Günther*, Communicative freedom, communicative power, and jurisgenesis, Cardozo Law Review, Vol. 17, pp. 1049 - 1051.

455 *Habermas*, Faktizität und Geltung, 5. Aufl., S. 166.

456 *Habermas*, Faktizität und Geltung, 5. Aufl., S. 183, 209.

Aspekt muss ebenso in Betracht gezogen werden, wenn von dem obig verstandenen Begriff des Rechtsstaats gesprochen wird. Neben der rechtsetzenden Instanz müssen sich andere staatliche Organe, die an das Recht binden sollen, nach dem Modell des unparteilichen Urteils einrichten, damit sie sich im wesentlichen Sinne an der kommunikativen Macht orientieren und ihre konkreten Beschlüsse Legitimität beanspruchen können. Demzufolge lässt sich das Justizsystem für legitim und rational halten, wenn sich seine Prozedur auf der Grundlage der früher bereits angedeuteten Diskursstruktur[457] gestaltet, wie zum Beispiel der Inklusivität der Teilnahme am Prozess und der Gleichverteilung kommunikativer Freiheiten etc.[458] An dem Grundaufbau des gerichtlichen Prozesses kann dies ohne große Schwierigkeiten abgelesen werden. Insofern geht es um den Zusammenhang zwischen Gesetzgebung und Justiz. Allerdings besteht dazwischen ein Unterschied, weil die beiden verschiedene Aufgaben sowie Funktionen innerhalb eines Rechtsstaats haben.

Das demokratische rechtssetzende Verfahren ist der eigentliche Ort, an dem die kommunikative Macht in legitime Gesetze umgeformt wird, die wiederum alle anderen staatlich-herrschaftlichen Handlungen legitimieren. Es bezieht sich auf öffentliche Angelegenheiten, die unbegrenzte Mengen von Menschen treffen können, und beschließt im Namen aller Bürger in einer Rechtsgemeinschaft im Ganzen. Deswegen bleiben die dadurch erlassenen Gesetze unvermeidbar in einem abstrakten Niveau. Im Gegensatz dazu müssen Gerichte über konkrete Fälle entscheiden, indem sie Gesetze darauf anwenden. Wegen dieser Arbeitsteilung von Rechtssetzung und -anwendung kann die Justiz beim Legitimationsargument nicht nur als ein verkleinertes demokratisches Rechtsbegründungsverfahren betrachtet werden. Sie hat beim Rechtsanwendungsdiskurs einen besonderen Legitimationsbedarf.[459] Dass der Rechtsanwendungsprozess nicht völlig identisch mit der Rechtssetzungsprozedur ist, ist außerdem auf der argumentationslogischen Ebene ausschlaggebend. Die Aufgabetrennung von Gesetzbebung und Justiz entsteht, weil die Befugnis sowie die Art und Weise, Gründe für die Regelungen des Zusammenlebens in einer Rechtsgemeinschaft zu geben, bei den beiden Instanzen unterschiedlich sind. Während im rechtssetzenden Prozess am besten so viele Gründe und Gegengründe wie möglich

---

457 Dazu siehe den zweiten Teil, II., 3.

458 Siehe *Habermas*, Zur Architektonik der Diskursdifferenzierung. Kleine Replik auf eine große Auseinandersetzung, in: *ders*., Zwischen Naturalismus und Religion, S. 89.

459 Auf diesen Punkt kann ich hier nicht eingehen, dazu siehe *Günther*, Der Sinn für Angemessenheit. Anwendungsdiskurse in Moral und Recht.

über Handlungsnormen diskutiert werden, sind die Richter im Gegensatz dazu geboten, sich nur an den Gründen der Gesetze zu orientieren.[460] So betrachtet, ist die Rationalität der Rechtsprechung nicht nur von dem unparteilich gerichtlichen Prozess abhängig, sondern auch von den Gründen. Diese richterliche Orientierung an den vom Gesetzgeber gebotenen Gründen wäre unmöglich, wäre der Kontext des Sachverhalts in einzelnen Fällen nicht mitzudenken. In der Tat könnten die in dem gesetzgebenden Prozess als Normalfall vorgestellten Konstellationen nicht völlig von Voraussetzungen aller Art vor dem bestimmten zeiträumlichen Hintergrund abstrahiert werden. Solche Kontextabhängigkeit von Gründen erinnert wiederum an den Begriff der Lebenswelt.

In einer früheren Passage wurde die Lebenswelt in Verbindung mit den Analysen von *Jaeggi* wie folgt erfasst: Sie ist ein Ensemble von Praktiken, die Geltungsansprüche erheben können, die sich überprüfen lassen. Als ein Ensemble von Praktiken funktioniert sie als Interpretationsschemata einzelner Handlungen, handlungsbezogener Ereignisse und Handlungsregeln, zu denen Gesetze gehören. Solche Schemata lassen die Mitglieder einer Kommunikationsgemeinschaft verstehen, wie sie Handlungen und Handlungsregeln auslegen können, indem sie Geltungsansprüche erheben, dass Praktiken gemäß bestimmten Handlungsweisen richtig sind. Pragmatisch betrachtet, werden solche Interpretationsschemata beibehalten, wenn sie trotz der Zweifel gute Gründe liefern können. Umgekehrt lassen sie sich beseitigen oder ersetzen. Die Lebenswelt reserviert in diesem Sinne gute Gründe für Handlungen. Das Gesagte zur Lebenswelt muss ebenso im Zusammenhang der diskursiven Rechtstheorie mitgedacht werden, auch wenn beim Rechtsdiskurs die Gründe in der Lebenswelt ihre Stellung als das endgültige Legitimationskriterium für positive Gesetze verloren haben, weil im demokratischen Gesetzgebungs- und im gerichtlichen Rechtsanwendungsprozess die Lebenswelt wie immer kontinuierlich Interpretationsschemata und Gründe für Handlungen liefert und so ihre Rolle als überstimmendes Hintergrundwissen spielt. Somit verwandeln sich beide Prozesse nicht in endlose Diskurse. Wie angedeutet, können diese Schemata und Gründe wiederum thematisiert werden. Darin besteht erstmals ihre Rationalität. Beide Teile von thematisierten sowie still akzeptierten, in lebensweltlichen Hintergrund vorliegenden Handlungsschemata, -regeln und -gründen konstituieren erst das völlige Bild der Kommunikationsinhalte in beiden Prozessen. Beim Rechtsanwendungsprozess ist demzufolge zugleich auf jene beiden Teile zu achten. Einerseits sollen die Richter den offensichtlich gesetzgebenden gezeigten

460 *Habermas*, Faktizität und Geltung, 5. Aufl., S. 235 ff.

Gründen folgen. Sie sollen andererseits des Weiteren den lebensweltlichen Kontext berücksichtigen, aus dem sich jene Gründe ergeben und in dem bestimmte Interpretationsschemata für das Verstehen gesetzlich gebotener oder verbotener Handlungen vorliegen. Aufgrund der Inklusivität gerichtlicher Prozesse würde die Berücksichtigung lebensweltlicher Handlungsschemata von Richtern ebenso bedeuten, dass die Prozessmitglieder die Möglichkeit besitzen müssen, solche Schemata zu verändern, indem sie innerhalb des Prozesses gute Gründe für solche Änderungen erheben.

Dritter Teil Rekonsruktion der Eindruckstheorie Auf der Grundlage der Diskursiven Rechtstheorie

Die Untersuchungsergebnisse des gerade abgeschlossenen Teils haben darauf hingewiesen, wie eine diskursive Rechtstheorie möglich ist und in welchem Zusammenhang dabei subjektive Rechte und objektive Rechtsordnung, der unparteiliche Prozess und die Lebenswelt stehen. So liefern sie die notwendigen Anhaltspunkte, an die das nun weiterzuentwickelnde, sich auf die Grundlage diskursiver Rechtstheorie berufende strafrechtliche Unrechtsverständnis und die sich darauf stützende Eindruckstheorie des Versuchs anschließen sollen. Notwendige Anhaltspunkte bilden trotzdem bloß die strukturelle Grundlage, bedürfen deshalb weiterhin dogmatischer Konkretisierungen. Dazu gehört die (der hier vertretenen Auffassung nach) Auslegung des §§ 22, 23 Absatz 3 StGB, und zwar die Begriffsbestimmung für den subjektiven und objektiven Tatbestand versuchter Tat sowie die Erklärung zum (un-)strafbaren Grund des untauglichen Versuchs. Außerdem, da sich die Rechtsgestaltung einer bestimmten Rechtsgemeinschaft immer in einzelnen gesetzlichen Tatbeständen ausprägt, muss dementsprechend die Entscheidung des hierfür als Rechtsverletzung verstandenen strafrechtlichen Unrechts Bezug auf konkrete Tatbestände nehmen. Mit einem solchen Ansatz werden gelegentlich im folgenden Argumentationsgang Diskussionen über umstrittene Fälle der Lehrbücher und Rechtsprechung geführt. Damit würde sich die wichtige Rolle der immerhin dabei mitzudenkenden Lebenswelt zeigen. Zuvor soll eine detaillierte Untersuchung zum rekonstruierenden Gegenstand – den gängigen Auffassungen der Eindruckstheorie – durchgesetzt werden. Dadurch sind der Kontext, die Kerngedanken und die zu vermeidenden Mankos verschiedener Varianten einer solchen Theorie klarzumachen, was dazu dienen soll, den eigenen Ansatz möglichst überzeugend zu entfalten und formulieren.

Im Folgenden wird der Argumentationsgang dementsprechend in fünf Abschnitte unterteilt. Der erste Abschnitt wird der ausführlichen Analyse der Eindruckstheorie(n) gewidmet sein (I.). Sodann werden beim zweiten Abschnitt der Begriff des Strafrechts sowie der des strafrechtlichen Unrechts im Zentrum stehen (II.). Beim dritten Abschnitt erfolgt eine allgemeine Erklärung der in dieser Arbeit erneut entwickelten Eindruckstheorie des Versuchs. Dabei können manche Kritiken, die sich auf die „traditionellen" Eindruckstheorien richten, durch die hier vorgetragene Auffassung entkräftet werden (III.). Danach kann die Konkretisierung beginnen, die sich in den beiden letzten Abschnitten findet. Zuerst kommt der subjektive Tatbestand des Versuchs in Betracht. Er bezieht sich auf eine Fragestellung: Welche Rolle kann die innerliche Vorstellung einer Tat des Täters bei der Unrechtsbewertung im Rahmen der hier verstandenen Lehre spielen? Dogmatische Fragen in diesem Kreis betreffen den Inhalt des subjektiven Tatbestands und die Behandlungsweise des untauglichen sowie abergläubischen Versuchs und des Wahndelikts (IV.). Der dritte Abschnitt betrifft die objektive Seite der versuchten Tat: die Begriffsbestimmung des „unmittelbaren Ansetzens zur Tat“ im § 22 StGB (V.).

I. Die sogenannte(n) Eindruckstheorie(n)

Seit Jahrzehnten wird die Eindruckstheorie des Versuchs in der Literatur als die herrschende Meinung gezeichnet.[461] Trotz möglicher verschiedener Betonungen kann diese Auffassung im Prinzip so formuliert werden: Der Handelnde betätigt durch seine Handlung den rechtsfeindlichen Willen und löst damit einen erschütternden Eindruck in der Allgemeinheit aus. Doch welche Rolle dieser Eindruck bei der Begründung des Unrechts spielen soll, ist umstritten. Nach den Einschätzungen im Schrifttum besitzt die Eindruckstheorie ihre beherrschende Stellung vor allem aus zwei Gründen: Weil sie die angemessenste Interpretation des geltenden Strafrechts[462] bieten kann und weil sie weder subjektiv noch objektiv radikalisiert.[463] Der Vorteil im dogmatischen Sinne und der theoretische Eklektizismus garantieren keine Rationalität. Elemente aus dem subjektiven und objektiven Gedanken willkürlich zusammenzusetzen könnte zu einer Auffassung führen, die Defizite beider Seiten sammelt, statt eine verbesserte Variante zu schaffen. Materiale Argumentationen zum Zusammenhang zwischen dem Unrechtsverständnis und einem solchen Eindruck herauszufinden, scheint

---

461 Vgl. nur beispielerweise *Roxin*, Tatentschluß und Anfang der Ausführung beim Versuch, JuS 1979, S. 1; *ders.*, Über den Strafgrund des Versuchs, in: Eser (Hsrg.), FS - Nishihara, S. 158 ff.; *Kindhäuser*, AT, 8. Aufl., 30 / 9; *Schünemann*, Die deutschsprachige Strafrechtswissenschaft nach der Strafrechtsreform im Spiegel des Leipziger Kommentars und des Wiener Kommentars, GA 1986, 310 ff.; *Zaczyk*, Das Unrecht der versuchten Tat, S. 21 ff.; *Wachter*, Das Unrecht der versuchten Tat, 56 ff.

462 *Zaczyk*, Das Unrecht der versuchten Tat, S. 20.

463 *Wachter*, Das Unrecht der versuchten Tat, 56, 58 („das Eindruckskriterium bietet sich als kompromisshafte Formel geradezu an.“); *Roxin*, AT II., 29 / 46.; *Zaczyk*, Das Unrecht der versuchten Tat, S. 21 ff.

eine selbstverständliche Aufgabe für die Anhänger der Eindruckstheorie zu sein. Ihre Erfüllung kann seit Langem bis zur jetzigen Zeit kaum als gelungen betrachtet werden. Ausnahmsweise hat *von Gemmingen* schon in den dreißiger Jahren des letzten Jahrhunderts eine Monografie zur Eindruckstheorie veröffentlicht, in der nahezu alle möglichen Argumente über diese Theorie vorliegen.[464] Mit diesem Werk als Ausgangspunkt werden die Analysen über die Eindruckstheorie begonnen (1.). Danach wird sich einer bedeutsamen Variante dieser Theorie zugewandt, die, einigermaßen modifiziert, ebenso modernisiert worden ist im Vergleich zum Modell *von Gemmingen*s und die das Unrecht des Versuchs auf die Übertretung der Verhaltensnorm überhaupt gründet. Die Übertretung könnte jedoch nicht strafbedürftig sein, wenn sie keine Auswirkungen herbeiführen könnte, die das allgemeine Rechtsvertrauen schädigen würden (2.). Schließlich sind die anderen Versionen der Eindruckstheorie durchzuleuchten, die noch Diskussionen lohnen (3.).

1. Die Eindruckstheorie im Originell (von Gemmingen)

Aus dem Titel „Die Rechtswidrigkeit des Versuchs" ist abzulesen, dass *von Gemmingen* hierbei versucht, Verständnisse über den Versuchsbegriff erst durch die Vorverständnisse zur Rechtswidrigkeit zu gewinnen, was eine bestimmte Auffassung des Rechtsbegriffs voraussetzt.[465] Unter dem Rechtsbegriff versteht *von Gemmingen* etwas die raumzeitliche Grenze Überschreitendes, etwas sich nicht nur auf den Inhalt Beschränkendes. Diese Ansicht trägt die Tradition des Rechtsdenkens des südwestdeutschen Neukantianismus in sich – wie die Tatsache, dass der Autor bei den Kernargumenten die Werke mehrfach diese Schule zitiert hat,[466] es erkennen lassen soll. Es ist mithin sinnvoll, im Folgenden skizzenhaft zuerst einige notwendige Erkenntnisse zu dieser philosophischen Schule zu liefern, damit eine adäquate Interpretation der Annahme *von Gemmingen*s erstmal möglich ist.

Als „Neukantianismus" wird in der Philosophiegeschichte eine Denkbewegung bezeichnet, die in der Mitte des 19. Jahrhunderts entstand und Anfang des 20. Jahrhunderts geläufig wurde.[467] Sie befand sich in einer Konstellation, in der

---

464 *von Gemmingen*, Die Rechtswidrigkeit des Versuchs.

465 Die methodische Erörterung siehe *von Gemmingen*, Die Rechtswidrigkeit des Versuchs, S. 8.

466 Wie zum Beispiel der von ihm bevorzugte Rechtsbegriff vgl. *von Gemmingen*, Die Rechtswidrigkeit des Versuchs, S. 19 Anmerkung 28.

467 *Ollig*, Der Neukantianismus, S. 1.; *Pauscher*, Einführung in den Neukantianismus, S. 33 ff.; *Ziemann*, Neukantianisches Strafrechtsdenken, S. 24 f.

die Naturwissenschaft enorm anwuchs und die einzige Stellung als Wissenschaft beanspruchte.[468] In dieser Krisenzeit entwickelte sich auf der Seite der Philosophie der Neukantianismus, der sich verpflichtet sah, wieder zu *Kant* zurückzukehren.[469] Wegen der komplexen Mannigfaltigkeit dieser philosophischen Schule und des Erkenntnisinteresses dieser Arbeit lässt sich auf diesen Punkt nicht mehr eingehen. Eine nähere Betrachtung der „südwestdeutschen" Branche dieser Schule wäre auf jeden Fall noch nötigt, denn *von Gemmingen*s Werk steht gerade in diesem Zusammenhang.

Der Prädikat „südwestdeutsch" lässt sich aufgrund des Tätigkeitsortes der Hauptvertreter dieser Branche erwerben, die unter anderem *Windelband* und *Rickert* sind.[470] Gedanken des Letzteren haben mittelbare oder unmittelbare Auswirkungen auf die Methode in der Strafrechtswissenschaft durch die Rechtsphilosophien *Lasks* und *Radbruchs*.[471] Zwei entscheidende Aspekte bilden den gesamten Hintergrund der Denkweise in der durch den südwestdeutschen Neukantianismus beeinflussten Strafrechtswissenschaft – abgesehen erstmal von allen Streitigkeiten im Detail: Methodendualismus und Wertphilosophie.[472]

Im Methodendualismus geht es eher nicht um die seit *Hume* berühmte Kritik an dem naturalistischen Fehlschluss, dass von dem Sein das Sollen nicht abgeleitet werden dürfe. Hier sind vielmehr die unterschiedlichen Bezugnahmen auf die vielfaltige Wirklichkeit betroffen, die damit gleichzeitig Aufgabenbereiche verschiedener Wissenschaften bestimmen. *Rickert* teilt die Wissenschaft überhaupt in zwei entgegengesetzte Grundformen, die sich jeweils einigen Prinzipien unterwerfen, um die Wirklichkeit umzubilden, die vorgegeben ist.[473] Die Naturwissenschaft bezieht sich auf die Wirklichkeit mithilfe einer allgemeinen Betrachtungsweise, behandelt nur diejenigen, die sich wiederholen, und bringt sie unter das Prinzip der Gesetzmäßigkeit, mit dem entschieden werden

---

468 *Rickert*, Die Grenzen der naturwissenschaftlichen Begriffsbildung, 4. Aufl., S. 5.

469 *Ziemann*, Neukantianisches Strafrechtsdenken, S. 25.

470 *Ziemann*, Neukantianisches Strafrechtsdenken, S. 26 f., 28 ff.

471 *Amelung*, Rechtsgüterschutz und Schutz der Gesellschaft, S. 126.

472 Siehe unter anderem *Kaufmann / von der Pfordten*, Problemgeschichte der Rechtsphilosophie, in: Hassemer / Neumann / Saliger (Hrsg.), Einführung in die Rechtsphilosophie und Rechtstheorie der Gegenwart., 9. Aufl., S. 82 ff.; *Ziemann*, Neukantianisches Strafrechtsdenken, S. 33 ff. (Methodenaspekt), S. 70 ff. (Wertphilosophie).

473 *Rickert*, Kulturwissenschaft und Naturwissenschaft, 6. / 7. Aufl., S. 17, 31 f. Weiteres vgl. auch *Ollig*, Der Neukantianismus, S. 121 ff.; *Amelung*, Rechtsgüterschutz und Schutz der Gesellschaft, S. 126 f.

kann, was, naturwissenschaftlich gesehen, von Bedeutung sein soll.[474] Anders gesagt: Die Naturwissenschaftler sollen sich von den konkreten Gestaltungen ihrer Erfahrungen distanzieren und sich darum bemühen, zu beurteilen, welche Erfahrungen gesetzesgemäß sind. Eine solche wissenschaftliche Behandlungsweise soll an ihre Grenze stoßen, wenn es in der Wirklichkeit noch etwas gibt, das sich mit der generalisierenden Betrachtungsweise nicht verstehen lässt.[475] Die daraus entstandene Erkenntnislücke wäre nur zu schließen, indem man mit einem individualisierenden Verfahren untersucht, was im Vergleich zur Naturwissenschaft Geschichte beziehungsweise Kulturwissenschaft genannt werden soll.[476] In solchem Verfahren ebenso wie in demjenigen bei der Naturwissenschaft nimmt man Prinzipien in Anspruch, damit Wesentliches aus Unwesentlichem aussortiert werden kann. Diesmal sollen die Kulturwissenschaftler sich jedoch nicht mehr von den Inhalten der Wirklichkeit entfernen. Sie müssen dazu versuchen, während der allgemeinen Begriffsbildung die Individualität der kulturellen Vorgegebenheiten nicht zu verlieren.[477] Diese scheinbar paradoxe Aufgabe lässt sich erfüllen, wenn sich auf „Werte" bei der Begriffsbildung der Kulturwissenschaft bezogen wird.[478] Anders als das in der Naturwissenschaft eine entscheidende Rolle spielende Prinzip der Gesetzmäßigkeit ergibt sich das leitende Prinzip im kulturwissenschaftlichen Sinne aus der Bezugnahme auf Werte.[479] So betrachtet ist die Naturwissenschaft wertblind und die Kulturwissenschaft wertbeziehend.

Die Frage, was unter „Werten" verstanden werden soll, würde sofort auftauchen. Laut *Rickert* ist der Wertbegriff im strengen Sinne überraschenderweise undefinierbar.[480] Trotzdem besteht die Aufgabe der Kulturwissenschaftler immer noch darin, diesen zu erklären. Außerdem ist dieser undefinierbare, jedoch erklärbare Begriff als kulturimmanent zu verstehen. Um ihn näher zu erforschen, soll nicht bloß die Wirklichkeit beobachtet werden. Deren Sinn, der nicht dort etwas ist, sondern gilt, wäre in diesem Zusammenhang entscheidender zu erkennen.[481] Wirklichkeit und Sinn bilden daher zwei Erkenntnisbereiche innerhalb

---

474 *Rickert*, Kulturwissenschaft und Naturwissenschaft, 6. / 7. Aufl., S. 55.

475 *Rickert*, Die Grenzen der naturwissenschaftlichen Begriffsbildung, 3. / 4. Aufl., S. 15, auch 152.; *ders.*, Kulturwissenschaft und Naturwissenschaft, 6. / 7. Aufl., S. 45.

476 *Rickert*, Kulturwissenschaft und Naturwissenschaft, 6. / 7. Aufl., S. 55.

477 *Rickert*, Die Grenzen der naturwissenschaftlichen Begriffsbildung, 3. / 4. Aufl., S. 213.

478 *Rickert*, Kulturwissenschaft und Naturwissenschaft, 6. / 7. Aufl., S. 81.

479 *Rickert*, Kulturwissenschaft und Naturwissenschaft, 6. / 7. Aufl., S. 81.

480 *Rickert*, System der Philosophie, S. 113.

481 *Rickert*, System der Philosophie, S. 121 f.

der Kulturwissenschaft. Die auch zu der Kulturwissenschaft gehörende Rechtswissenschaft kann ebenso in zwei Teile geteilt werden. Einer davon bezieht sich auf die empirische Blickrichtung, die *Lask*, ein Schüler *Rickert*s, „Sozialtheorie des Rechts“[482] nennt. Dabei bezeichnet er den auf den sinnlich-normativen Gesichtspunkt bezogenen anderen Bereich als „Jurisprudenz“,[483] also Rechtsdogmatik.[484] Die Rechtsdogmatik in diesem Sinne, deren Ziel zunächst in der Suche nach dem sich hinter dem positiven Recht versteckenden Wert besteht, an dem sodann die Auslegung des Rechts orientieren kann, bildet also den Grundrahmen der Auffassung *von Gemmingen*s.[485]

Mit den erwähnten Erklärungen zur Grundposition des südwestdeutschen Neukantianismus lässt sich das Werk *von Gemmingen*s weiter erforschen. In der südwestdeutsch-neukantianischen Tradition von *Windelband-Rickert-Lasks* stehend, definiert *von Gemmingen* das Recht als einen drei Elemente umfassenden Begriff: Sinn-, Wirklichkeits- und Geltungsaspekt.[486] Der Sinnaspekt befindet sich in einer Bedeutungsebene und wird durch die Gesamtheit von Sollen- oder Wollen-Bedeutungen konstruiert. Dem Gesagten nach gehört er dem Wertbereich an, appelliert an und fordert die Wirklichkeit.[487] Im Vergleich dazu steht die von dem Sollen gerichtete Wirklichkeit, die *von Gemmingen* auch als „Regelungssubstrat“ bezeichnet, dem Sinnaspekt gegenüber. Sie ist die reale, konkrete Welt, die dem abstrakten Rechtssollen erst seine Inhalte bieten und deshalb als „sinngebend“ markiert werden mag.[488] Die notwendigen Seiten des Rechtsbegriffs erschöpfen sich jedoch laut *von Gemmingen* nicht in den zwei erwähnten.

---

482 *Lask*, Rechtsphilosophie, FS - Kuno Fischer, 2. Aufl., 302.

483 *Lask*, Rechtsphilosophie, FS - Kuno Fischer, 2. Aufl., 303

484 *Ziemann*, Neukantianisches Strafrechtsdenken, S. 64.

485 Dieses Verständnis der Rechtsdogmatik hat bisher immer noch Auswirkungen auf die Ansichten einer beträchtlichen Anzahl in der Strafrechtswissenschaft. Ein Überblick siehe *Ziemann*, Neukantianisches Strafrechtsdenken, S. 137 ff.; hinsichtlich des Rechtsgutsbegriffs, *Amelung*, Rechtsgüterschutz und Schutz der Gesellschaft, S. 125 ff.; die teleologische / zweckrationale strafrechtliche Systembildung siehe *Roxin*, Kriminalpolitik und Strafrechtssystem und *dens.*, AT I, 4. Aufl., 7 / 57 ff.

486 Um einen deutlicheren Zusammenhang zwischen den Ansätzen *von Gemmingens* und denjenigen der südwestdeutschen Neukantianern zeigen und ein besseres Verständnis über diese Konzepte erwerben zu können, schreibe ich diese drei jeweils uneinheitlich benutzten Termini um. Die Benennungsmöglichkeiten im Einzelnen, *von Gemmingen*, die Rechtswidrigkeit des Versuchs, S. 8 ff., wie auch die entsprechenden Stellen im Inhaltverzeichnis.

487 *von Gemmingen*, Die Rechtswidrigkeit des Versuchs, S. 8.

488 *von Gemmingen*, Die Rechtswidrigkeit des Versuchs, S. 8.

Der Geltungsaspekt soll ebenso in Betracht kommen. Damit erhalten Normen die Fähigkeit, „sich durchzusetzen"[489]. Weitere Erläuterungen in diesem Abschnitt sollen im Grunde dazu dienen, die Notwendigkeit dieses Aspekts des Rechts in seinem Sinne zu formulieren und sodann die Grenzen zu anderen Rechtsauffassungen zu ziehen. *Von Gemmingen* kritisiert demgemäß eine Art von Rechtsverständnis, das die Geltung bloß auf das Inkrafttreten der Gesetze reduziert und ihre Durchsetzungskraft vernachlässigt.[490] Mit den anderen Rechtsbegriffen, die Geltung als etwas entweder in der Psyche der einzelnen Unterstellten oder dem Gerechtigkeitsgefühl des ganzen Volks – *von Gemmingen* bezeichnet es als „Unterwerfungsempfinden"[491] – Vorliegendes ansehen, setzt er sich ebenso auseinander.[492] Er versteht das Geltungskonzept als eine Macht, durch die die Rechtsnormen sich verwirklichen können. Sie tritt auf, auch wenn der Einzelne oder das Volk den Norminhalt für ungerecht halten würde. Mit einer solchen Macht mögen die Gesetze nicht nur auf dem Papier bleiben. Im hiesigen Kontext wäre dieses Konzept von großer Bedeutung. Es ist gemäß *von Gemmingen* die Schädigung der Machtgeltung, die die Strafbarkeit der versuchten Tat begründet.[493] Darauf wird später wieder zurückgekommen. Außerdem würde es in die Einseitigkeit geraten, wenn eines dieser notwendigen Elemente beim Rechtsverständnis nicht mitgedacht würde, wie es im naturrechtlichen Gedanken der Fall ist, in dem nur das Sollen Beachtung findet, oder in den Auffassungen der historistischen Schule und des Rechtspositivismus, bei denen nur die empirische Seite herrscht.

Als Gegenbegriff des Rechts soll das Rechtswidrigkeitskonzept dementsprechend *von Gemmingen* nach ebenso die drei vorgenannten Seiten umfassen: Anforderungs-, Substrat- und Geltungswidrigkeit.[494] In dieser Argumentationslinie versucht *von Gemmingen* weiter zu erhellen, wie mit jenem dreiseitigen Rechtswidrigkeitsbegriff bei der Problematik der Begründung des Versuchsunrechts geholfen werden könnte.

Zur Anforderungswidrigkeit. *Von Gemmingen* definiert sie als „Zurückbleiben menschlichen Verhaltens hinter rechtlichen Anforderungen"[495]. Der

489 *von Gemmingen*, Die Rechtswidrigkeit des Versuchs, S. 9.
490 *von Gemmingen*, Die Rechtswidrigkeit des Versuchs, S. 10.
491 *von Gemmingen*, Die Rechtswidrigkeit des Versuchs, S. 13.
492 *von Gemmingen*, Die Rechtswidrigkeit des Versuchs, S. 11 ff.
493 von Gemmingen, Die Rechtswidrigkeit des Versuchs, S.
494 *von Gemmingen*, Die Rechtswidrigkeit des Versuchs, S. 23 ff.
495 *von Gemmingen*, Die Rechtswidrigkeit des Versuchs, S. 20, 141.

Anhaltpunkt soll deswegen das menschliche Verhalten sein, ohne die Motivation des Handelnden zu berücksichtigen. Anders gesagt, heißt es, dass bei der Beurteilung der Rechtswidrigkeit die subjektive Haltung des Handelnden zu den Normen und Werten – also ob er sie anerkennen würde – keine Rolle spielt. Sie ist für die Schuldstufe vorbehalten. Die Rechtswidrigkeit des Versuchs in diesem Sinne ist durch einen wertorientierten Bewertungsprozess dahingehend zu bestimmen, ob das Verhalten adäquat wäre, den Erfolg herbeizuführen.[496] Dabei ist die Bezugnahme auf die strafrechtlichen Tatbestände notwendig, soweit sie innerhalb dieses südwestdeutsch-neukantianisch rechtstheoretischen Rahmens als Mittel für die Verwirklichung der Werte fungieren, Verhaltensweisen typisieren und aussortieren, die diesen positiven Werten widersprechen würden.[497] Kurzum: Bis zur jetzigen Phase lässt sich der Versuch als die tatbestandbezogene Anforderungswidrigkeit des Rechts begreifen.

Zur Substratwidrigkeit: *von Gemmingen* versteht die Substratwidrigkeit als Angriff in einem Bereich, der „zwischen der absoluten Bedeutungswelt der Werte und der wertfreien Natur [...] steht", also als „die wertbezogene Wirklichkeit, die Kultur".[498] Anders gesagt, lässt sich die Wirklichkeit solcher Art nicht als „die Summe natürlicher Erscheinungen und Vorgänge" begreifen.[499] Übertragen auf den Ansatz des Versuchsunrechts ist mithilfe dieses Kriteriums zu bestimmen, ob eine Versuchshandlung in die Außenwelt eingreifen muss, statt nur im Kopf des Handelnden zu bleiben.[500] Nach den vorangegangenen Ausführungen darf jener Eingriff in die Außenwelt nicht so beschaffen sein, dass er einfach eine natürliche Zustandsveränderung verursacht oder das Interesse von jemandem beschädigt hat. Weder Natur noch Interesse sollen hierbei die wesentliche Rolle spielen.[501] Dieser Eingriff kommt vor auf dem Horizont des sozialen Zusammenlebens, also der kulturlichen Materien, die durch die Rechtsordnung geregelt werden. Mithilfe der Tatbestände im Strafrecht wiederum mag es im Konkreten festgelegt sein, welche Handlungstypen das friedliche Zusammenleben verletzen würden und deswegen rechtlich verboten sein sollten. Nun wird wahrscheinlich die verdoppelte Funktion des Tatbestands ins Auge gefasst. Er

---

496 *von Gemmingen*, Die Rechtswidrigkeit des Versuchs, S. 99 ff.

497 *von Gemmingen*, Die Rechtswidrigkeit des Versuchs, S. 143; Siehe auch *Mezger*, Vom Sinn der strafrechtlichen Tatbestände, FS - Traeger, S. 195.

498 *von Gemmingen*, Die Rechtswidrigkeit des Versuchs, S. 32, mit weiteren Nachweisen.

499 *von Gemmingen*, Die Rechtswidrigkeit des Versuchs, S. 32.

500 *von Gemmingen*, Die Rechtswidrigkeit des Versuchs, S. 142 ff.

501 *von Gemmingen*, Die Rechtswidrigkeit des Versuchs, S. 33.

befindet sich nicht bloß in der Bedeutungswelt und dann obliegt dem Pflichtsubjekt, was es tun beziehungsweise unterlassen soll. Vielmehr fungiert er ebenso als ein Bewertungssystem, mit dem das äußerliche Geschehen sich als recht oder unrecht ansehen lässt, soweit die Tatbestände Außenweltverhalten beschreiben, die das Zusammenleben stören würden und substratwidrig wären.[502]

Zur Geltungswidrigkeit. Die Machtgeltung des Rechts mag auf mannigfaltige Weise geschwächt werden: durch einen kleinen internen Fehler des Amtsträgers über die uneinheitlichen Bewertungen zwischen den Überzeugungen des Einzelnen und den Rechtsinhalten bis hin zu einem schweren Verbrechen. Doch die Einführung mancher Verhaltensmodi ins Strafrecht, mit der Strafe als Rechtsfolge, bedeutet etwas anderes. Diese bieten der Allgemeinheit die Erwartungen an, dass die Strafe auftreten würde, falls Straftaten – hier insbesondere auf die Anforderungswidrigkeit bezogen, weil Versuchshandlungen ohne Substratwidrigkeit in den Zeiten *von Gemmingen*s und in der Gegenwart strafbar sind – begangen würden. Wird auf solche Handlungen nicht angemessen mit Strafe reagiert, würde das in der Psyche der Mitmenschen vorliegende unruhige Gefühl unbehandelt bleiben, was zu negativen Auswirkungen auf die „durchschnittliche Anerkennung eines höheren rechtsetzenden Willen[s]" führen würde, die „maßgeblich für die Regelung des Gemeinschaftslebens" ist.[503] Im Anschluss daran diskutiert *von Gemmingen* die Grundlage der Strafbarkeit der untauglichen Versuchstat. Ihre Strafbarkeit liegt nicht in der objektiven Gefährlichkeit, sondern in dem gefährlichen Anschein, der dazu geeignet sein mag, eine weitgehende Beunruhigung zu erwecken.[504]

Soll nun das grundlegende Werk *von Gemmingen*s kurz zusammenfassend eingeschätzt werden, wäre es wohlbegründet, zu artikulieren, dass es trotz all seiner aufschlussreichen Argumentationen eher Probleme zu schaffen scheint, als sie zu auflösen. Die Zeitbedingtheit des damaligen strafrechtswissenschaftlichen Kenntnisstands wäre ein möglicher Grund, für den *von Gemmingen* nicht allein verantwortlich sein sollte. Er musste deswegen oft zunächst seine Positionen zu anderen Problembereichen im Strafrecht als dem der Rechtswidrigkeit des Versuchs erklären.[505] Auf jeden Fall ist es bemerkenswert, dass er schon vor nahezu einem Jahrhundert den Kerngedanken und die Begründung der

502 *von Gemmingen*, Die Rechtswidrigkeit des Versuchs, S. 143.
503 *von Gemmingen*, Die Rechtswidrigkeit des Versuchs, S. 161.
504 *von Gemmingen*, Die Rechtswidrigkeit des Versuchs, S. 162.
505 Beispielerweise das Verhältnis zwischen Rechtswidrigkeit und Schuld, *von Gemmingen*, Die Rechtswidrigkeit des Versuchs, S. 23 ff., 65 ff.

Eindruckstheorie des Versuchs zum Ausdruck gebracht hat. Auf diesem Baustein stehend, darf diese Theorie sich weiter entfalten. Dies kann sie allerdings nicht von den Kritikpunkten befreien, die im Folgenden ausgeführt werden sollen.

Die erste Kritik richtet sich an den inkonsistenten Anwendungszusammenhang zwischen den notwendigen Seiten des Rechts und ihrer Übertragung auf die Auffassungen der Vollendungs- und der Versuchstat.[506] Seit dem Anfang seiner Arbeit hatte *von Gemmingen* betont, dass das Recht drei notwendige Ebene umfassen solle: den erwähnten Sinn-, den Wirklichkeits- und den Geltungsaspekt. Jedoch behauptete er bald in dem Abschnitt zum Rechtswidrigkeitsbegriff Folgendes: Obwohl die Widrigkeit jener drei Seiten des Rechts im Strafrecht meistens zusammen in Erscheinung träte, sei die Möglichkeit nicht ausgeschlossen, dass einzelne Momente gelegentlich getrennt auftreten könnten.[507] Nicht bloß werde die eingangs beharrte Notwendigkeit einigermaßen zur Möglichkeit degradiert, dass „[a]lle drei Rechtswidrigkeiten in sich graduierbar“[508] seien. Die letzte Behauptung ermöglicht, dass bei den Strafbarkeitsbegründungen verschiedener Verbrechensphasen manche Elemente der Rechtswidrigkeit mehr Beachtung fänden als andere. Dieser Unterschied zeigt sich explizit in den jeweiligen Formulierungen über die Strafbarkeit der vollendeten und versuchten Tat. Die Strafbarkeit der vollendeten und versuchten Tat soll auf die dreiseitige Rechtswidrigkeitskonzeption zurückgeführt werden können, wie *von Gemmingen* selbst es erkennen lassen hat.[509] Er setzt sich überraschenderweise nicht mit dem damaligen Strafrecht auseinander, wo diejenigen Versuchshandlungen, die „nicht substratwidrig sein [müssen]“,[510] ebenso für strafbar gehalten wurden. Die Stelle der fehlenden Substratwidrigkeit scheint durch die Geltungswidrigkeit ersetzt werden zu können – ohne weitere Erklärung, wie dies sich begründen lässt.[511] Das wäre einfach inakzeptabel, weil gerade eine solche Erklärung das Hauptthema seiner Arbeit sein soll.

Jene unentbehrliche, aber immer verfehlende Argumentation ist auf der abstrahierten Ebene im Abschnitt der Rechtswidrigkeit nicht herauszufinden. Dargestellt war nur, dass der Geltungsbegriff im Sinne *von Gemmingen*s die Fähigkeit

506 Diese Kritik erschien immer schon in der Literatur, vgl. *Gallas'* Rezension dieses Werks von Gemmeingens, ZStW 34 (1935), 281 ff.; in Verbindung damit auch *Zaczyk*, Das Unrecht des versuchten Tat, S. 25 f.

507 *von Gemmingen*, Die Rechtswidrigkeit des Versuchs, S. 41.

508 *von Gemmingen*, Die Rechtswidrigkeit des Versuchs, S. 41.

509 *von Gemmingen*, Die Rechtswidrigkeit des Versuchs, S. 160.

510 *von Gemmingen*, Die Rechtswidrigkeit des Versuchs, S. 160.

511 *von Gemmingen*, Die Rechtswidrigkeit des Versuchs, S. 160.

des Rechts bedeutet, sich durchzusetzen. Er ist die sozial-psychologische Basis des Rechts.[512] Tatsächlich sind die Durchsetzungskraft und der sozial-psychologische Zustand der Rechtsgemeinschaftsmitglieder zweierlei, wie *von Gemmingen* selbst zugegeben hat.[513] Es wäre immer nachvollziehbar, dass mithilfe des staatlichen Zwangsmittels das Recht immer durchgesetzt werden könnte, auch wenn es *de facto* keine Anerkennung finden könnte. Es bleibt damit offen, in welchem Zusammenhang die beiden Elemente stehen sollen. Man kann weiterhin hinterfragen, weshalb diese eine angeblich notwendige Seite des Rechts von jenem zufälligen Zustand des Bürgers abhängen darf.[514] Erst nachdem die erwähnten Probleme hinreichend erhellt wurden, darf die darauf gegründete Versuchstheorie für eine rationale Lösung gehalten werden.

Abgesehen von der vorgenannten Problematik würde die Geltungskonzeption in vielfache dogmatische Schwierigkeiten geraten, wenn sie auf dem allgemeinen sozial-psychologischen Faktum beruht, über dessen Inhalt keine weiteren Explanationen in diesem Werk *von Gemmingens* zum Vorschein gekommen sind. Zunächst wäre es kaum bestimmbar, insbesondere, wenn der Autor es wiederum mit dem Beunruhigungsgefühl in einer Gesellschaft gleichsetzt. Gefühl gehört zu dem inneren Feld einer Person und lässt sich nur durch subjektive Aussagen erkennen, die im Grunde nicht objektiv nachgewiesen werden können. In *von Gemmingens* Arbeit wurde kein einziges Kriterium gegeben, mit dem zu entscheiden ist, wieviel unruhiges Gefühl die Strafbarkeit der Versuchshandlung begründen darf. Dies würde nochmals die Konstellation erschweren, weil ohne ein solches Kriterium die angemessene Strafe als die Reaktion auf jenes durch die Tat verursachte Gefühl sowie ihr Maß nicht festgelegt werden können. Zu wenig wäre unzureichend, den angeregten Zustand zu beseitigen. Zu viel würde zur Rechtsverletzung des Täters führen.

Ein anderer Kritikpunkt betrifft das südwestdeutsch-neukantianische Rechtsverständnis überhaupt, also den Sinnaspekt des Rechts. Wie erwähnt, lässt sich dieser Sinn nur durch ein wertbeziehendes Erkenntnisverfahren verstehen. Am Sinn und deshalb auch am Wert sollen sich demgemäß die Auslegungen der Gesetze orientieren. Sofort stellt sich die Frage: Wie sind Werte solcher Art zu rechtfertigen? Nach den Ansätzen *Windelbands* und *Rickerts* liegt die

512 *von Gemmingen*, Die Rechtswidrigkeit des Versuchs, S. 9

513 *von Gemmingen*, Die Rechtswidrigkeit des Versuchs, S. 13 f.

514 Dazu ebenso kritisch *Zaczyk*, Das Unrecht der versuchten Tat, S. 26. Schon *von Gemmingen* selbst steht den auf Zufälligkeit gegründeten Geltungsbegriffen gegenüber, vgl. *dens.*, Die Rechtswidrigkeit des Versuchs, S. 10.

Legitimationsinstanz im Bewusstsein der Subjekte,[515] die einerseits auf ein „Evidenzgefühl“,[516] das nicht weiter erklärt zu werden braucht,[517] und andererseits auf ein „Glauben an Allgemeingültigkeit“ zurückgeführt wird.[518] Diese Aufklärungsstrategie ähnelt grundsätzlich derjenigen der vorher bereits zur Diskussion stehenden Bewusstseinsphilosophie. Sie wäre demzufolge ebenso mit den diesbezüglichen theoretischen Defiziten konfrontiert.[519] Die schon beschriebenen Auseinandersetzungen werden hierfür nicht wiederholt, sondern in diesem jetzigen Kontext fortentwickelt. Diese wertorientierte Rechtskonzeption erfasst außerdem die Grenze zwischen Werten und dem durch den demokratischen Prozess erzeugten Recht. Das Recht im modernen, demokratischen Staat kann in Relation zu Werten stehen, muss aber nicht. Es besitzt den selbstständigen Legimitationsgrund, das demokratische Rechtssetzungsverfahren, und ist nicht allein an Werte zu richten.[520] In dem demokratischen gesetzgeberischen Prozess sollen nicht bloß Werte, an denen sich bestimmte Gruppen innerhalb der Rechtsgemeinschaft kulturell orientieren, sondern allgemeingültige moralische Ansichten sowie konkrete Interessen etc. ins Auge gefasst werden. Die daraus folgende Rechtsgeltung bringt mithin keinen kulturell-historischen Sieg der Werte mancher Gruppen über andere zum Ausdruck. Sie repräsentiert vielmehr eine unparteiliche Entscheidung einer Rechtsgemeinschaft darüber, wie sie das Zusammenleben regeln will.

2. Die Weiterentwicklung der Eindruckstheorie – eine Sanktionsnorm-Variante

Nach dem grundlegenden Werk *von Gemmingens* hat die Eindruckstheorie sich in viele Richtungen entwickelt. Eine modifizierte und verbesserte Variante – sie wird im folgenden Text als „Sanktionsnorm-Variante“ bezeichnet – wäre im

---

515 *Windelband*, Immanuel Kant, in: Windelband (Hrsg.), Präludien, Bd. 1, 9. Aufl., S. 139; *Rickert*, Der Gegenstand der Erkenntnis, 4. / 5. Aufl., S. 42, 274 ff. Ausführlich siehe auch *Ziemann*, Neukantianisches Strafrechtsdenken, S. 77 ff.

516 *Rickert*, Zwei Wege der Erkenntnistheorie, in: Kant Studien 14 (1909), S. 188.

517 *Windelband*, Normen und Naturgesetze, in: Windelband (Hrsg.), Präludien, Bd. 2, 9. Aufl., S. 74.

518 *Windelband*, Kritische oder genetische Methode, in: Windelband (Hrsg.), Präludien, Bd. 2, 9. Aufl., S. 123.

519 Dazu schon im ersten Teil. I diskutiert.

520 Vgl. unter anderem *Habermas*, Zum pragmatischen, ethischen und moralischen Gebrauch der praktischen Vernunft, in: *ders.*, Erläuterungen zur Diskursethik, S. 100 ff.; *ders*, Faktizität und Geltung, 5. Aufl., S. 139 ff.

vorliegenden Argumentationsgang von besonderem Belang. Es lohnt sich deshalb, sie im Detail kritisch zu erforschen. Sie ist verbessert hinsichtlich der in *von Gemmingens* Auffassung bestehenden Probleme – mindestens in dreierlei Hinsicht: Erstens ist diese Theorie konsistent in dem Sinne, dass alle Straftaten, von den versuchten bis zu den vollendeten Taten, bestimmte gemeinsame Eigenschaften teilen. Zweitens beruht diesem Ansatz nach der (Un-)Rechtsbegriff nicht mehr auf zufälligen Elementen wie dem Beunruhigungsgefühl des Volks bei *von Gemmingen*. Die Stelle der Verfassung und der Rechtstaatlichkeit findet schließlich Beachtung bei den Argumenten zur Legimitation des Strafrechts und der Strafe, ohne die Legimitationsgrundlagen der Beiden unmittelbar auf Werte zurückzuführen, die wohl oberhalb des Rechtes stehen. Im weiteren Verlauf dieses Abschnitts werden zuerst das im Zentrum eines solchen Ansatzes stehende Begriffspaar, die Verhaltensnormen sowie die Sanktionsnormen und die auf unterschiedliche Argumente bezogenen Legimitationsgründe zum Ausdruck gebracht (A.). Die dadurch hergestellte strafrechtliche Auffassung wird sodann auf den Versuchsbereich ihre Anwendung finden (B.). Am Ende wird sie kritisch bewertet (C.).

A. Verhaltensnormen und Sanktionsnormen

Statt von einem Zugriff auf Werte als Begründung des (Straf-)Rechts geht die hier zu analysierende Sanktionsnorm-Variante der Eindruckstheorie von einer in der zeitgenössischen Strafrechtswissenschaft wohl konsensuellen Grundannahme aus, dass die Strafe eine Art von grundrechtlichem Eingriff gegen die Bürger und daher legitimationsbedürftig ist.[521] Diesmal darf sie nicht durch die in der Kultur bestehenden Werte sowie ihre Realisierung, sondern aufgrund der Vorstellung der Staatsaufgabe des Schutzes der Daseins- und Entfaltungsbedingungen der Bürger gerechtfertigt werden.[522] In diesem Rahmen ist die Verfassung immer mitzudenken, soweit in ihr die Konkretisierung jener Aufgaben des Staats und die angemessenen Mittel erscheinen sollen. Ein zweckrationaler Zusammenhang[523] zwischen dem Staat, dem als eines seiner Instrumente

521 Siehe beispielerweise *Freund*, AT, 2. Aufl., 1 / 1; *Kindhäuser*, AT, 8. Aufl., 2 / 5; *Lagodny*, Strafrecht vor den Schranken der Grundrechte; jüngst auch *Wilfert*, Strafe und Strafgesetzgebung im demokratischen Verfassungsstaat, S. 16 ff.; *Puschke*, Legitimation, Grenzen und Dogmatik von Vorbereitungstatbeständen, S. 142 ff.

522 *Freund*, AT, 2. Aufl., 1 / 2; *Kindhäuser*, AT, 8. Aufl., 2 / 1.

523 *Freund*, AT, 2. Aufl., 1 / 2; *Kindhäuser*, AT, 8. Aufl., 2 / 1; Roxin, AT I, 4. Aufl., 7 / 27; *ders*, Selbstständigkeit und Abhängigkeit des Strafrechts im Verhältnis zu Politik, Philosophie, Moral und Religion, FS - Küper, S. 489.

fungierenden Strafrecht und den Bürgern ist dementsprechend zur Geltung gebracht. Das Strafrecht samt seiner Rechtsfolge Strafe ist vom Staat eingerichtet, um die Daseins- und Entfaltungsbedingungen der Bürger – oder: strafrechtlich umschrieben, Rechtsgüter – vor den möglichen Verletzungen durch andere zu schützen. Unzulässig wäre nach jenem Verständnis die Vergeltungsstraftheorie, die keinem anderen Zweck außer dem Ausgleich der vergangenen Schuld des Täters dienen soll und demgemäß für „absolut" gehalten wird,[524] weil die immer zu spät kommende Strafe den Schaden des Opfers niemals retten könnte.[525] Eine solche Strafe wäre für den Schutz des Bürgers nicht nur nutzlos, sondern würde einen erneuten Rechtseingriff gegen den Täter schaffen. In einem Satz: Sie kann den oben erwähnten Zweck nicht erreichen. Umgekehrt sollen nach den Vertretern der „Sanktionsnorm-Variante" die Funktion und die Legitimationsgrundlage der Strafe an der Zukunft angelegt werden. Obgleich die auf der Grundlage von der Sanktionsnorm verhängte und vollstreckte Strafe den Schaden nach der Rechtsgutsverletzung nicht heilen kann, wäre es möglich, durch eine adäquate Reaktion auf jene durch (mögliche) Rechtsgutverletzung zurechenbar herbeiführende Tat die Wiederholung zu prävenieren.[526]

Allerdings wäre das Gesagte in den gegenwärtigen strafrechtswissenschaftlichen Erkenntnissen nichts Besonderes. Es wäre schon trivial, auszudrücken, dass das Strafrecht Rechtsgüter beschützen[527] und die Strafe auf zukünftige Weise fungieren soll.[528] Der Witz dieser Theorie soll sich tatsächlich in der Einführung des Begriffspaars „Verhaltensnorm und Sanktionsnorm" verstecken.[529] Die beiden Normen erfüllen die Aufgabe, die Rechtsgüter zu schützen, sowohl auf verschiedenen Ebenen als auch in unterschiedlicher Weise. Sie sind mit jeweils abweichenden Gründen zu justieren.[530]

---

524 Vgl. nur *Freund*, AT, 2. Aufl., 1 / 4.

525 Ausführlich siehe *Zaczyk*, Zur Begründung der Gerechtigkeit menschlichen Strafens, FS -Eser, S. 207 ff.

526 *Freund*, AT, 2. Aufl., 1 / 4; *Kindhäuser*, AT, 8. Aufl., 2 / 14 f.; ferner vgl. auch *Jakobs*, Staatliche Strafe: Bedeutung und Zweck.

527 Unter anderem nur *Roxin*, AT I, 4. Aufl., 2 / 1 ff.

528 *Freund*, AT, 2. Aufl., 1 / 2; *Kindhäuser*, AT, 8. Aufl., 2 / 14 f.

529 *Frisch*, Vorsatz und Risiko, S. 59 ff.; *Hefendehl*, Kollektive Rechtsgüter im Strafrecht, S. 89; *Kindhäuser*, Gefährdung als Straftat, S. 29 ff.; *ders.*, AT, 8. Aufl., 2 / 1 ff.; *Freund*, AT. 2. Aufl., 1 / 5 ff.; *Wilfert*, Strafe und Strafgesetzgebung im demokratischen Verfassungsstaat, S. 16 ff.

530 *Kindhäuser*, AT, 8. Aufl., 2 / 1 ff.; *Freund*, AT, 2. Aufl., 2 / 8 ff.

Zunächst zur Verhaltensnorm: Man kann ohne große Schwierigkeit im Wortlaut ablesen, dass die Verhaltensnorm diejenige ist, die sich an das menschliche Verhalten richtet. Sie kann auftauchen mit der Erscheinung des Verbots oder des Gebots. Damit ist der menschliche Verhaltensmodus geregelt, soweit der Adressat durch die in den Verhaltensnormen eingeschlossenen Verbote und Gebote wissen kann, was zu tun oder zu unterlassen ist.[531] Im Strafrecht ist ihr darüber hinaus, bei ihrer Übertretung, Strafe als Rechtsfolge beigelegt. In Bezug auf *Bindings* Normtheorie[532] ist die so gefasste Verhaltensnorm mit den strafrechtlichen Tatbeständen nicht identisch. Das Letztere setzt auf der einen Seite vielmehr das Vorliegen des Ersteren voraus. Es könnte Merkmale umfassen, die nicht zu den an die menschlichen Handlungen gerichteten Verboten oder Geboten – die Verhaltensnorm – gehören. Das würde auf der anderen Seite bedeuten, dass das Unrecht einer Tat nicht primär in ihrer Tatbestandmäßigkeit besteht, weil die Tat gerade den Tatbeständen entspricht. Das Unrecht stellt sich eher in der Übertretung der hinter den Tatbeständen stehenden Verhaltensnorm dar.[533] Dieses Verständnis, dass das strafrechtliche Unrecht die Verhaltensnormverletzung ist, führt außerdem zu der Lockerung, sogar der Trennung der Handlung von dem durch die Handlung zurechenbar verursachten Erfolg. In zunehmender Weise ist gemeint, dass an den Erfolg niemals durch Normen appelliert werden kann. Deswegen ist er zufällig und soll keine Rolle in der Unrechtsbegründung spielen.[534] So betrachten ist es verständlich, dass manche Vertreter dieser Theorie den Unrechtsgehalt der vollendeten und versuchten Tat für identisch halten.[535]

---

531 Überblick siehe zum Beispiel *Kindhäuser*, AT, 8. Aufl., 2 / 2; *Freund*, AT, 2. Aufl., 1 / 6. Im Einzelnen siehe *Frisch*, Vorsatz und Risiko, S. 59; *dens.*, Tatbestandmäßiges Verhalten und Zurechnung des Erfolgs, S. 23 ff.; *Kindhäuser*, Gefährdung als Straftat, S. 13 ff.; *Freund*, Erfolgsdelikt und Unterlassen, S. 52 ff.

532 *Binding*, Die Normen und ihre Übertretung, Bd. 1, S. 4 ff.; dazu auch *Freund*, AT, 2. Aufl., 1 / 26; *Stächelin*, Strafgesetzgebung im Verfassungsstaat, S. 111.

533 *Freund*, AT, 2. Aufl., 1 / 26; *ders.*, Erfolgsdelikt und Unterlassen, S. 51.

534 Grundlegend *Armin Kaufmann*, Lebendiges und Totes in Bindings Normentheorie, S. 105, 153; *Zielinski*, Handlungs- und Erfolgsunwert im Unrechtsbegriff, S. 130, 142 ff.; *Frisch*, Tatbestandmäßiges Verhalten und Zurechnung des Erfolgs, S. 513 ff.; *Freund*, AT, 2. Aufl., 8 / 11 ff.

535 *Freund*, AT, 2. Aufl., 8 / 11. In Wirklichkeit sehen sogar viele Vertreter dieser Auffassung – wie *Frisch* - die Übertretung der Verhaltensnorm als „Kernstück einer jeden Straftat" an, dazu *Frisch*, Vorsatz und Risiko, S. 503; *Freund*, Das Spezifikum der vollendeten Vorsatztat, FS -Maiwald, S. 211; *ders.*, AT, 2. Aufl., 2 / 8: „Der **Verstoß gegen** eine rechtlich **legitimierte Verhaltensnorm** ist Mindestbedingung und damit **Prüfkriterium** einer jeden Straftat." (Hervorhebung im Original)

Wie früher schon gezeigt, wird das Strafrecht insgesamt – nicht nur die Strafe, sondern bereits die in den Verhaltensnormen enthaltenen Verbote und Gebote – in diesem zurzeit zur Diskussion stehenden Rahmen als grundrechtlicher Eingriff verstanden.[536] Wenn es bei den Verhaltensnormen um Eingriffe in die Grundrechte geht, bedarf es jeweiliger einzelner verfassungsrechtlicher Legitimationsargumente. Im Grunde ist hierbei der Verhältnismäßigkeitsgrundsatz gemeint.[537] Im Zuge der verfassungsrechtlichen Vorgabe für den Schutz der Dasein- und Entfaltungsbedingungen jedes Einzelnen innerhalb des sozial wirklichen Umstands des Zusammenlebens muss die Verhaltensnorm dahingehend auf den Prüfstein gelegt werden, ob sie ein geeignetes, erforderliches sowie angemessenes Mittel wäre, jenes erwähnte Ziel zu erreichen.[538] Der kontinuierlich als Legitimationskriterium des Strafrechts verwendete Rechtsgutsbegriff soll dadurch in diesem Theoriegebäude angesiedelt werden, dass er als die obigen Dasein- und Entfaltungsbedingungen interpretiert und mit dem verfassungsrechtlichen Rahmen in Einklang gebracht wird.[539] Dabei geht es im Ganzen grundsätzlich um eine zweckrationale „Güter- und Interessenabwägung",[540] das heißt, ob es sich lohnen würde, durch die Erzeugung einer Verhaltensnorm, was zugleich eine Einschränkung der allgemeinen Handlungsfreiheit bedeuten würde,[541] Rechtsgüter zu schützen.

Der Widerspruch einer Verhaltensnorm ist auf jeden Fall bloß eine notwendige, doch keine hinreichende Bedingung für die Rechtfertigung der Verhängung und Vollstreckung der Strafe.[542] Andere Voraussetzungen, um zu beurteilen, ob die Bestrafung im Falle einer bereits vorliegenden Verhaltensnormübertretung

---

536 *Freund*, AT, 2. Aufl., 1 / 13 ff.; *Wilfert*, Strafe und Strafgesetzgebung im demokratischen Verfassungsstaat, S. 19 ff.; *Puschke*, Legitimation, Grenzen und Dogmatik von Vorbereitungstatbeständen, S. 157. *Kaspar*, Verhältnismäßigkeit und Grundrechtsschutz im Präventionsstrafrecht, S. 324 ff.

537 Unter anderem *Hörnle*, Grob anstößiges Verhalten, S. 22 ff.; *Kaspar*, Verhältnismäßigkeit und Grundrechtsschutz im Präventionsstrafrecht; *Wilfert*, Strafe und Strafgesetzgebung im demokratischen Verfassungsstaat, S. 156 ff.; *Puschke*, Legitimation, Grenzen und Dogmatik von Vorbereitungstatbeständen, S. 154 ff.; *Freund*, AT, 2. Aufl., 1 / 17 ff.

538 *Freund*, AT, 2. Aufl., 1 / 17 ff.

539 *Freund*, AT, 2. Aufl., 1 / 16; *Kindhäuser*, AT, 8. Aufl., 2 / 6;

540 *Freund*, AT, 2. Aufl., 1 / 13.

541 *Wilfert*, Strafe und Strafgesetzgebung im demokratischen Verfassungsstaat, S. 20, mit weiteren Nachweisen.; *Freund*, AT, 2. Aufl., 1 / 17.

542 *Freund*, AT, 2. Aufl., 2 / 5 („zusätzliche Sanktionserfordnisse"), 2 / 44.

bedürftig wäre, sind grundsätzlich in der Diskussion zur Sanktionsnorm anzusiedeln.[543] Während die Verhaltensnorm einerseits angesichts der Aufgabe des Rechtsgüterschutzes gerechtfertigt werden darf, kann andererseits die Sanktionsnorm Legitimation beanspruchen in Bezug auf Straftheorien,[544] vor allem die Auffassung der positiven Generalprävention.[545] Wie bereits in einer früheren Passage angedeutet, betrachten die Anhänger einer derartigen Theorie die Straftat als eine ablehnende Aussage gegen jeweils betroffene Normen und einen Angriff auf den Rechtsfrieden. Die Strafe könnte in diesem Rahmen eine Gegenrede zum Ausdruck bringen. Damit wären die vorab in Zweifel gezogenen Normen samt ihrer Geltung erneut bestätigt. Der zuerst gestörte Rechtsfriede wäre mithin wiederhergestellt.[546] Der Erfolg einer Straftat ist in diesem Sinne ins Auge gefasst. Er kommt in Betracht – nicht wegen seiner fehlgeschlagenen Steuerbarkeit durch die in den Verhaltensnormen vorliegenden Ver- sowie Gebote. Sein Eintritt würde eher die völlige Verwirklichung des eigentlich durch die Verhaltensnormen zu vermeidenden Geschehens zum Ausdruck bringen.[547] Obwohl es immer von dem Zufall abhängt, ob der Erfolg in Erscheinung tritt, könnte er als die Verwirklichung eines durch die Befolgung der Verhaltensnormen vermeidbaren Ereignisses auf jeden Fall die Erschütterung des Rechtsvertrauens von Rechtsgenossen verstärken und demgemäß eine härtere Bestrafung beispielsweise bei den vollendeten Taten rechtfertigen.[548]

B. Das Eindrucksmoment in Bezug auf die Sanktionsnorm

Es wäre bis jetzt vielmehr noch verständlicher, weshalb der Unrechtsinhalt der versuchten Tat nicht anders als derjenige der vollendeten Tat ist. Das Unrecht der beiden besteht identisch in der Übertretung der Verhaltensnorm.[549] Der Erfolg ist nur eines der Indizien, um zu beurteilen, inwiefern der Rechtsfriede durch den Widerspruch der Verhaltensnorm gestört würde und wie groß die Gefahr eines davon abgeleiteten Normgeltungsschadens wäre.[550] Dies schließt

543 *Kindhäuser*, AT, 8. Aufl., 2 / 8 ff.

544 *Freund* spricht sogar von dem durch die Sanktionsnorm zu schützenden Rechtsgut, siehe *dens.*, AT, 2. Aufl., 1 / 11a.

545 *Freund*, AT, 2. Aufl., 1 / 10 im Bezug auf *Jakobs*, AT, 2. Aufl., 1 / 9 ff.;

546 Unter anderem *Jakobs*, AT, 2. Aufl., 1 / 9 ff.; *Hörnle*, Straftheorien, 2. Aufl., S. 27 ff.

547 *Freund*, AT, 2. Aufl., 2 / 60.

548 *Freund*, Erfolgsdelikt und Unterlassen, S. 99.

549 *Freund*, AT, 2. Aufl., 8 / 11.

550 *Freund*, AT, 2. Aufl., 8 / 11; *Kindhäuser*, AT, 8. Aufl., 30 / 10; auch *ders.*, Gefährdung als Straftat, S. 134.

nicht aus, dass eine Übertretung der Verhaltensnorm als solche bereits hinreichend für eine Schwächung der Normgeltung gehalten werden kann. Die Bürger könnten sich nicht mehr so sicher wie immer sein, dass das Strafrecht zu befolgen ist. Näher betrachtet, wäre herauszufinden, ob es hierfür nicht nur um die Eindruckstheorie bloß für die Versuchstat, sondern um die Eindruckstheorie aller Straftaten überhaupt geht, die die Strafbarkeit auf den Eindruck der Bürger gründet – insofern sich ein solcher Eindruck eignen könnte, den Verlust des allgemeinen Vertrauens am Recht herbeizuführen und daher durch Bestrafung angemessen reagiert werden soll. So interpretiert, kann man ebenso verstehen, wieso derjenige, der seine Vorstellung von der Tat betätigt, nach dem geltenden Strafrecht grundsätzlich strafbar ist. Nur bei den Fällen des groben Unverstandes könnte die Bestrafung gemildert werden, weil es beim groben, unverständigen Fall an Geltungsschädigung fehlt, die der Strafe bedarf, um sie auszugleichen.[551] Kurzum: Keine (oder mindere) Sanktionserfordernisse liegen bei den Fällen des groben Unverstandes vor. Das hier verwendete Konzept der „Sanktionsnorm-Variante der Eindruckstheorie" ist dementsprechend danach zu benennen.

C. Kritik

Es lässt sich kaum bezweifeln, dass die oben beschriebene Auffassung im Verhältnis zur originellen Variante *von Gemmingens* tiefgreifendere und konsequentere Argumente von der Eindruckstheorie einerseits angeboten hat. Diese Ansicht könnte andererseits mit einer verfassungsrechtlich organisierten Gesellschaft in Einklang gebracht werden. Analysiert man jene in dieser Meinung bestehenden Argumentationen weiter, könnte man wahrscheinlich zugleich eine Grundannahme entdecken, der ein verkürzter menschlicher Handlungsbegriff zugrunde liegt, unter dem nur die technische und die zweckrationale Seite in Betracht kommen.[552] Es fängt damit an, das Strafrecht samt der Bestrafung nur als ein von außen aufgedrängtes, grundrechtseingreifendes Zwangsmittel anzusehen,

551 *Freund*, AT, 2. Aufl., 8 / 11 und die Literatur in Fußnote 546.

552 Ausführliche Kritik zu diesem Punkt liefert schon *Zaczyk*, Kritische Bemerkungen zum Begriff der Verhaltensnorm, GA 2014, 73 ff. Um die detaillierten Analysen über den zweckrationalen Handlungsbegriff und seine verfehlende Leistung, die soziale Ordnung angemessen zu verstehen, siehe vor allem *Habermas*, Theorie des kommunikativen Handelns, Bd. 1, 4. Aufl., S. 369 ff., auch *ders.*, Rationalität der Verständigung. Sprechakttheoretische Erläuterungen zum Begriff der kommunikativen Rationalität, in: *ders.*, Wahrheit und Rechtfertigung, erweiterte Ausgabe, S. 109 ff.; zur rechtlichen Ordnung überhaupt *ders.*, Faktizität und Geltung, 5. Aufl., S. 151 ff.

dessen Legimitationsgrund in dem Zweck des Rechtsgüterschutzes existiert. Die Rechtsgüter sind darüber hinaus in diesem Argumentzusammenhang aufgrund ihrer Interessebezogenheit nicht absolut zu beschützen, sondern in einen „Erwägungsprozess“[553] einzuführen, um zu entscheiden, in welchen Umständen manche Rechtsgüter beschützt und anderen nachgegeben werden sollen. Verfassungsrechtlich gefärbt wäre ein solcher Erwägungsprozess als Verhältnismäßigkeitsgrundsatz zu bezeichnen. Dieser kann im Konkreten in drei Subkriterien geteilt werden, nach denen die Legitimität von der strafrechtlichen Gesetzgebung bis zur einzelnen Verhängung sowie Vollstreckung der Strafe detailliert zu beurteilen ist.[554] Trotz aller möglichen Erscheinungsformen bleibt der sich dahinter versteckende technische und zweckrationale Hintergrund unverändert.

In der gesamten Rhetorik einer solcher Ansicht wäre wohl abzulesen, dass diese Theorie auf einem heteronomen Verständnis der menschlichen Freiheit beruht. Sie lässt die Fähigkeit des Menschen außer Betracht, sich selbst über die Richtigkeit der Normen zu beurteilen sowie Gründe dafür nachzufragen.[555] Strafrechtliche Normen sind in diesem Rahmen grundsätzlich nur auf Imperative reduziert,[556] die ihrem Adressaten bloß von außen her verbieten oder gebieten, etwas zu unterlassen oder zu tun. Die so entstehende Gemeinschaft könnte vielleicht ebenso ein bestimmtes friedliches Zusammenleben garantieren, jedoch nur dadurch, dass soziale Akteure sich darin bloß auf die Rolle des Normadressaten festlegen lassen und in den vom Staat durch die Normen gezogenen Handlungsgrenzen bleiben. Weder die Entstehung noch die Gestaltung der Normen hat mit ihnen zu tun.

Offensichtlich wäre diese Leseart strafrechtlicher Normen im Hinblick auf ihre verfassungsrechtliche Vorgabe unvollkommen. Sie beschränkt das Normverständnis bloß auf die Seite der Verhaltenssteuerung, die an die Rechtspersonen als Normadressaten gerichtet und als ein Eingriff in ihre Grundrechte gedacht ist. Die Verhältnismäßigkeit der durch den Eingriff zu schützenden und der dadurch zu verletzenden Grundrechte scheint der einzig gewichtige Legimitationsgrund zu sein. Eine solche Auffassung würde trotzdem die demokratische Vorgabe

---

553 *Freund*, AT, 2. Aufl., 1 / 13.

554 Im Detail vgl. nur *Kaspar*, Verhältnismäßigkeit und Grundrechtsschutz im Präventionsstrafrecht, S. 100 ff.

555 *Günther*, Schuld und kommunikative Freiheit, S. 245 ff. und *ders.*, Die Freiheit der Stellungnahme als politisches Grundrecht, in: Koller u. a. (Hrsg.), Theoretische Grundlage der Rechtspolitik, ARSP-Beiheft 51, S. 58 ff.; dazu auch *Habermas*, Faktizität und Geltung, 5. Aufl., S. 152.

556 *Zaczyk*, Kritische Bemerkungen zum Begriff der Verhaltensnorm, GA 2014, S. 80.

im Grundgesetz vernachlässigen, deren Kern in der bürgerlichen Selbstgesetzgebung vorliegen soll. Die Normadressaten dürfen zugleich die Normautoren werden.[557] Statt nur den Verhältnismäßigkeitsgrundsatz soll die Selbstgesetzgebung im rechtlichen Sinne, was im Folgenden noch weiterzuentwickeln ist, den Legitimationsgrund der Normgeltung in sich tragen. In einem demokratischen Rechtsstaat würde die bürgerliche Selbstgesetzgebung einen bestimmten Prozess beanspruchen, wo von der Interpretation der Inhalte von Grundrechten an sich über die Art und Weise, wie sie beschützt werden sollen und auf welche in sie eingegriffen werden darf,[558] bis zur Nutzen-Schaden-Rechnung (also der Interesseabwägung einer zu erteilenden Norm)[559] und so weiter diskutiert werden soll. In diesem Rahmen wäre das Strafrecht nicht allein als Verbote und Gebote, die die Handlungsweisen des Menschen beeinflussen können, zu betrachten. Es würde auch die Ergebnisse der politischen Selbstbestimmung einer Rechtsgemeinschaft repräsentieren.[560] Es stellt gerade die Form eines Zusammenlebens dar, die die Mitglieder in der Gemeinschaft wollen und die durch Recht verfasst wird. So erfasst, wäre die Eindruckstheorie eine wohlbegründete Auffassung für das Unrecht versuchter Tat nicht deswegen, weil der Täter die Verantwortung für die aufgrund seiner Handlung verursachte Schwächung der Rechtsbefolgungsmotivation der anderen sowie der Normgeltung tragen muss. Der Grund liegt eher darin, dass die Tat als ein Angriff auf die Normgeltung sowie eine willkürliche Veränderung der Ergebnisse der Verwendung von politischer Freiheit aller Rechtsgemeinschaftsmitglieder und der darin umfassten interpersonalen wechselseitigen Anerkennungsverhältnisse anzusehen ist.

3. Sonstige Begründungsmöglichkeiten der Eindruckstheorie

Neben den zwei in Diskussion stehenden Alternativen der Eindruckstheorie können sich im Schrifttum andere Vertreter dieser Theorie finden, die von verschiedenen Betonungsaspekten ausgehen, um das Eindrucksmoment in das Strafrechtssystem einzuführen. Ist in dieser Arbeit vor allem die Rekonstruktion der Eindruckstheorie von Bedeutung, dann sollte der zu rekonstruierende

557 *Günther*, Schuld und kommunikative Freiheit, S. 245 ff.

558 *Habermas*, Faktizität und Geltung, 5. Aufl., S. 151 ff.

559 *Habermas*, Faktizität und Geltung, 5. Aufl., S. 197 ff., S. 204 ff.

560 *Günther*, Von der gubernativen zur deliberativen Menschenrechtspolitik – Die Definition und Fortentwicklung der Menschenrechte als Akt kollektiver Selbstbestimmung, in: Haller / Günther / Neumann (Hrsg.), Menschenrechte und Volkssouveränität in Europa. Gerichte als Vormund der Demokratie?, S. 45 ff.

Gegenstand näher betrachtet werden. Anschließend kann bei der weiteren Entfaltung der eigenen Theorie festgestellt werden, an welcher Stelle sich eine solche Theorie befinden soll.

Im Unterschied zur vorab analysierten Auffassung der Sanktionsnorm-Variante der Eindruckstheorie, bei der das Unrecht der vollendeten und versuchten Taten gleicherweise in der Übertretung der Verhaltensnorm durch den Täter besteht und auf das personale Verhältnis zwischen dem Willen des Täters und der Norm fokussiert, korrelieren nunmehr die zwei folglich zu untersuchenden Ansichten der Eindruckstheorie das Unrechtsurteil mit der Handlungsauswirkung des Täters „bei anderen".[561] Die eine Ansicht sieht das Eindrucksmoment als ein durch Strafrecht zu bekämpfendes Phänomen, weil dieser Eindruck ein „böse[s] Beispiel"[562] für andere Gesellschaftsmitglieder darstelle (A.). Die andere Auffassung will die Strafe als ein Mittel dazu bedienen, den durch die deliktische Handlung ausgelösten Eindruck zu beseitigen, der ebenso die Vergeltungsbedürfnisse in der Bevölkerung zum Ausdruck bringt (B.). Jetzt ist darauf hinzuweisen, auf welche Art und Weise die beiden Ansichten zu argumentieren und ob sie überzeugend sind.

A. *Eindruck als böses Beispiel*

Eine Vielzahl von Strafrechtswissenschaftlern im 19. Jahrhundert und in der neueren Zeit vertreten eine Verbrechenslehre, die den Unwert einer Handlung im strafrechtlichen Sinne nicht in der Rechtsgutsverletzung sieht, sondern in der Nachahmungsgefahr,[563] die sich aus der fraglichen Handlung ergeben könnte. Die Handlung ist demgemäß insoweit negativ bewertet, als dass sie ein „böse[s] Beispiel" für die sonstigen Mitmenschen bilden könnte. Um gegen jenes böse Beispiel zu kämpfen, muss die staatliche Strafe hierfür eingreifen. Somit kann den anderen sozialen Mitgliedern wiederum klar sein, dass sie die unrichtige Verhaltensweise des Täters nicht wiederholen dürfen. Bemerkenswert ist

561 *Zaczyk*, Das Unrecht der versuchten Tat, S. 22.

562 *Kohler*, Studien aus dem Strafrecht, Bd. 1, S. 21. *Schild*, Die staatliche Strafmaßnahme als Symbol der Strafwürdigkeit, in: Zaczyk/ Köhler/ Kahlo (Hrsg.), FS – E. A. Wolff, S. 434. Siehe auch *Wachter*, Das Unrecht der versuchten Tat, S. 60 ff., mit weiteren Nachweisen.

563 *Schild*, Die staatliche Strafmaßnahme als Symbol der Strafwürdigkeit, in: Zaczyk/ Köhler/ Kahlo (Hrsg.), FS – E. A. Wolff, S. 434.; *Streng*, Schuld, Vergeltung, Generalprävention. Eine tiefenpsychologische Rekonstruktion strafrechtlicher Zentralbegriffe, ZStW 92 (1980) S. 662 ff.

auch: Die Argumente in dieser Richtung, die implizit oder explizit auf die Strafrechtstheorie Hegels zurückführen sind,[564] eröffnen bei der Unrechtsbeurteilung eine soziale Ebene. Somit lassen sie den interpersonalen Charakter des (Un-)Rechtsverhältnisses – etwa im Vergleich zu der obig in Rede stehenden Sanktionsnorm-Variante der Eindruckstheorie – wieder erkennbar werden. Gerade in diesen Begründungsgang sei das Eindrucksmoment einzufügen. Wie die anderen unrechtlichen Verhaltensweisen, die in diesem Zusammenhang als falsche Vorbilder für andere bezeichnet werden, würden die Täter versuchter Taten ebenso einen gefährlichen Eindruck in der Rechtsgemeinschaft hinterlassen, als wären ihre Handlungen rechtsgemäß. Reagiert der Staat darauf nicht mit einer Strafe, könnten jene strafrechtlich verbotenen Handlungsmuster weiterhin verbreitet werden.[565]

Nach der knappen Darstellung dieser möglichen Variante der Eindruckstheorie ist ihre enge Verbindung mit der positiven, generell präventiven Straftheorie bereits ersichtlich – hierfür vielmehr auf einer umgekehrten Weise durch die Beseitigung negativer Motivation für die Normbefolgung, und zwar die Bestrafung des bösen Beispiels, das die Eignung hat, den falschen Eindruck in der Bevölkerung herbeizuführen, die richtigen Verhaltensmaßstäbe zu erhalten. Eine dazu passende Unrechtstheorie wäre diejenige, die sozialisiert ist. Wird die „Ohnmacht" des abstrakten Rechts durch die Einbeziehung in der bürgerlichen Gesellschaft aufgehoben,[566] sollen die Entscheidungen von rechtlichen Angelegenheiten, zu denen das Urteil über das strafrechtliche Unrecht gehört, nicht mehr von einem sozialen Maßstab entkoppelt werden. Zustimmend ist dieser soziale Bezug des Rechts und Unrechts. Fragwürdig ist wiederum – werden nochmals die Theorien von *Jakobs* und *Pawlik* in Erinnerung gerufen – die Vernachlässigung der Subjektivität.[567] Im Rahmen dieser Arbeit sollen immerhin die Möglichkeiten dem Einzelnen zur Verfügung stehen, seine eigenen

---

564 *Hegel*, Grundlinien der Philosophie des Rechts, Anmerkung § 96, dazu vgl. *Schild*, „Das Recht erhält die Bestimmung, ein erweisbares sein zu müssen" – zu Hegels Theorie der Strafrechtsinstitution, in: Paeffgen u. a. (Hrsg.), FS – Puppe, S. 77 ff.; *Wachter*, Das Unrecht der versuchten Tat, S. 61.

565 In diesem Sinne beschreibt *Frisch* eine solche Gefahr wie eine „Infektion", siehe *ders.*, Vorsatz und Risiko, S. 89.

566 *Hegel*, Grundlinien der Philosophie des Rechts, § 218; ausführlich vgl. *Pawlik*, Das Unrecht des Bürgers, S. 99 ff.; auch *ders.*, Normbestätigung und Identitätsbalance, S. 39 ff. In beiden Texten finden sich weitere Nachweise. Siehe auch *Wachter*, Das Unrecht der versuchten Tat, S. 61.

567 Dazu siehe oben ersten Teil, II.

Handlungsinterpretationen über Rechtsmäßigkeit zu behaupten, auch wenn sie von dem sozial gängigen Standard abweichen. Den sozialen Bezug des (Un-) Rechts zu betonen, heißt nicht zwingend, dass nur die Handlungsweisen, die dem gesellschaftlichen Maßstab entsprechen, strafrechtlich erlaubt sind und nur diese nachgeahmt werden dürfen. Stattdessen dürfen vielmehr die Handlungen des Täters, die für die Erregung des schlechten allgemeinen Eindrucks geeignet sind, mittels guter Gründe als nicht rechtsverletzend verstanden und deswegen straflos sein. Dieser Kern der Subjektivität im Recht ist beizubehalten, auch in einem sozialisierten Strafrechtssystem, was des Weiteren ein anderes Defizit der hier fraglichen Theoriealternative in den Fokus fallen lässt.

Die an die Nachahmungsgefahr anschließende Eindruckstheorie scheint einen schwachen Rationalitätsbegriff von Menschen vorauszusetzen, so dass es dem normal, sozial Handelnden schwerfallen würde, selbstständig über die Richtigkeit der Handlungen zu urteilen. Ansonsten bedarf es keiner Strafe, um Nachahmung des bösen Beispiels des Täters vom anderen zu vermeiden. Das Problem liegt hier in der Verkürzung des Verständnisses zur praktischen Fähigkeit des Menschen, wohl nur auf die passive Anpassung an die Verhaltensmuster anderer zu setzen. Wird jedoch umgekehrt richtigerweise erkannt, dass das aktive Können des Menschen auch ohne Bestrafung über die praktische Richtigkeit der Handlungen zu bewerten ist, wäre der Zusammenhang zwischen dem Eindrucksmoment, dementsprechend der Nachahmungsgefahr und dem Vorliegen des Unrechts des Täters in zweierlei Weise abgeschafft, das heißt: Trotz der unrechtlichen Tat sollen einerseits die anderen Mitmenschen weiterhin noch im Stande sein, zu verstehen, dass eine solche Handlung strafrechtlich verboten ist und deshalb nicht wiederholt werden darf. Dies bedeutet andererseits, dass die folgende unrechtliche Handlung anderer dem Täter nicht zurechenbar sein soll, auch wenn seine frühere Tat den Anlass für andere dargeboten hat, die gleiche unrechtliche Handlungsweise zu imitieren.

B. Eindruck als das erregte Vergeltungsbedürfnis

In der Literatur liegt zudem eine andere als die obige, strukturell sehr ähnliche Versuchung vor, das Eindrucksmoment mit dem Strafrechtssystem in Verbindung zu bringen. Statt jener Meinung, die das Eindrucksmoment als eine durch die Strafe zu beseitigende Nachahmungsgefahr versteht, sehen die Anhänger der Eindruckstheorie dieser Lesart die Strafbarkeit der Versuchstat im Vergeltungsbedürfnis der Öffentlichkeit.[568] Der sich aus der Versuchstat ergebende Eindruck ist in diesem Rahmen dazu geeignet, das Gerechtigkeitsgefühl auszulösen,

568 *Salm*, Das versuchte Verbrechen, S. 9, 46.

das sich auf die Erwartung richtet, dass der Täter vergolten werden soll. Dabei ist die Funktion der Strafe gefragt, um dieses Vergeltungsbedürfnis wegen des Gerechtigkeitsgefühls zu erfüllen.[569] Das Endziel einer solchen Erfüllung sei trotz alldem nichts anderes als die Verstärkung des Rechtsvertrauens der Allgemeinheit,[570] was wiederum zum Ausgangpunkt des gängigen Verständnisses der Eindruckstheorie führt.

Diese Variante der Eindruckstheorie, mit der Begründung des Vergeltungsbedürfnisses in der Rechtsgemeinschaft, leidet samt der herkömmlichen Lesart der Eindruckstheorie an einem argumentativen Mangel, der sich nicht bloß mittels Vertiefung oder veränderter Beschreibung des Inhalts der generell präventiven Straftheorie beheben lässt. Das Defizit besteht darin, dass eine unmittelbare Anbindung des Eindrucksmoments an die Argumentationen der Straftheorie zu einem strafrechtlich systemwidrigen Ergebnis führen würde. Beim Eindruck geht es um ein vorab zu entscheidendes Unrechtsproblem. Lediglich aufgrund seiner Bejahung kann nach der straftheoretischen Problematik gefragt werden.[571] Fokussiert das Unrecht einerseits auf das Verhältnis zwischen der Rechtsperson und den Rechtsnormen, geht es der generell präventiven Straftheorie andererseits um die Wiederherstellung und Verstärkung des durch das Unrecht verringerten Rechtsbewusstseins der Öffentlichkeit. Dann soll die Eindrucksproblematik entweder auf der Unrechtsebene (wie die vorrangegangene Nachahmungsgefahr-Variante, die mit einer sozialisierten Unrechtstheorie zusammenzuführen ist) oder auf der Strafebene (wie die Sanktionsnorm-Variante) systemgemäß gelöst werden. Eine einfache Zusammenführung beider Momente des Eindrucks sowie des allgemeinen Rechtsbewusstseins wäre eine Verwechselung beider Stufen und ihrer benötigten Rechtfertigungen.

Darüber hinaus würde eine strafrechtliche Lehre, die sich an das Vergeltungsbedürfnis anschließt, sicherlich mit den Kritiken von zwei Genres konfrontiert,

---

569 *Walter*, Vergeltung als Strafzweck. Prävention und Resozialisierung als Pflichten der Kriminalpolitik, ZIS 2011 / 7, S. 636 ff.; *Streng*, Schuld, Vergeltung, Generalprävention. Eine tiefenpsychologische Rekonstruktion strafrechtlicher Zentralbegriffe, ZStW 92 (1980) S. 637.

570 *Carlsmith / Darley / Robinson*, Why Do We Punish? Deterrence and Just Deserts as Motives for Punishment, Journal of Personality and Social Psychology 83 (2002), 284 (297).

571 Ähnlich siehe auch *Zaczyk*, Das Unrecht der versuchten Tat, S. 31; *Murmann*, Versuchsunrecht und Rücktritt, S. 4; *Kühl*, AT, 6. Aufl., § 15 Rn. 41.; *Stratenwerth / Kuhlen*, AT I, 5 Aufl., § 11 Rn. 21.

die von der Unbestimmtheit und der Irrationalität jenes Bedürfnisses reden.[572] Diese Kritiken hätten Recht, wenn sich das Vergeltungsbedürfnis auf eine Art der unmessbaren Emotion beziehen würde. Im Rahmen dieser Arbeit kann es jedoch einen Ausweg für diese Lehre geben, indem der Grund dieses Bedürfnisses nicht nur in dem Gerechtigkeitsgefühl gesehen wird, sondern auch als das Ergebnis aus einer solchen Handlung, die nach dem lebensweltlichen Maßstab als rechtsverletzend einzuschätzen ist, so dass der weitere Teil der Bevölkerung den Täter dringend fragen möchte: „Warum hast du so etwas gemacht?" In diesem Sinne ist das Vergeltungsbedürfnis nicht nur als Emotion, sondern vielmehr als ein Begründungsanspruch gegen den Täter zu betrachten. Kann dieser im strafprozessualen Rahmen gute Gründe für die Rechtsmäßigkeit seiner Handlung liefern, wären das unsichere Gefühl sowie das erstbeschädigte Rechtsbewusstsein der Öffentlichkeit ohne Strafe zu beruhigen und wieder zu verstärken, weil durch die Gründe darüber aufgeklärt werden könnte, dass die vorab als rechtsverletzend bewertete Handlung tatsächlich rechtmäßig ist. Dieser Interpretation zufolge rückt der lebensweltliche Unrechtsmaßstab, der doch die Definitionsmacht der Handlung aus der Seite des Täters nicht außer Acht lässt, in den Vordergrund. Anstatt direkt mit einer Bestrafung auf das Vergeltungsbedürfnis zu reagieren, gibt es vielmehr davor den Anlass für den weiteren Entscheidungsvorgang gemäß jenes Unrechtsmaßstabs. Lediglich eine daraus kommende Unrechtsentscheidung bringt das verbleibende Vergeltungsbedürfnis zum Ausdruck und verdient im Grunde die staatliche Strafe, um das allgemeine Rechtsvertrauen wieder zu stärken.

II. Der strafrechtliche Unrechtsbegriff aus der Sicht der Diskurstheorie des Rechts

Bereits in der Einleitung war der Argumentationsgang für das in dieser Arbeit zu behandelnde Thema auf eine bestimmte Art und Weise darauf angewiesen, dass ein notwendiger Zusammenhang zwischen der Begründung des Rechts, der des (strafrechtlichen) Unrechts und des Versuchsunrechts besteht. Allgemein als die Negation des Rechts verstanden, mit dem das subjektive Recht und/oder die objektive Rechtsordnung gemeint werden können,[573] muss der strafrechtliche

572 Vgl. nur *Wachter*, Das Unrecht der versuchten Tat, S. 67.

573 *Günther*, Verantwortlichkeit in der Zivilgesellschaft, in: Müller-Doohm (Hrsg.), Das Interesse der Vernunft - Über Habermas' „Erkenntnis und Interesse", S. 481; *ders.*, Criminal Law, Crime and Punishment as Communication, in: Simester / Pedain / Neumann (ed.), Liberal Criminal Theory. Essays for Andreas von Hirsch, p. 128.

Unrechtsbegriff – aus der begrifflichen Analyse – Bezug auf einen Rechtsbegriff nehmen. Demnach wird in dieser Passage in zwei Komponenten unterteilt: Erstens ist zu zeigen, welche Bezugspunkte im Rahmen der im letzten Teil geschriebenen Diskurstheorie des Rechts in Betracht kommen sollen, wenn für ein entsprechendes strafrechtliches Unrechtsverständnis argumentiert werden soll (1.). Danach lässt sich verstehen, wie eine strafrechtliche Unrechtstheorie auf der Grundlage der Diskurstheorie des Rechts aussehen würde (2.). Die Ergebnisse dieser beiden Phasen schaffen erstmals die Untermauerungen für die Entfaltung der Eindruckstheorie innerhalb der Versuchslehre.

1. Strafrecht im Rahmen der diskursiven Rechtstheorie

Einfach wörtlich zu betrachten, ist „Strafrecht" aus zwei Teilen kombiniert: Strafe und Recht. Deshalb soll das Rechtssystem der erste erforderliche Bezugspunkt für die Entwicklung einer Diskurstheorie des Strafrechts sein. Darin liegen – trivial – subjektive Rechte für jede Person und eine objektive Rechtsordnung vor, die für die Durchsetzung der Strafe verantwortlich ist. Was jedoch nicht trivial wäre, wie an dem obig Gesagten abgelesen werden kann, dass die subjektiven Rechte nicht bloß auf negative Rechte beschränkt sind. Sie umfassen mindestens positive Rechte auf Teilhabe an dem demokratischen Rechtserzeugungsprozess. In solchem Sinne soll das traditionelle Verständnis des Ableitungsverhältnisses zwischen kollektiven und personalen Rechtsgütern so relativiert werden,[574] dass die Letzteren nicht allein den Vorrang vor den Ersteren haben, weil die beiden einander voraussetzen und gleichursprünglich sind. Sogar ist indes weiter zu bezweifeln, ob das seit Langem von den Strafrechtswissenschaftlern favorisierte, als das wichtigste Legitimationskriterium für das Strafrecht fungierende Rechtsgüterschutzprinzip de facto seine erwartete, insbesondere die kritische Funktion[575] (angemessen) leisten und die Grenze für die Strafgesetzgebung setzen kann.[576] Um dieses Ziel zu erreichen, beginnen zahlreiche Vertreter der Rechtsgutslehre mit einem vorpositiven Ausgangspunkt, so dass bestimmte verbotene Zonen entstehen, die dem gesetzgeberischen Spielraum nicht zur Verfügung

574 *Günther*, Möglichkeiten einer diskursethischen Begründung des Strafrechts, in: Jung / Müller-Dietz / Neumann (Hrsg.), Rechts und Moral, S. 211.

575 Vgl. nur *Hassemer*, Theorie und Soziologie des Verbrechens, S. 19; auch NK - *ders.*/ *Neumann*, vor § 1 Rn. 113.

576 Grundlegend *Hassemer*, Theorie und Soziologie des Verbrechens, S. 22; neuerdings *Engländer*, Revitalisierung der materiellen Rechtsgutslehre durch das Verfassungsrecht?, ZStW 127 (2015), S. 617.

stehen. Sie tendieren von einem Urzustand vor dem Gesetzgebungsprozess auszugehen und zu behaupten, dass nur die Strafgesetzgebung, die den Bedingungen jenes Zustandes entspricht oder zumindest für die Erhaltung eines solchen Zustandes nützlich sein kann, für legitim gehalten werden darf.[577] Neben der Begründungsproblematik jenes Urzustandes, über die teilweise bereits diskutiert wurde,[578] kann der Rechtsgutsbegriff kaum die von den Vertretern behauptete kritische Funktion leisten. Strafrechtliche Vorschriften, die zum Schutz hochpersönlicher Rechtsgüter dienen, wie zum Beispiel des Lebens, Körpers und Eigentums, sind im Grunde umstritten legitim, egal, ob man zu den Anhängern der Rechtsgutslehre gehört. Diese Rechte sind so elementar für das konkrete Dasein einer Person und ihre freiheitliche Entfaltung, dass es unnachvollziehbar wäre, wenn sie keine strafrechtliche Schütze erhalten würden. Man wäre darüber hinaus enttäuscht über die überschätzte Beschränkungsfähigkeit des Rechtsgutsbegriffs bei strafrechtlichen Vorschriften zum Schutz kollektiver Rechtsgüter, weil das Kernlegitimationskriterium kollektiver Rechtsgüter, das sie für die freiheitliche Entfaltung der Person fördern müssen, zu vage ist und so einfach erfüllt wird, dass es sogar die rein Moral schützenden Vorschriften nicht ausschließen könnte. Sie sind mindestens für das gute Leben derjenigen nützlich, die jene Strafgesetzgebung unterstützen.

Die obig kursorische Analyse über die Untauglichkeit des Rechtsgutsbegriffs darf nicht zu der Folgerung führen, dass die Strafgesetzgebung keine Schranken mehr hat. Gemäß der hier vertretenen Ansicht liegt das kritische Potenzial schon in den Rechtserzeugungs- und Rechtsanwendungsprozessen. Diese Prozessabhängigkeit zählt zum zweiten Bezugspunkt für die Fortführung einer Diskurstheorie des Strafrechts. Der demokratische Rechtssetzungsprozess ist im hiesigen Rahmen als ein öffentliches Forum erfasst, in dem die Mitglieder einer Rechtsgemeinschaft als Staatsbürger darüber entscheiden, wie die Leben gestaltet werden sollen, wenn sie als Rechtspersonen leben.[579] Dadurch kann die objektive Rechtsordnung erzeugt werden. Die Ergebnisse solcher Prozesse

---

577 Siehe beispielsweise *Zaczyk*, Demokratieprinzip und Strafbegründung. Eine Erwiderung auf Klaus Ferdinand Gärditz, Der Staat 50, S. 295 ff.; *Schünemann*, Das Rechtsgüterschutzprinzip als Fluchtpunkt der verfassungsrechtlichen Grenzen der Straftatbestände und ihrer Interpretation, in: Hefendehl / von Hirsch / Wohlers (Hrsg.), Die Rechtsgutstheorie. Legitimationsbasis des Strafrechts oder dogmatisches Glasperlenspiel?, S. 137 ff.

578 Dazu siehe den ersten Teil, I.

579 *Habermas*, Faktizität und Geltung, 5. Aufl., S. 109, 668.

können vorläufige Legitimationsqualität[580] – bis sie zukünftig revidiert werden – in sich tragen, nur unter bestimmten Bedingungen, die ihre rationale Akzeptierbarkeit repräsentieren können. Sie sind rational akzeptierbar, weil der Prozess keinen möglichen Betroffenen ausschließt und die Teilnahme jeder Person garantieren soll.[581] In diesem Sinne gehören alle Voraussetzungen, die ein legitimer demokratischer Prozess erfüllen soll, zu Legitimationskriterien für die Strafgesetzgebung. Diesem Gedanken zufolge ist eine Reihe von subjektiven Rechten (wie die oben beschriebenen Beispiele) vorausgesetzt, ohne die der Prozess nicht durchgeführt werden kann.[582] So betrachtet, wäre die Möglichkeit gegeben, den Kerninhalt der Rechtsgutslehre durch die Legitimationsbedingungen der Demokratie zu ersetzen und die erwartete, kaum verwirklichte kritische Funktion des Rechtsgutsbegriffs wieder zur Geltung zu bringen. Diese prozessorientierte Strafrechtstheorie beschränkt sich nicht bloß auf den Rechtssetzungsvorgang. Sie dehnt sich vielmehr auf den Bereich der Rechtsanwendung aus, was der dritte Bezugspunkt ist.

Dass die aufgrund des demokratischen Prozesses erzeugten Gesetze legitim sind, garantiert nicht unbedingt die Angemessenheit der gerichtlichen Einzelentscheidung. Es handelt sich bei der Letzteren noch um konkrete Konstellationen des Einzelfalls, die während des Zeitpunkts der Rechtserzeugung nicht völlig vorausgesagt werden können. Demnach ist eine juristische Institution, die in erster Linie auf einzelne Fälle angewiesen ist, für die legitime Begründung strafrechtlicher Einzelfälle notwendig. Sie soll darüber hinaus so eingerichtet sein, dass die konkreten Betroffenen des jeweiligen Falls ihre Meinungen über die Relation zwischen allgemeinen strafrechtlichen Gesetzen und diesem konkreten Sachverhalt äußern können. Solche Meinungen können nicht willkürlich sein. Sie sollen durch Gründe gerechtfertigt werden können. An dem Grundaufbau des Strafprozesses sind jene Eigenschaften abzulesen, dass die Möglichkeiten dem Beschuldigten und dem Staatsanwalt (in Vertretung des Opfers) gegeben werden müssen, ihre Meinungen zum betroffenen Fall auszudrücken. Ein solcher Prozess soll sich indes an Gründen orientieren, seien sie Gründe für die (Nicht-)Erhebung einer Anklage, für/gegen einen Beweisantrag bis zum Urteil,

580 *Günther*, Liberale und diskurstheoretische Deutungen der Menschenrechte, in: Brugger / Neumann / Kriste (Hrsg.), Rechtsphilosophie im 21. Jahrhundert, S. 342; *ders.*, Verantwortlichkeit in der Zivilgesellschaft, in: Müller-Doohm (Hrsg.), Das Interesse der Vernunft - Über Habermas‘ „Erkenntnis und Interesse", S. 480.

581 Zum Demokratieprinzip siehe den zweiten Teil, III., 1.

582 *Habermas*, Faktizität und Geltung, 5. Aufl., S. 134.

ob der Beschuldigte für die Tat schuldig oder nicht ist. Derartige gerichtliche Prozesse, die sich vor allem um die Anwendung der allgemeinen Gesetze bemühen, versichern erstmals die rationale Grundlage einzelner Fälle.

Diese drei erwähnten Bezugspunkte der möglichen Untermauerung einer Diskurstheorie des Strafrechts sollen sich allerdings nicht von allen sozialen Sachbedingungen oder genauer vom lebensweltlichen Hintergrundwissen distanzieren, sondern sind immer schon miteinbezogen. Die Lebenswelt, hierfür als der vierte Bezugspunkt zu nennen, bildet den unhintergehbaren Kontext für das gesamte Rechtssystem, den Rechtserzeugungs- und Rechtsanwendungsprozess. Auf der einen Seite steht die Lebenswelt für einen Ort, an dem Menschen sozialisieren und gleichzeitig individualisieren,[583] damit sie sich ebenso kommunikative Kompetenz zu eigen machen, so dass der diskursiv (das heißt: nicht völlig individualistisch) angedeutete demokratische und juristische Prozess möglich ist. Auf der anderen Seite prägt sie des Weiteren eine andere Voraussetzung für jene beiden Prozesse aus, indem sie die Inhalte – Gründe/Gegengründe für irgendwelche Regelungen des Zusammenlebens – für die Deliberation in diesen Prozessen liefert. Dies wiederum bringt das Selbstverständnis einer Rechtsgemeinschaft über die eigene Gestaltung der Konkretisierung der Grundrechte von ihren Mitgliedern zum Ausdruck, weil sich durch die differenzierte Lebenswelt eine Rechtsgemeinschaft von einer anderen unterscheiden kann. Mit diesem sozialen Horizont wäre es verständlich, weshalb die Ergebnisse des demokratischen Prozesses die gegenseitigen Zuschreibungen der Rechte und Pflichten von Mitgliedern einer Rechtsgemeinschaft an sich sind.[584] Dieser soziale Bezug spielt ebenso im Strafprozess eine Rolle: Nur mit ihm kann die folgende Frage beantwortet werden, ob – und wichtiger: warum – eine Handlung die strafrechtliche Grenze des Zusammenlebens überschreitet oder nicht.[585]

583 *Habermas*, Individuierung durch Vergesellschaftung. Zu George Herbert Meads Theorie der Subjektivität, in: *ders.*, Nachmetaphysisches Denken, S. 187 ff.

584 *Günther*, Liberale und diskurstheoretische Deutungen der Menschenrechte, in: Brugger / Neumann / Kriste (Hrsg.), Rechtsphilosophie im 21. Jahrhundert, S. 344.

585 Zur sozialen Eigenschaft der strafrechtlichen Zurechnung siehe *Günther*, Verantwortlichkeit in der Zivilgesellschaft, in: Müller-Doohm (Hrsg.), Das Interesse der Vernunft - Über Habermas' „Erkenntnis und Interesse", S. 482; *Neumann*, Zur Veränderung von Verantwortungsstrukturen unter den Bedingungen des wissenschaftlich-technischen Fortschritts, Rechtstheorie 36 (2005), S. 435 ff. *Jakobs*, Norm, Person, Gesellschaft, 3. Aufl., S. 95 ff.

2. Der diskursive Unrechtsbegriff

Diese vier Bezugspunkte bilden die Grundlage, auf die das Konzept eines diskurstheoretischen Strafunrechts gerichtet sein soll. Bereits wörtlich zu nehmen ist Unrecht: die Negation des Rechts, also die Verletzung des Rechts. Da der Rechtsbegriff sich wiederum im subjektiven und objektiven Sinne unterteilen kann, soll dessen Verletzung dementsprechend auf beide Ebenen Bezug nehmen. Bei der Rechtsverletzung im subjektiven Sinne des strafrechtlichen Unrechtsbegriffs geht es um die Verletzung des Status „einer Person als gleiche Rechtsperson“[586] innerhalb einer Gemeinschaft. Die Schädigung der allgemeingültigen Menschenrechte, ohne die die Existenz des Menschen unmöglich wäre, bildet deswegen die Vorschriften des Kernstrafrechts, zum Beispiel Straftaten gegen Leben, Körper und allgemeine Handlungsfreiheit. Dies würde an die erste Gruppe der Grundrechte auf Handlungsfreiheit und ihre konstitutiven Voraussetzungen auf der Liste der Grundrechte der *Habermas'schen* diskurstheoretischen Darstellung erinnern.[587] Wie er bereits angedeutet hat, ergeben diese Rechte sich „aus der politisch autonomen Ausgestaltung“[588] im Verfahren der deliberativen Demokratie und verwandeln sich damit in der objektiven Rechtsordnung. In dieser bestehen einzelne strafrechtliche Tatbestände, die darüber beschreiben, dass in dieser oder jener Rechtsgemeinschaft bestimmte Handlungen unter bestimmten Umständen für strafunrechtlich gehalten werden. So erheben die Strafrechtsnormen Geltungsansprüche an alle Gemeinschaftsmitglieder, wie sie handeln sollen, um ihre Rechte auszuüben, aber zugleich die Rechte der anderen nicht zu verletzen. Demgemäß lässt sich der strafrechtliche Unrechtsbegriff im objektiven Sinne erfassen: ein Widerspruch der strafrechtlichen Normgeltung.[589]

---

586 *Günther*, Verantwortlichkeit in der Zivilgesellschaft, in: Müller-Doohm (Hrsg.), Das Interesse der Vernunft - Über Habermas‘ „Erkenntnis und Interesse“, S. 480; *ders.*, Strafrecht zwischen Moral und Politik, in: Fachbereich Rechtswissenschaft der Johann Wolfgang Goethe-Universität Frankfurt am Main (Hrsg.), 100 Jahre Rechtswissenschaft in Frankfurt - Erfahrungen, Herausforderungen, Erwartungen, S. 272. Im Kontext der Diskursethik siehe auch *dens.*, Möglichkeiten einer diskursethischen Begründung des Strafrechts, in: Jung / Müller-Dietz / Neumann (Hrsg.), Rechts und Moral, S. 209 f.

587 *Habermas*, Faktizität und Geltung, 5. Aufl., S. 155.

588 *Habermas*, Faktizität und Geltung, 5. Aufl., S. 155.

589 *Günther*, Verantwortlichkeit in der Zivilgesellschaft, in: Müller-Doohm (Hrsg.), Das Interesse der Vernunft - Über Habermas‘ „Erkenntnis und Interesse“, S. 481. *ders.*, Criminal Law, Crime and Punishment as Communication, in: Simester / Pedain / Neumann (ed.), Liberal Criminal Theory. Essays for Andreas von Hirsch, p. 128.

Bis zur jetzigen Phase lässt sich nur zeigen, „was" verletzt werden muss, wenn man vom Unrecht reden kann. Gleich wichtig wäre das „Wie", also die Art und Weise, wie sich das Bestehen der Rechtsverletzung bestimmen lässt. Eine solche Bestimmung ist prozessabhängig. In einem deliberativ demokratischen Strafrechtssetzungsprozess soll unter anderem auf die Problematik eingegangen werden, um welche Rechte es bei einem bestimmten Tatbestand geht und warum bestimmte Handlungsweisen die bezogenen Rechte beeinträchtigen könnten. Dabei ist eine Diskussion durch Gründe und Gegengründe auszuführen. Nach diesem Prozess sind die demokratischen strafrechtlichen Tatbestände erzeugt, die nicht allein Geltungsanspruch beliebiger Weise erheben, sondern den legitimen Geltungsanspruch. Die Gründe, auf die sich jene Tatbestände stützen, eröffnen einen rationalen Raum, in dem sich die Mitglieder strafrechtlicher Justiz bei der Behandlung des Einzelfalls bewegen sollen. Dieser auf die Gründe berufene Mechanismus braucht wiederum einen prozeduralen Rahmen, der sich im Strafprozess spiegelt, bei dessen Ende – hierfür abgesehen von anderen Maßnahmen, die nur aus rechtlichen Gründen unternommen werden können – der Richter begründen muss, wieso sich der Beschuldigte für (un-)schuldig halten lässt. Die beiden unterschiedlichen, aber intern zusammenhängenden Prozesse ermöglichen erstmals die konkrete, legitime Bestimmung des strafrechtlichen Unrechts. Hierbei wäre die Unterscheidung dieses Ansatzes von anderen, früher erwähnten und analysierten Unrechtstheorien besonders klarzumachen.

Die Strafrechtswissenschaftler der *Wolff'schen* Schule, namentlich *E. A. Wolff* selbst sowie *Zaczyk*, formulieren, dass das Unrecht in der Verletzung rechtlicher Anerkennungsverhältnisse besteht, die intersubjektivistisch verstanden sein sollen.[590] Obwohl dieser Übergang vom reinen Subjekt bis zur interpersonalen Subjektwerdung im Schema dieser Arbeit ebenso zustimmungswert ist, würde einer solchen Auffassung ein Schritt fehlen, weil dabei gerade vernachlässigt wird, dass eine rationale Bestimmung jener Rechtsverletzung ohne die Verknüpfung mit dem Prozess unerreichbar wäre. Dieser Prozess ermöglicht es den Rechtspersonen erst, darüber zu wissen und, wichtiger noch, darüber mit Hilfe von rechtlichen Gründen zu debattieren, ob eine Handlung das Anerkennungsverhältnis konstituiert oder destruiert. Diese Problematik der Vernachlässigung der prozessabhängigen Eigenschaft beim Unrechtsbegriffs findet sich zusätzlich in der Unrechtslehre, der die Normgeltungsverletzung zugrunde liegt.[591] Es handelt sich hier nicht um Normen beliebiger Weise, sondern die rechtlichen Normen

---

590 Dazu siehe den ersten Teil, I.

591 Dazu siehe den ersten Teil, II., 1. und III

überhaupt, die legitime Geltungsansprüche erheben, deren Verletzung „rechtliche“ Reaktion, Strafe veranlassen könnte. Also muss die prozedurale Legimitationsgrundlage des Rechts immer vor Augen geführt werden. Erst mit Hilfe dieser prozeduralen Struktur der Demokratie ist rational zu beantworten, warum man jene Normen halten soll, sich deren Widerspruch als Unrecht bezeichnet lässt und ob eine als Unrecht bewertete Normgeltungsverletzung beim einzelnen Fall existiert. Des Weiteren wird eine unparteiliche Rechtsanwendungsprozedur benötigt, wenn die Entscheidung der Zurechnung immerhin aus der „gesellschaftlich semantischen“[592] Perspektive getroffen werden muss.

Die Entdeckung und Betonung ihrer entscheidenden Rolle der Lebenswelt im Recht wäre der Anhaltpunkt dieser Arbeit. Das Gleiche gilt weiter für die Begründung und einzelnen Beurteilungen des Strafunrechts. Ein sozialabhängiges Kriterium einzuführen, um über das Vorliegen des Unrechts zu entscheiden, ist kein Fremdkörper für Strafrecht. *Welzels* Begriff der Sozialschädlichkeit[593] und die allgemeine Akzeptanz findende Lehre der objektiven Zurechnung[594] stellen zwei der bekanntesten Beispiele dar. Von den möglichen verschiedenen Rechtfertigungen dieser Theorien abgesehen, wäre ein Gemeinsames erkannt: dass das strafrechtliche Unrechts- und Zurechnungsurteil eine soziale Zuschreibung[595] ist, die ohne Bezug auf eine interpersonal praktische Ebene unmöglich ist, in der gesellschaftlich geteilte Handlungsregeln und -gründe bestehen. *Jaeggis* Forschungsergebnisse über Lebensformen haben schon darauf hingewiesen, dass diese Regeln und Gründe stabil, aber noch veränderbar sind.[596] Im (straf-)rechtlichen Rahmen lässt derartige Eigenschaft des Zusammenhangs sozialer Praktiken sich nicht nur erkennen, sondern mitdenken.

Diese Eigenschaft würde sich in den gegenseitigen Wirkungen zwischen Recht und Lebenswelt darstellen. Im hiesigen Kontext wäre wichtiger, zu zeigen, welche Konsequenzen solch eine Eigenschaft der Lebenswelt für Recht hat, so dass bei der strafrechtlichen Unrechtsbeurteilung wiederum jener Eigenschaft Rechnung getragen werden soll. Von der lebensweltlichen Seite ausgehend,

---

592 Vgl. *Jakobs*, System der strafrechtlichen Zurechnung, S. 17, 34.

593 Ursprünglich *Welzel*, Studien zum System des Strafrechts, ZStW 58 (1939), S. 491 ff.

594 Dazu vgl. nur *Roxin*, Gedanken zur Problematik der Zurechnung im Strafrecht, FS - Honig, S. 133 ff.

595 *Günther*. Die Zuschreibung strafrechtlicher Verantwortlichkeit auf der Grundlage des Verstehens, in: Lüderssen (Hrsg.), Aufgeklärte Kriminalpolitik oder Kampf gegen das Böse?, Band 1, S. 319 ff.; Vorsatz als Zuschreibung siehe *Bung*, Wissen und Wollen im Strafrecht, S. 116 f.

596 *Jaeggi*, Kritik von Lebensformen, S. 121 ff. Dazu siehe den zweiten Teil II. 4.

können manche soziale Handlungsregeln sich verfestigen, bis sie sich in den neu geschaffenen rechtlichen Tatbeständen kristallisieren. Allerdings würde in der gegenwärtigen Epoche, in der das Rechtssystem bereits hochentwickelt und das alltägliche Leben in einem umfassenden Maße rechtlich verfasst ist, die Lebenswelt sich meistens auf Recht auswirken, dadurch, dass sie die Veränderungen des Gesetzes oder seine Interpretationen verursachen könnte. Die in der Strafrechtswissenschaft immer wieder geführte Diskussion über die Tendenz verstärkter Bestrafung und des erweiterten Bereichs strafrechtlicher Verantwortung ist wahrscheinlich das prominenteste Beispiel. Jüngst gehört die Neuregelung des sexuellen Strafrechts eben dazu, die sich aus den der auffälligen sowie öffentlichen Empörung auslösenden Vorfälle sexueller Übergriffe und der Wirkung der „Nein-heißt-nein"-Kampagne ergibt.[597] Zwei umgekehrte Beispiele, die kürzlich in Taiwan geschahen, sind bemerkenswert: die Gesetzänderung für die gleichgeschlechtliche Ehe im Jahr 2019[598] sowie die Abschaffung des strafrechtlichen Tatbestands des Ehebruchs durch eine verfassungswidrige Erklärung vom Taiwanischen Verfassungsgericht im Jahr 2020.[599] Die Eigentümlichkeit hierbei ist, dass das einst stabile Verständnis einer Gemeinschaft über bestimmte soziale Verhältnisse, wie Sexualität und Ehe, sich geändert hat, was sodann zu den entsprechenden Änderungen der rechtlichen Regelungen und/oder ihrer Interpretationen führt. Hier soll ebenso an die frühere Reform des sexuellen Strafrechts im Jahr 1997 erinnert werden, wobei sowohl die Vergewaltigung in der Ehe als auch die sexuellen Übergriffe gegen männliche Opfer strafbar wurden.

Diese von der Seite der Lebenswelt herbeigeführte Änderungsmöglichkeit des Rechts – sei sie auf der Ebene der Gesetzerzeugung/-abschaffung oder auf derjenigen der Umdeutung eines einzelnen Tatbestandmerkmals vorzufinden – bringt zwar die Sozialabhängigkeit des Unrechts- und Zurechnungsurteils im Strafrecht zum Ausdruck, bedarf an sich allerdings rationaler Begründungen. Es wäre im Grunde unproblematisch, wenn die Umwandlung der lebensweltlichen Praktiken die Schaffung, Abschaffung oder Veränderung des Gesetzes

---

597 Diesbezügliche Dokumente finden sich auf der Website des Bundestags, unter: https://www.bundestag.de/dokumente/textarchiv/2016/kw27-ak-selbstbestimmung-433506 (abgerufen am 14. 10. 2020)

598 Zusammenfassend vgl. *Deuber*, Ein halber Sieg für Homosexuelle, in: Süddeutsche Zeitung, 17. 05. 2019, unter: https://www.sueddeutsche.de/politik/taiwan-homoehe-asien-1.4452360 (abgerufen am 27. 07. 2020).

599 Benachrichtigt von AFP, Ehebruch ist in Taiwan künftig nicht mehr strafbar, 29. 05. 2020, unter: https://de.nachrichten.yahoo.com/ehebruch-taiwan-k%C3%BCnftig-mehr-strafbar-145000766.html (abgerufen am 27. 07. 2020).

hervorbringt. Sie dürfen nur in einem demokratisch gesetzgeberischen Prozess passieren, ohne den sie überhaupt keine legitime Geltung erhalten können. Im Vergleich dazu könnten die durch den lebensweltlichen Einfluss bewirkten Deutungsänderungen des Rechts mit Zweifeln konfrontiert werden, weil sich die befugten Rechtsanwender nur am positiven Recht orientieren sollen, nicht an den Meinungen in der Gesellschaft. Dieser Zweifel lässt sich trotzdem beheben, indem die Pflicht der Richter, bei der Rechtsanwendung an Gesetze zu binden, zugleich sozialabhängig – oder neutraler: sozialsensitiv –, nicht als paradox angesehen wird. Der Zusammenhang der beiden besteht bereits in der stetigen Einbeziehung des Rechtserzeugungsprozesses in die Lebenswelt. Trotz des Zugriffs auf die Idee deliberativer Demokratie als die Explikation der Grundlage legitimer Rechtsgeltung steht die reale Rechtserzeugungsprozedur unter großem Zeitdruck und unzureichendem Wissensstand von ihren Teilnehmern, die sich darüber bewusst sind. Während sich der in jenem Prozess geführte Begründungsdiskurs meist auf den Normalfall bezieht, kommen die Grenz- und Ausnahmefälle wohl wegen der obig beschriebenen Zeit- und/oder Wissensbedingtheit nicht in Betracht. Deswegen bedient sich der Gesetzgeber Methoden verschiedener Art und Weise, die Tatbestände so unterschiedlich zu beschreiben, dass bei der Rechtsanwendung den Richtern mehr oder weniger Befugnis übergeben werden kann, bei der Entscheidung konkreter Fälle sozialabhängig sein zu können. Dies würde die Zeit- und Wissensbedingtheit beim Rechtserzeugungsprozess ausgleichen und aktualisiert den Kenntniszustand im Rechtssystem über die Lebenswelt. Dies alles soll in dem tatbestandlich erlaubten Umfang und in dem rechtlich verfassten Anwendungsprozess geschehen. Strafrechtlich angewendet würde dies heißen, der soziale Bezug ist ein notwendiger Bestandteil der strafrechtlichen Unrecht- und Zurechnungsbeurteilung. Er ist von den einzelnen Tatbeständen und dem rechtlichen Anwendungsprozess abhängig.

Nun lässt sich zusammenfassen: Der hierfür vorgetragene Unrechtsbegriff richtet sich auf die Rechtsverletzung, die immer von ihrem unparteilichen Urteil ermöglichenden Prozess abhängig ist und immer im lebensweltlichen Kontext wurzelt.

III. Das Unrecht der versuchten Tat–eine neue Interpretation der Eindruckstheorie (allgemeine Erklärung)

Wird von den im Detail möglich abweichenden Formulierungen der Eindruckstheorie abgesehen, lässt sich erkennen, dass es in dieser Theorie eine

Funktionskette gibt, die vor allem vier Merkmale umfasst: die **Handlung**, die durch den Täter ausgeführt wird. Ein **Eindruck** der Allgemeinheit, der aus der Handlung stammt, könnte das allgemeine **Vertrauen** in die Rechtsbefolgung Anderer **erschüttern**, was **strafwürdig** wäre. Solch eine Kette, und zwar Handlung - Eindruck - Erschütterung rechtliches Vertrauen - Strafwürdigkeit, lässt sich grundsätzlich in allen Varianten der Eindruckstheorie finden.[600]

Wenn man nun von der hierfür vertretenen Auffassung der Eindruckstheorie ausgeht, bleibt erstens das Handlungsmerkmal unverändert, weil alle Straftaten eine Handlung voraussetzen müssen, die der Rechtsperson zurechenbar ist. Als Handlung kann sie nicht nur im Kopf des Täters bleiben, sondern sie muss in der realen Welt in Erscheinung treten. Zum Zeitpunkt ihrer Erscheinung bezieht sie sich auf eine mit anderen Rechtsgemeinschaftsmitgliedern geteilte, soziale Welt. Ihre Deutung wird auf dieser Ebene und in diesem Kontext vorgenommen. Anders gesagt: Das Verstehen dieser Handlung gehört dann nicht mehr zur privaten Sache. Dabei geht es vielmehr um ein soziales Kriterium, das sich aus dem lebensweltlichen Hintergrundwissen ergibt, dem Handlungsregeln innewohnen, die Gründe für sozialbezogene, das heißt nicht allein individualbezogene Handlungen liefern und die sich dadurch auf die praktische Überlegung von Akteuren auswirken. Derartige Handlungsregeln stellen gerade deshalb ein soziales Kriterium her, weil sie die Handlungen als die von ihnen abweichenden markieren können, wenn die Handelnden keine Gründe für ihre Abweichung geben können. Strafrechtlich verwendet, muss dies zumindest zweierlei eingeschränkt werden, wenn die Eigentümlichkeit des Strafrechts in Betracht kommt. Erstens muss der Inhalt der Gründe immerhin Bezug auf die Gestaltungen sowie Interpretationen von Rechten und ihren intersubjektiven Grenzen nehmen, hier insbesondere ebenso auf die in den einzelnen Tatbeständen geformten Delikte, weil es hierbei in erster Linie um die (Un-)Rechtsbewertung einer Handlung geht. Zweitens ist jener ganze Verlauf wiederum (straf-)prozessabhängig. Nur in einem fair gebildeten strafrechtlichen Anwendungsprozess kann dem Täter die Chance gegeben werden, die Unrechtsbewertung seiner Handlung dem sozialen Kriterium gemäß zu verändern. Diesem Argumentationsgang zu folgen, ist der Eindruck keineswegs (oder mindestens nicht hauptsächlich) mit dem Beunruhigungsgefühl oder Vertrauensverlust des Allgemeinen verknüpft. In ihm besteht vielmehr eine tiefergreifendere Struktur, um rational - in Bezug auf Gründe und den fairen Prozess - zu entscheiden, ob die Handlung des Täters strafrechtlich unrecht ist. Zusammenfassend begründet die versuchte Tat des Täters insofern

600 Vgl. nur *Jescheck / Weigend*, Strafrecht AT, S. 514.

das Unrecht, als sie in einem unparteilichen strafrechtlichen Prozess aufgrund des lebensweltlichen Deutungsschemas für eine rechtsverletzende Handlung gehalten wird. Ihm soll gleichzeitig in demselben Prozess die Möglichkeit zur Verfügung stehen, mithilfe von besseren Gründen diese Deutung seiner Handlung zu changieren.

Diese rekonstruierte Auffassung der Eindruckstheorie ist folglich in der Lage, eine Reihe von Kritiken, die auf die „traditionellen" Versionen der Eindruckstheorie abzielen, gegenstandlos zu machen. Eine bestimmte Anzahl solcher Kritiken wird so formuliert wegen des objektiven Anhaltspunkts, der in der früheren Phase dieser Arbeit aus dem methodologischen Grund nicht zur Diskussion stand.[601] Im Folgenden wird daher zunächst die Kernannahme der objektiven Versuchslehre dargestellt, um den Kontext der Kritiken klarzumachen. Anschließend werden die Kritiken ausgedrückt und in Hinsicht auf die hierfür rekonstruierte Eindruckstheorie entkräftet.

Als ein Unterbegriff der objektiven Unrechtstheorie[602] gehen ebenso die Anhänger der objektiven Versuchslehre davon aus, dass der Unrechtsinhalt der versuchten Taten vor allem in der äußerlichen Rechtsgutsverletzung bestehe, die durch den gesetzgeberischen Prozess in Tatbeständen des besonderen Teils des Strafrechts ihre jeweilig konkretisierte Gestaltung findet. Die Rechtsgutsverletzung und die Verwirklichung des Tatbestandes sind demgemäß die zwei entscheidendsten Bezugspunkte der objektiven Versuchslehre[603] Hinzukommt, dass der Versuch immer schon das Nichtvorhandensein eines Erfolgs oder seine Nichtzurechenbarkeit voraussetzt. Dies führt dazu, dass eine solche Theorie lediglich die rechtsgutsverletzende Gefahr einer vom Täter ausgehenden Handlung akzentuieren kann. Außerdem wurde bereits in der Anfangsphase der Entwicklung dieser Theorie die Unmöglichkeit einer Ex-post-Beobachtung der fraglichen Rechtsgutsverletzungsgefahr sowie der Undurchsetzbarkeit der Grenzziehung zwischen einem absoluten und relativen untauglichen Versuch gezeigt.[604] Daher liegt die weitere Entfaltungskompetenz einer solchen Lehre

601 Dazu siehe die Einleitung.

602 *Zaczyk*, Das Unrecht der versuchten Tat, S. 17, 55 ff.

603 *Hirsch*, Untauglicher Versuch und Tatstrafrecht, in: Schünemann / Achenbach u. a. (Hrsg.), FS – Roxin zum 70. Geburtstag, S. 713; *ders.*, Die subjektive Versuchstheorie, ein Wegbereiter der NS-Strafrechtsdoktrin, JZ 10 / 2007, S. 495; *Roxin*, AT II, 29 / 25 ff.

604 Ex-post Betrachtung vgl. *Mezger*, Strafrecht. Ein Lehrbuch, 2. Aufl., S. 392 Zum Unterschied zwischen absolutem und relativem untauglichen Versuch siehe *von Hippel*, Deutsches Strafrecht, Bd. 2, S. 417.

nur in den unterschiedlichen Interpretationen des Gefahrbegriffs per Ex-ante-Betrachtung.[605] Trotz aller Akzentuierung auf eine objektiv notwendig vorliegende Handlungsgefahr für die Bejahung des Versuchsunrechts haben die Vertreter einer solchen Lehre keine hinreichend überzeugenden Gründe für die Ausscheidung des subjektiven Merkmals auf der Unrechtsebene. Deswegen ist man sich im objektivistischen Lager der heutigen Zeit grundsätzlich einig, jene Gefahrbestimmung auf die Vorstellung des Täters zum Zeitpunkt der Tatausführung zu beziehen.[606]

In diesem Rahmen setzt *Hirsch* mehrfach die Eindruckstheorie dem Vorwurf aus, dass sie dem in einem Rechtsstaat als Grundsatz anerkannten Tatstrafrecht widerspreche und sich somit im Feld des Gesinnungsstrafrechts befinde, was sie zu „ein[em] Wegbereiter der NS-Strafrechtsdoktrin" mache.[607] Der Grund seines harten Vorwurfs liegt an der subjektivistischen Natur der Eindruckstheorie, gemäß der auch die äußerlich wertneutralen Handlungen, die durch eine Ex-ante-Beurteilung für ungefährlich zu halten sind, wegen ihrer Eignung für die Auslösung des unruhigen Eindrucks in Allgemeinheit strafbar werden könnten. Umso deutlicher zeige sich die Tendenz zum Gesinnungsstrafrecht statt zum Tatstrafrecht, wenn das Eindrucksmoment vom Rechtsvertrauen, das als die Erhaltungsbedingung der gesamten Rechtsordnung in der Bevölkerung angesehen wird, abhängig gemacht wird. In einem solchen Zusammenhang würde der

---

605 Grundlegend: *von Liszt*, Lehrbuch des Beutschen Strafrechts, 21. / 22. Aufl., S. 200; auch *ders.*, Der fehlgeschlagene Versuch und die Cohn'sche Versuchstheorie, ZStW 1 (1881), S. 93, 102. Einige Vertreter der objektiven Versuchslehre, etwa *Kratzsch*, Die Bemühungen um Präzisierung der Ansatzformel (§ 22 StGB) – ein absolut untauglicher Versuch?, JA 1983, S. 579 ff.; *ders.*, Verhaltenssteuerung und Organisation im Strafrecht, S. 436 ff. und *Mir Puig*, Untauglicher Versuch und statistische Gefährlichkeit im neuen spanischen Strafgesetzbuch, in: Schünemann / Achenbach u. a. (Hrsg.), FS – Roxin zum 70. Geburtstag, S. 745, sehen den Versuch als eine Art der abstraktiven Gefährdungsdelikte, was von den anderen Anhängern dieser Theorie zurückgewiesen ist, weil es sich beim Versuch nicht um eine bereits während der Gesetzgebung typisierte gefährliche Handlung handelt, dazu siehe etwa *Bloy*, Unrechtsgehalt und Strafbarkeit des grob unverständigen Versuchs, ZStW 113 (2001), S. 81.

606 *Maier*, Die Objektivierung des Versuchsunrechts, S. 212; *Bloy*, Unrechtsgehalt und Strafbarkeit des grob unverständigen Versuchs, ZStW 113 (2001), S. 86 ff.; *Hirsch*, Untauglicher Versuch und Tatstrafrecht, in: Schünemann / Achenbach u. a. (Hrsg.), FS – Roxin zum 70. Geburtstag, S. 717; *ders.*, Die subjektive Versuchstheorie, ein Wegbereiter der NS-Strafrechtsdoktrin, JZ 10 / 2007, S. 500.

607 *Hirsch*, Die subjektive Versuchstheorie, ein Wegbereiter der NS-Strafrechtsdoktrin, JZ 10 / 2007, S. 494 ff.

Täter nicht wegen seiner gefährlichen Handlung bestraft, sondern wegen seiner subjektiven, ungehorsamen Haltung, die sich in der Betätigung des rechtsfeindlichen Willens repräsentiert.[608]

Auch wenn *Hirschs* (extremer) Vorwurf nicht geteilt wird, muss die Eindruckstheorie auf eine andere Auseinandersetzung in Bezug auf den Begriffswechsel (oder: die Begriffsverwechselung) des Rechtsguts bei den vollendeten Taten einerseits und versuchten Taten der jeweiligen BT-Tatbeständen andererseits reagieren. Bei vollendeten Taten liegt das Unrecht in der dem Täter zurechenbaren Erfolgsherbeiführung. Das bringt die Verletzung des in einzelnen BT-Tatbeständen geschützten Rechtsguts zum Ausdruck. Dagegen scheint der Unrechtsgehalt des Versuchs laut der Eindruckstheorie von jenen einzelnen Rechtsgütern entkoppelt und zu dem Angriff eines selbstständigen Rechtsguts neuer Art – Vertrauen – zu werden. Viele haben dies bereits als fragwürdig betrachtet.[609] Die Problematik würde sich jedoch nochmals erschweren, würde die Anwendung des Eindrucksmoments auf die einzelnen Fälle in Betracht gezogen. Anders als die Gefahr hinsichtlich des konkreten Rechtsguts bei der objektiven Versuchslehre ist der Eindrucksbegriff, der sich an das allgemeine Vertrauen in die Rechtsordnung anschließt, so unterbestimmt und unpräzise, dass ihm das notwendige Kriterium fehlt, die Grenze zwischen strafbarem Versuch und straflosem Verhalten zu ziehen.[610] Diese Schwierigkeit ergibt sich aus der voran hingewiesenen, problematischen, direkten Verbindung der Eindruckstheorie mit dem straftheoretischen Ansatz. Bei dem kann schon aus dem Interesse der Theorie kein Argument dafür gegeben werden, was die Handlung des Täters mit den einzelnen Rechtsgütern zu tun hat. Zudem kann auf einer konkreteren Ebene kein Kriterium dafür geboten werden, welcher Teil des Eindrucks, der von der Handlung des Täters ausgeht und die Öffentlichkeit verunsichert, dem Täter deshalb zuzurechnen ist, weil ein solcher Eindruck für die Erhaltung der einzelnen Rechtsgüter in konkreten Fällen einen Nachteil hat. Insoweit ist dieser Auseinandersetzung der objektiven Versuchslehre zuzustimmen. Sie kann durch die diskursiv rekonstruierte Eindruckstheorie entkräftet werden. Dabei ist der

608 *Hirsch*, Untauglicher Versuch und Tatstrafrecht, in: Schünemann / Achenbach u. a. (Hrsg.), FS – Roxin zum 70. Geburtstag, S. 721 ff.

609 *Zimmermann*, Zum Strafgrund des Versuchs (§§ 22 f. StGB), JR 2018 (1), S. 25; *Alwart*, Strafwürdiges Versuchen, S. 209 f.; *Beckemper*, Das Rechtsgut „Vertrauen in die Funktionsfähigkeit der Märkte", ZIS 2011, S. 323.

610 *Hirsch*, Untauglicher Versuch und Tatstrafrecht, in: Schünemann / Achenbach u. a. (Hrsg.), FS – Roxin zum 70. Geburtstag, S. 714.

Eindruck keineswegs unrechtsentfern, sondern insofern unrechtskonstitutiv, als dass sich in ihm Deutungsschemata der Handlung finden, mit denen zu entscheiden ist, ob eine Handlung unrecht, also rechtsverletzend ist. In jedem dieser Vorgänge sind die einzelnen Rechtsgüter – etwa Leben, Körper und Eigentum etc. – bezogen, da danach gefragt ist, ob diese Handlung als Tötung (Lebensrechtsverletzung), Körperverletzung, Diebstahl, Betrug oder Sachbeschädigung (Eigentumsrechtsverletzung) interpretiert werden kann und nicht bloß nach dem Vorliegen der abstrakten Vertrauensverlust in der Bevölkerung. Da die Deutungsschemata sozialbezogen sind, repräsentieren sie zuerst die Perspektive eines verständigen Dritten in der Gesellschaft. So betrachtet, scheint es keinen großen Unterschied zwischen der hierfür behaupteten Eindruckstheorie und der neueren objektiven Versuchslehre zu geben. Doch wenn weiterhin an die Möglichkeit des Täters in der ersteren Theorie gedacht wird, im Strafprozess die prima facie Handlungsdeutung durch gute Gründe zu verändern (und nur insofern darf die Legitimation eines Unrechtsurteils beansprucht werden), ist der Unterschied klargemacht. Das Unrecht als eine interpersonale, rechtsgemeinschaftliche Angelegenheit kann somit nicht (nur) aus einer objektivierend naturwissenschaftlichen Perspektive durch den Gefährlichkeitsgedanken bestimmt und substituiert werden. Die Definitionsmacht der Handelnden als Sinn der Subjektivität muss ebenso berücksichtigt werden.

Hirschs Kritik des Gesinnungsstrafrechts gegen die Eindruckstheorie würde auf den ersten Blick zu weit gehen. Vor allem das Eindrucksmoment ist ein äußerlicher Bestandteil der versuchten Tat, der ihre Bestrafung nicht zu einer Strafgesetzgebung führen kann, die lediglich auf die innere Vorstellung des Täters gerichtet ist. Anders gesagt: Die Einführung des Eindrucksmerkmals in die subjektive Versuchslehre soll die Tendenz zum Gesinnungsstrafrecht vermeiden. In diesem Sinne wäre der Vorwurf von *Hirsch* verfehlt. Wird die Anwendung der gängigen Eindruckstheorie näher betrachtet, ist er vielmehr in dem Maße zustimmungswürdig, wie die Anhänger der Eindruckstheorie bei der Rechtsanwendung überwiegend bloß auf den subjektiven Plan des Täters abstellen.[611] Die subjektive Vorstellung scheint dementsprechend die Autorität für die Bestimmung des Versuchs zu haben. Die interpersonale Eigentümlichkeit des (Un-)Rechts gerät somit in Vergessenheit. Im Gegensatz dazu ist diese Eigentümlichkeit wieder ins Leben zu rufen, wird von der in dieser Arbeit bevorzugten Eindruckstheorie ausgegangen. Bei dieser sind die innere Vorstellung und die äußerliche Ausführung der Handlung des Täters mittels interpersonaler,

611 Darüber noch in IV. im Detail zu analysieren.

sozialer Deutungsschemata (Eindrucksmoment) darüber zu bestimmen, ob sie bereits den Sinn des Unrechts ausdrücken. Der Anhaltpunkt einer solchen diskursiv rekonstruierten Eindruckstheorie besteht nicht mehr nur in der inneren Seite des Täters, sondern auch in dem sozialen Sinn der Handlung.[612] Somit kann die von *Hirsch* ausgeübte Kritik zum Gesinnungsstrafrecht gegenstandlos gemacht werden.

Eine andere Kritik bezieht sich auf die Bestrafung des abergläubigen Versuchs, der im folgenden Abschnitt (IV. 4.) behandelt wird.

IV. Die subjektive Zurechnung der versuchten Tat

Historisch betrachtet, hat die veränderte Stelle subjektiver Elemente im Strafrecht ihren Ursprung in den verschieden verstandenen Unrechtsbegriffen.[613] Trotzdem ist es in der Gegenwart bereits ohne Zweifel, dass bei der strafrechtlichen Zurechnung subjektivbezogene Merkmale unrechtskonstitutiv sind. Positivrechtlich gesehen, wäre eine Handlung, die weder vorsätzlich noch fahrlässig ist, nach § 15 StGB nicht strafbar. Unter Bezugnahme auf Versuchstaten ist außerdem eine subjektive „Vorstellung von der Tat" des Täters laut § 22 StGB für eine strafbare Versuchstat erforderlich. So scheint es trivial zu sein, von der Notwendigkeit der subjektiven Zurechnung im Allgemeinen und bei versuchten Taten zu reden. Dieser Anschein täuscht, sobald die Grundlage subjektiver Zurechnung – im Allgemeinen und konkreter beim Versuch – hinterfragt wird. Im Hinblick auf ihren unrechtskonstitutiven Charakter lässt sich eine solche Frage nicht konsequenterweise beantworten, wenn sie im Rahmen dieser Schrift nicht auf den recht- und handlungstheoretischen Ausgangspunkt zurückzuführen ist. So wird zunächst mit einer prinzipiellen Erklärung über den Sinn der subjektiven Zurechnung innerhalb des hier vorgeschlagenen diskursiven Unrechtsverständnisses begonnen (1.). Sodann sind die daraus folgenden Ansichten auf den dogmatischen Bereich subjektiver Merkmale des Versuchstatbestandes anzuwenden. Damit können umstrittene Fälle der Eigentümlichkeit des als subjektiver Tatbestand des Versuchs bezeichneten Entschlusses (2.), des untauglichen Versuchs (3.), abergläubischen Versuchs (4.) sowie des Wahndelikts (5.) angemessener behandelt werden.

---

612 Darüber noch in IV. und V. im Detail zu analysieren.

613 Überblick vgl. *Roxin / Greco*, AT I., Aufl., 10 / 88 ff.; Dazu auch *Ast*, Handlung und Zurechnung, S. 32 ff.; *Köhler*, Der Begriff der Zurechnung, in: *Weigend / Küpper* (Hrsg.), FS – Hirsch, S. 69 ff.

1. Sinn der subjektiven Zurechnung im diskursiven Unrechtsverständnis[614]

Jemandem subjektiv zuzurechnen heißt, hier in Anlehnung an *Kant*,[615] ihn als den Urheber seiner Handlung anzusehen. Im Kontext der *Kantischen* (und der nachfolgenden idealistischen) Philosophie ist die Bezeichnung vom Urheber wiederum als ein selbstbestimmendes Subjekt zu verstehen. Für jeden weiterzuentwickelnden Begriff der subjektiven Zurechnung, der auf solchem Grundgedanken beruht, ist es zwingend, zu verdeutlichen, wie man unter dem Konzept des Subjekts erfassen kann – ebenso, in welchem Zusammenhang es mit der Begründung des Rechts steht, wenn es hierbei nicht um die subjektive Zurechnung irgendeiner Art, sondern spezifisch um diejenige im Strafrecht geht.

So lässt sich *Köhler* in seinem idealistischen Theorierahmen argumentieren sehen, dass der Zurechnung ein reflexfähiges Subjekt zugrunde liegen muss, das seine Handlung als einen auf verallgemeinerbare Normen bezogenen Vollzug erfassen kann.[616] Ein ähnlicher Ansatz ist (freilich) in *Zaczyks* Habilitationsschrift zu finden. Wie bereits während der Anfangsphase analysiert wurde, geht *Zaczyk* bei seinem Rechtsverständnis von dem autonomen Subjekt im Sinne von *Kant* und *Fichte* aus, das imstande ist, mithilfe des Verallgemeinerbarkeitstests die praktische Richtigkeit seiner Handlung zu prüfen. Eine rechtlich als richtig zu bewertende Handlung schafft oder behält die allgemeinen (äußerlichen) Anerkennungsverhältnisse zwischen zusammenlebenden Subjekten. Um eine derartige Handlung auszuführen, bedarf es auf jeden Fall zumindest zweier Erkenntnisse des Subjekts. Instrumentell muss es einerseits erkennen, etwas durch seine Handlung in der Welt herbeiführen zu können. Andererseits muss es ebenso erfassen können, dass es jemand anderen gibt, der (wie es) als Subjekt koexistiert und weswegen wechselseitig die Möglichkeit gegeben wird, dass die beiden Subjekte Selbstbewusstsein und Freiheit bekommen können. Somit liegt die Freiheitsgrenze der Handlung des einen an der Handlungsfreiheit des anderen. Von solcher „Handlungsmacht" lässt sich *Zaczyk* zufolge die „Verletzungsmacht" ableiten.[617] Diese wäre anzunehmen, wenn jemand in einer Konstellation erkennt, dass die Ausführung seiner Tat die eigene Grenze

---

614 Folgend verzichte ich auf das Thema zur Fahrlässigkeit.

615 *Kant*, Metaphysik der Sitten, AA VI, 227.

616 *Köhler*, Der Begriff der Zurechnung, in: *Weigend / Küpper* (Hrsg.), FS – Hirsch, S. 65. Vgl. auch *dens.*, Die bewusste Fahrlässigkeit, S. 199 ff.

617 *Zaczyk*, Das Unrecht der versuchten Tat, S. 235. Ähnlich vgl. auch *Köhler*, Der Begriff der Zurechnung, in: Weigend / Küpper (Hrsg.), FS – Hirsch, S. 68.

der Handlungsfreiheit überschreiten würde. Handelt er trotzdem, so verletzt er dadurch die Anerkennungsverhältnisse. Sein Wissen um den Handlungssinn als Rechtsverletzung begründet die subjektive Zurechnung.[618]

Im Gegensatz zu diesen Ansätzen von *Zaczyk* sowie *Köhler*, in denen sich die Akzentuierung der Subjektivität findet, kann *Jakobs* – ebenso vorab bereits diskutiert[619]– die Ansicht des ganz anderen Lagers vertreten. Hierbei werden Menschen im Strafrecht nicht als selbstbewusste und praktisch vernünftige Subjekte verstanden, sondern als gesellschaftlich geprägte Personen.[620] Um Wiederholung zu vermeiden, wird nur die Pointe in den Blick genommen. An *Luhmann* anschließend, hält *Jakobs* das (Straf-)Recht für sozialfunktioniert – das heißt, die Gesellschaft im Ganzen samt ihrer einzelnen Teilsysteme zu bewahren. Da der hierfür verwendete *Luhmann'sche* Gesellschaftsbegriff nicht als ein Komplex von Menschen, sondern derjenigen von normorientierten Kommunikationen zu begreifen ist, lässt sich die konkrete strafrechtliche Komponente sozialfunktionell färben, inklusive des Verständnisses der subjektiven Zurechnung. Der Sinn personaler Handlung ist demgemäß nicht durch die Intention des Akteurs gegeben, sondern durch das normgeformte soziale Schemata zu entscheiden, ob die Handlung kommunikativen Sinn ausdrückt. So ergibt sich die Möglichkeit, eine Handlung aufgrund eines solchen Deutungsschemas als strafrechtlich relevant (hier: normbeschädigt) zu bejahen, auch wenn der Handelnde diesen Handlungssinn nicht erkennt oder behaupten will. Subjektive Zurechnung verwandelt sich in eine spezifische Art von „personaler" Zurechnung, bei der nicht der innerliche Zustand eines konkreten Subjekts in Betrachtung gezogen wird. Stattdessen entscheiden das Soll-Wissen und Soll-Wollen einer der sozialen Rolle entsprechenden Person darüber, was der Handelnde wissen und wollen will. Soll er aus der Perspektive einer Rolle bei einer Konstellation die Tatbestandmäßigkeit seiner Handlung wissen, ist er trotz des tatsächlich verfehlenden Wissens eben subjektiv zurechenbar.[621]

Diese beiden genannten Erfassungen von subjektiver Zurechnung unterscheiden sich zwar, bringen dennoch jeweils aufschlussreiche Einsichten zum

---

618 *Zaczyk*, Das Unrecht der versuchten Tat, S. 235; *Köhler*, Der Begriff der Zurechnung, in: Weigend / Küpper (Hrsg.), FS – Hirsch, S. 68; *ders.*, Die bewusste Fahrlässigkeit, S. 242 ff.; *ders.*, AT, S. 156 ff.

619 Siehe den ersten Teil.. II., 1.

620 *Jakobs*, Das Strafrecht zwischen Funktionalismus und „alteuropäischem" Prinzipiendenken, ZStW 107 (1995), S. 859; auch *ders.*, Norm, Person, Gesellschaft, 3. Aufl. S. 41.

621 Siehe den ersten Teil., II., 1., B.

Ausdruck. Der Grundidee des deutschen Idealismus folgend, beharrt die erste Ansicht auf einem notwendigen Zugriff auf ein konkretes selbstbewusstes sowie -bestimmendes Subjekt, das vermag, den Sinn seiner Handlung zu definieren. Damit sind das tatsächliche Wissen und Wollen des Täters unentbehrliche Bestandteile für die Begründung der Urheberschaft seiner Handlung. Nicht übersehbar ist die Betonung von *Jakobs*, dass es nicht ausreicht, die Bedeutung einer Handlung nur auf die Intention eines Handelnden zurückzuführen, weil Bedeutung der Interpretation bedarf. Dadurch hat sie immer einen sozialen Bezug.[622] Dabei spielt die innere Seite eines Subjekts keine entscheidende Rolle. Umso wichtiger wäre ein interpersonales Kriterium.

Ein Rückblick auf die Ausführungen des Anfangs des letzten Teils dieser Arbeit zeigt: Jene scheinbare Gegenüberstellung zwischen dem autonomen, selbstständigen Subjekt und der von der Gesellschaft gestalteten Rolle wäre aufzuheben, weil Individualisierung und Vergesellschaftung einander nicht ausschließen, sondern voneinander abhängen. Wie gezeigt, wären in einer nachmetaphysischen Epoche die Prämisse sowie die Argumentationen bewusstseinsphilosophischer Art immer fraglicher geworden.[623] Die Grundideen aus jener Zeit brauchen deshalb neuartige Erklärungen, um ihre Überzeugungskraft wiederzugewinnen. *Habermas* zufolge kann der Mensch nur im Laufe der Sozialisierung selbstbewusst werden, indem er sich die Fähigkeit aneignet, mithilfe von Symbolen und Sprache mit anderen zu interagieren.[624] Um symbolische Kommunikation zu beherrschen, muss man Bezug auf eine soziale, interpersonale Ebene nehmen, so dass sich die Regeln solcher Kommunikation kennen lassen.[625] Nach der Einführung der Einsicht der Sprechakttheorie sind solche Regeln nicht im semantischen Horizont erschöpft. Zu berücksichtigen ist ebenso der pragmatische Vorgang, bei dem sich die Kommunizierenden als Sprecher oder Hörer über die Bedeutung des kommunikativen Vorlaufs verständigen können. Das benötigt eine wichtige Kompetenz der Kommunizierenden: bei Nachfragen Gründe für ihre Deutung eines kommunikativen Vorlaufs darzubieten.[626] Diese Kompetenz ist im Rahmen der vorliegenden Arbeit die Grundlage der Zurechenbarkeit.606F[627] Wird von solch einem Zurechnungsbegriff

622 *Jakobs*, System der strafrechtlichen Zurechnung, S. 17, 34.

623 Siehe beispielsweise *Habermas*, nachmetaphysisches Denken, S. 52 und 275.

624 Dazu ausführlich siehe den zweiten Teil, I.

625 Dazu ausführlich siehe den zweiten Teil, I.

626 Dazu ausführlich siehe den zweiten Teil, II., 1. und 2.

627 *Günther*, Schuld und kommunikative Freiheit, S. 245 ff.

ausgegangen, dann ist der tatsächliche intentionale Zustand jedes Handelnden für die Zurechnung konstruktiv. Nur unter diesem Umstand, dass sie Kenntnisse über die Handlungssituation und zugleich den Willen haben, sich aufgrund jenes Wissens zu einer Handlung zu motivieren, sind sie imstande, bei Nachfragen Gründe für die Handlung zu liefern. Da diese deliberative Fähigkeit einer Person[628] im Wege der Vergesellschaftung, namentlich bei der familialen Erziehung, Schulausbildung und anderen alltäglichen interaktiven Erfahrungen, nach und nach erworben ist, wird indes eine Reihe standardisierter Deutungsschemata von Handlungen sowie anderen interaktiven Vorgängen in dem Bewusstsein des Einzelnen angesiedelt. Damit kann jeder beurteilen, ob seine Handlung regelgemäß oder -abweichend ist. Dadurch lässt sich erkennen, wie die Individualisierung – hier geht es vor allem um die Aneignung der deliberativen Fähigkeit jeder Person – vom Sozialisierungsprozess abhängt. Trotzdem führt dies keineswegs zu einer Lehre *Jakobs'scher* Art, die die subjektive Zurechenbarkeit auf den sozial standardisierten Rollenbegriff reduziert. Als ein kommunikativ kompetenter Handelnder kann er seine „Subjektivität" so ausdrücken, trotz der Abweichung von Deutungsschemata, mithilfe von Gründen den Sinn seiner Handlung verändern zu können.

Bei der Problematik der subjektiven Zurechnung im Strafrecht geht es nicht bloß um die Deutungsbefugnis des Handelnden für seine Handlung im Allgemeinen. Konkreter geht es um diejenige Befugnis, seine Handlung als strafrechtgemäß oder strafrechtlich unrecht zu definieren und so interpretieren zu lassen. Die für die Grundlage der Zurechnung gehaltene Urheberschaft verwandelt sich so in eine Art Definitionsmacht, die – wie erwähnt – Wissen und Wollen des Handelnden voraussetzt. Dies bedeutet zuerst, dass Wissen und Wollen des Täters zur Rechtsverletzung den als Grundform subjektiver Zurechnung verstandenen Vorsatz begründen. Es gilt auch für den Versuch, weil nur mit diesen beiden Komponenten dem Täter die Chance gegeben ist, die Gründe für seine Handlung zu liefern und ihren Sinn zu ändern. Positivrechtlich kommt diese Erforderlichkeit in der Formulierung: „nach seiner Vorstellung von der Tat", im § 22 StGB zum Ausdruck. Die Bestimmung der subjektiven Zurechnung findet in einem rechtlichen Zuschreibungsprozess statt, bei dem der Handelnde die Opportunität hat, bei einem möglichen unterschiedlichen Urteil zwischen ihm und dem vorliegenden Schema im lebensweltlichen Hintergrundwissen mithilfe von Gründen über diejenige Beurteilung zu debattieren, ob sein bestimmtes

628 Der Begriff der deliberativen Person vgl. *Günther*, Schuld und kommunikative Freiheit, S. 245 f.

Wissen und Wollen schon den Sinn der Rechtsverletzung repräsentieren können. In Anlehnung an die vorab durch die diskursive Rechtstheorie und den Lebensweltbegriff rekonstruierte Eindruckstheorie des Versuchs ist nun klar, dass das Eindrucksmoment nicht nur beim objektiven Tatbestand eine unrechtslimitierende Rolle spielt. Es wirkt sich bereits auf die Entscheidung subjektiver Zurechnung aus. Dies ist am Wortlaut des § 22 StGB ablesbar, wenn man den subjektiven Tatbestand der „Vorstellung von der Tat" mit der Intention des Täters nicht einfach für identisch hält. Schon die Vorstellung – Wissen und Wollen des Täters – ist durch ein interpersonales Kriterium, also das „Tat"-Merkmal zu ermitteln. Damit ist ein sozialer Raum eröffnet, in dem der Prozess des Kampfs um die Handlungsdeutung stattfinden kann.

Wird der dynamische Zusammenhang zwischen Subjekt und Lebenswelt erkannt, wäre es kaum von einem einfachen Prinzip zu erwarten, umstrittene Fälle in Problembereichen (wie dem (grob unverständigen) untauglichen Versuch, abergläubigen Versuch und Wahndelikt) zu behandeln. Benötigt ist die nähere Betrachtung des jeweiligen Tatbestandes[629] und des rechtlichen Prozesses, um die Entfaltung jener beschriebenen Dynamik zu ermöglichen.

2. Tatentschluss als subjektiver Tatbestand der versuchten Tat

Grundsätzlich einig in der Literatur ist der (Tat-)Entschluss statt des im § 22 StGB erscheinenden Wortlauts „Vorstellung von der Tat" oder eines allgemeinen Vorsatzbegriffs als den subjektiven Tatbestand einer versuchten Tat zu bezeichnen.[630] Dies hat seinen Ursprung bei der ehemaligen Definition des Versuchs im § 43 Absatz 1 RStGB.[631] Die Grundlage und der Inhalt jenes subjektiven Bestandteils von versuchten Taten sollen trotz dieser möglicherweise unterschiedlichen Benennungen unverändert bleiben, wie es beim vollendeten Delikt der Fall ist. Sowohl beim Versuch als auch bei der vollendeten Tat muss der subjektive Tatbestand unrechtskonstitutiv sein und die subjektive Zurechnung des Täters begründen können. So wie in dem vorangegangenen Abschnitt formuliert, bilden das Wissen und Wollen des Täters die Grundlage subjektiver Zurechnung und eine bestimmte Handlung ist dem Täter zurechenbar, wenn sein Wissen und

---

629 In diese methodologische Richtung siehe auch *Zaczyk*, Das Unrecht der versuchten Tat, S. 237; *Maier*, Die Objektivierung des Versuchsunrechts, S. 219 ff. Die auf die Unrechtsformen des Besonderen Teils bezogene Behandlungsweise des Letzteren ist auch von *Zaczyk*, GA 2008, S. 56 bevorzugt.

630 Vgl. zum Beispiel *Kühl*, AT, 6. Aufl., § 15 Rn. 23; *Kindhäuser*, AT, 8. Aufl., 31 / 4 f.

631 „Wer den Entschluss, ein Verbrechen oder Vergehen zu verüben …"

Wollen über die Handlung sich als unrecht interpretieren lassen, wobei er diese Deutungsfolgerung ändern können muss. Dies gilt beim Versuch sowie bei vollendeten Taten. In einem solchen Sinne reicht in Wahrheit bereits die Bezeichnung „Vorsatz“ für den subjektiven Tatbestand des Versuchs aus, neben anderen, besonderen subjektiven Unrechtsmerkmalen, wie die Zueignungsabsicht beim Diebstahl.[632] Diese Vereinigung der Bezeichnung beim subjektiven Tatbestand würde mehr bedeuten als bloß ein Benennungsstreit. Sie verweist vielmehr noch auf die Richtung, wie weitere Probleme, die später nachkommen, hinsichtlich subjektiver Zurechnung versuchter Tat behandelt werden sollen.

Diese Grundrichtung findet ihre erste Anwendung auf eine oftmals im Schrifttum, aber auch in der Rechtsprechung diskutierte Frage nach der Bedingungsabhängigkeit des Entschlusses. Gängigen Auffassungen nach ist die subjektive Vorstellung des Täters als Entschluss nur insofern zu qualifizieren, als sie „unbedingt“,[633] „endgültig gefasst“[634] oder „vorbehaltlos“[635] ist.[636] Viele gehen davon aus, dass ein so erfasster Entschluss vorliegt, wenn der Täter die Ausführung seiner Tat von Bedingungen abhängig macht, die er nicht beeinflussen kann.[637] Intuitiv kann man jedoch sofort nachfragen, wieso beim Annehmen des Entschlusses die Gegebenheit solcher Bedingungen so eine ausschlaggebende Rolle spielen soll. Denkbar wäre auch, dass gerade der Umstand, dass der Täter sein Handeln von äußeren Bedingungen abhängig macht, die verfehlende Entschlossenheit des Täters darstellt, so dass er dabei zusätzlicher Impulse von anderen bedarf oder sogar den Dritter/das Tatopfer für sich entscheiden lässt, ob er weiter handeln soll.[638] Auf diese Weise wäre verständlich, warum im Fall des BGH

632 Eine offenbare andere Meinung vertritt NK - *Zaczyk*, 5. Aufl., § 22 Rn. 13, der „Tatentschluss“ als eine bessere Bezeichnung sieht, weil gerade in ihm die Betonung des voluntativen Elements des Vorsatzes zu finden ist, was das Charakteristikum der versuchten Tat erstmal zum Ausdruck bringt. Dagegen siehe aber *Herzberg*, in: MüKo - StGB § 22 Rn. 34 f.

633 *Jescheck / Weigend*, AT, 5. Aufl., S. 515.

634 *Kühl*, AT, 6. Aufl., § 15 Rn. 30.

635 *Otto*, Grundkurs Strafrecht, 7. Aufl., § 18 Rn. 18.

636 All diese Beschreibungen lassen sich in BGHSt 12, 306 ff. finden, wo doch auch kritische Betrachtungen zur herrschenden Meinung vorgenommen werden.

637 Beispielsweise BGH GA 1963, 147. Vgl. auch *Murmann*, Grundkurs Strafrecht, 5. Aufl., S. 396; *Kühl*, AT, 6. Aufl., § 15 Rn. 31.

638 Also ist das Argument für die Ablehnung der subjektiven Zurechnung der Täter, die ihre weitere Ausführung der Handlung vom Opfer abhängig machen, im Fall des BGH NStZ 1999, 395 f. zuzustimmen: „Beide Angeklagten hatten die weitere Tatbegehung von vorneherein davon abhängig gemacht, daß das in Aussicht genommene Tatopfer

StV 1984, 420 ein Totschlagsversuch verneint wurde, auch wenn der Täter seine Totschlaghandlung gegen seine Ehefrau, der er vor der Tat telefonisch Bescheid über seinen Plan gegeben hatte, von einer ihm unbeherrschbaren Bedingung, also der Eröffnung der Haustür seiner Ehefrau, abhängig machte.[639]

Da es keinen notwendigen Zusammenhang zwischen der Qualität der Bedingungen und der Bestimmung des Entschlusses gibt, liegt es nahe, der Grundformel der subjektiven Zurechnung bei einer solchen Problematik treu zu bleiben. Mit anderen Worten: Auch in derartiger Fallgruppe fungiert die Vorsatzprüfung nicht anders. Im hiesigen Rahmen ist wiederum das folgende Kriterium entscheidend, ob die Vorstellung des Täters innerhalb eines fair verfassten rechtlichen Prozesses, in dem der Täter die soziale überlieferte Deutung über seine Vorstellung ändern könnte, als eine rechtsverletzende Tat bewertet werden kann. Dementsprechend ist es erforderlich – wie das Gericht beim gegebenen Fall es tat – zu untersuchen, ob das innere Bild des Täters den Sinn der Schwellenüberschreitung zur Rechtsverletzung erhält, auch wenn dabei diese Problematik systemtechnisch in den objektiven Tatbestand eingeordnet zu werden scheint.[640] Klar ist: Die Vorstellung des Täters während seines Klingelns lässt sich in diesem Fall nicht als Tötungsvorsatz annehmen.

Die Pointe ist: Die Urheberschaft des Täters für die Rechtsverletzung begründet seine subjektive Zurechenbarkeit. Die Bedingtheit seines Willens ist hierfür ohne großen Belang.

---

ohne ihr Kleinkind erscheint; es bedurfte somit noch eines weiteren Willensimpulses, damit ihr Tun unmittelbar in die Tatbestandshandlung einmündete." Dagegen vgl. *Deys* Anmerkung zu diesem Urteil, JR 2000, S. 295 f.

639 Ähnliches vgl. auch NStZ-RR 2004, 361 f.

640 „Das Klingeln war hier keine Handlungsweise, die ohne Zwischenakt unmittelbar in die geplante Tötungshandlung übergehen konnte. Aus den Feststellungen ergibt sich, daß der Angeklagte an der Eingangstür zu einem Mietshaus mehrfach erfolglos geklingelt hat. Ihm muß bewußt gewesen sein, daß er zunächst noch den Weg von der Haustür bis zu der Wohnung seiner Schwiegermutter zurücklegen und dafür sorgen mußte, daß ihm auch die Wohnungstür geöffnet wurde. Da er die beabsichtigte Tötung seiner Ehefrau kurz zuvor angekündigt hatte, konnte er nicht ohne weiteres damit rechnen, daß er die Wohnungstür geöffnet vorfinden werde." Viele reden auch von der Schwierigkeit, innerhalb verschiedener Phasen praktischen Überlegungsvorgangs einzugrenzen, dazu siehe beispielsweise *Kühl*, AT, 6. Aufl., § 15 Rn. 34; NK - *Zaczyk*, 5. Aufl., § 22 Rn. 15.

3. Untauglicher Versuch und seine grob unverständige Variante

Mit der Behandlung des untauglichen Versuchs lassen all die Versuchslehren sich auf den Prüfstand stellen. Gewiss hat der Gesetzgeber schon eine Entscheidung für solche Fragestellungen vor allem in § 23 Absatz 3 StGB getroffen. Trotzdem sehen viele diese Entscheidung nicht als eine Beendigung aller Auseinandersetzungen, sondern als eine neue Runde. Allerdings liegt das Kerninteresse dieser Schrift nicht in der ausführlichen Analyse aller möglich vorliegenden Argumentationen sowie geschichtlichen Kontexte[641] für oder gegen jene gesetzgeberische Entscheidung. Es wäre umso wichtiger, zu zeigen, wie man konsequenterweise – im Hinblick auf das geltende Recht – aus der hierbei entwickelten Ansicht, sprich der auf der Grundlage der diskursiven Rechtstheorie rekonstruierten Eindruckstheorie, die Lösung vieler umstrittener Fragen beim untauglichen Versuch herleiten kann.

Am Ausgangspunkt der folgenden Argumentation würde es sich lohnen, den genauen Gesetztext des § 23 Absatz 3 StGB anzusehen: „**Hat der Täter aus grobem Unverstand verkannt**, daß der Versuch nach der Art des **Gegenstandes**, an dem, oder des **Mittels**, mit dem die Tat begangen werden sollte, überhaupt nicht zur Vollendung führen konnte, so kann das Gericht von Strafe absehen oder die Strafe nach seinem Ermessen mildern (§ 49 Abs. 2).“ (Hervorhebung von *Lin*). Dabei ist nach der meistvertretenen Auffassung die allgemeine Regelung für den untauglichen Versuch,[642] bei dem die Untauglichkeit der Handlung aufgrund dieser Vorschrift in der Eigentümlichkeit des Tatobjekts oder des Tatmittels insoweit vorliegt, als die vom Täter gewollte Verwirklichung des Tatbestands vom Zeitpunkt seiner Handlungsausführung sicherlich gescheitert. Dies ist aber nicht der Fall, wenn gleichzeitig jenem vorgegangenen Wenn-Satz (Hat der Täter …) Aufmerksamkeit gegeben wird. Dieser Absatz regelt nur einen spezifischen Typ vom untauglichen Versuch: denjenigen, bei dem der Täter aus grobem Unverstand verkennt. Deshalb wäre nicht zuzustimmen, den Schluss aus diesem Wortlaut zu ziehen, dass untaugliche Versuche grundsätzlich strafbar sind.[643]

---

641 Bis in fast jede Einzelheit, vgl. nur LK - *Hillenkamp*, 12. Aufl., vor § 22 Rn. 39 ff. mit anderen Nachweisen.

642 Vgl. nur NK - *Zaczyk*, 5. Aufl., § 22 Rn. 16

643 Dazu vgl. aber etwa *Roxin*, Zur Strafbarkeit des untauglichen Versuchs, in: Müller-Dietz u. a. (Hrsg.), FS – Jung, S. 833. *Kühl*, AT, 6. Aufl., § 15 Rn. 86; LK - *Hillenkamp*, 12. Aufl., § 22 Rn. 183; *Murmann*, Grundkurs Strafrecht, 5. Aufl., S. 398; NK - *Zaczyk*, 5. Aufl., § 22 Rn. 16. Rechtsprechung vgl. BGHSt 4, 254; 11, 268, 271; 30, 363, 366.

Zur angemessenen Bewertung für diejenigen Fälle, die oft unter den Begriff des untauglichen und grob unverständigen untauglichen Versuchs eingeordnet werden, sind zwei Anhaltspunkte vor Augen zu halten. Materiell ist immerhin auf das Grundverständnis des diskursiven Unrechts zuzugreifen, weil im Horizont des Strafrechts das Ziel jener Bewertung in dem Urteil liegt, ob die in solchen Fällen bezeichneten Handlungen unrecht sind. Positivrechtlich darf man die gesetzgeberische allgemeine Bestimmung für die Gestaltung versuchter Taten in § 22 StGB nicht außer Acht lassen. Wird ferner diese Vorschrift näher betrachtet, ist herauszufinden, dass sie bereits hinreichende und klare Hinweise für die Behandlung des untauglichen Versuchs geboten hat. Dabei kann zugleich die hier vertretene Eindruckstheorie eine konsequente Anwendung finden. Im Anschluss an die obige Formulierung zur subjektiven Zurechnung der versuchten Tat soll das Merkmal „nach seiner Vorstellung" in Verbindung mit demjenigen „von der Tat" § 22 StGB betrachtet werden. Somit ist zu schlussfolgern, dass die Intention des Täters in dem prozessabhängig lebensweltlichen Deutungsschema von Handlungen angesiedelt werden muss, um Beurteilung zu gewinnen, ob sich die gegebene Vorstellung für unrecht halten lässt. Das Gleiche gilt für den objektiven Tatbestand der Versuchstat, indem man das Merkmal „unmittelbar ansetzen" und die „Verwirklichung des Tatbestands" in Zusammenhang bringt. Davon ausgehend darf – entgegen der Entstehungsgeschichte dieses Gesetzes,[644] die jedenfalls keine endgültige Interpretationsmacht besitzt – nicht die subjektive Vorstellung des Täters allein über die Unrechtszuschreibung entscheiden.[645] Der gesamte Handlungsvorlauf, vom subjektiven bis zum objektiven Tatbestand, lässt sich in einem Strafprozess bewerten, indem der Täter die Chance hat, mit Hilfe von Gründen den ihm aufgrund des lebensweltlichen Deutungsschemas (oder: den Eindruck der Bevölkerung) zugeschriebenen unrechtlichen Sinn seiner Handlung zu verändern. Die folgenden Diskussionen zusammenfassend vorwegnehmend, lässt sich nun behaupten: Die überwiegende Mehrheit der Fälle des grob unverständigen Versuchs würde wegen fehlender subjektiver Zurechnung als straflos angenommen.[646] Eine spezifische Klasse von Fällen des untauglichen Versuchs, bei denen aus der Ex-ante-Betrachtungsperspektive kein

644 BT - Drucks, V / 4095 S. 11, dazu siehe auch LK - *Hillenkamp*, 12. Aufl., vor § 22 Rn. 60 ff.

645 Dagegen jedoch siehe *Kühl*, AT, 6. Aufl., § 15 Rn. 87, 90; *Heinrich*, Die Abgrenzung von untauglichem, grob unverständigem und abergläubischem Versuch, Jura 1998, S. 393.

646 So siehe auch *Baumann / Weber / Mitsch*, AT, 11. Aufl., § 26 Rn. 37.

Tatobjekt vorliegt, würde im Grunde kein (objektives) Unrecht begründen.[647] Diese beiden Ergebnisse sind herzuleiten, wenn man § 22 StGB mittels des obigen Interpretationsvorschlags auf jene Fälle anwendet. Dies ist mit § 23 Absatz 3 StGB nicht zu tun.

Nun soll auf die Argumentation für die Straflosigkeit des grob unverständigen Versuchs eingegangen werden. Die scheinbar ewig andauernde Auseinandersetzung über die (Un-)Strafbarkeitsgrundlage des grob unverständigen untauglichen Versuchs reflektiert gerade den Streit verschiedener Versuchslehren. Knapp gesagt: Die Vertreter der subjektiven Versuchslehre wären mit dem Gesetz unzufrieden, denn: Eine Handlung begründet aufgrund des rechtsfeindlichen Willens des Täters trotz seines groben Unverstands und ihrer objektiven Ungefährlichkeit schon den Handlungsunwert. Der Täter soll mithin keine Chance für die Strafminderung, geschweige denn das Absehen von Strafe (§ 23 Abs. 3 StGB) erhalten. Dieser Regelung würden die Anhänger objektiver Versuchslehre ebenfalls kein Recht geben. Sie würden alle Fälle untauglichen Versuches – das heißt nicht nur diejenigen aus grobem Unverstand des Täters – wegen mangelnder objektiver Gefährlichkeit für nicht strafbar halten. Somit würden sie § 23 Absatz 3 StGB als eine illegitime Ausdehnung der Strafbarkeit ansehen. Wahrscheinlich würde nur das Lager der Eindruckstheorie die Rechtsänderung bei der Gesetzreform 1975 als angemessen bewerten. Für dieses könnte die Strafe beim untauglichen Versuch aus grobem Unverstand gemildert oder sogar davon abgesehen werden, weil solche Handlungsweisen niedrigen oder gar keinen rechtsgeltungsschädigenden Eindruck erwecken würden, auch wenn sie den rechtsfeindlichen Willen betätigen.

Diese Unterschiedlichkeit kann einerseits zur Debatte führen, trotzdem der vorliegenden Arbeit Einsichten für die weiteren Erörterungen zum Problembereich des untauglichen Versuchs bieten. Aus der kritischen Reflexion gegen die Behauptung subjektiver Versuchslehre kann sich überraschenderweise die Straflosigkeit des grob unverständigen untauglichen Versuchs ergeben. Im Gegensatz zu der gängigen Eindruckstheorie, die § 23 Abs. 3 StGB als die grundlegende Regelung für die Behandlung von Fällen untauglichen Versuchs betrachtet, wird im Kontext dieser Arbeit von einer ganz umgekehrten Meinung ausgegangen. Gemäß dieser ist jene Vorschrift nur für einige extreme Fälle zu behalten (A.). Darüber hinaus gibt die objektive Versuchslehre Anlass, über die Straffreiheit

647 Diese Fälle sind vor allem von Autoren der *Wolff'schen* Schule betont, vgl. etwa *Köhler*, AT, S. 458; *Rath*, Grundfälle zum Unrecht des Versuchs, JuS 1998, S. 1111 f.; *Zaczyk*, Das Unrecht der versuchten Tat, S. 255.

des andersartigen untauglichen Versuchs wegen verfehlender objektiver Gefährlichkeit nachzudenken (B.).

A. *Die Inspirationen der subjektiven Versuchslehre*

Subjektive Versuchslehren gehen – hier von möglichen Unterschiedlichkeiten im Einzelnen abgesehen – davon aus, dass das Unrecht versuchter Taten hauptsächlich in der subjektiven Intention des Täters besteht, dass er seine nach dem eigenen Plan vorgenommene Handlung für rechtsgutsverletzend hält, auch wenn dabei keine tatsächliche Gefährlichkeit für das gegebene Rechtsgut vorliegt. Dieser Ansicht wurde seit Langem in der Rechtsprechung überwiegend gefolgt. Sie hat das Fundament für die neue Versuchsregelung 1975 gelegt. Besonders auffällig ist deshalb, wieso solch eine sich auf die subjektive Theorie stützende gesetzgeberische Entscheidung eine Milderung oder ein völliges Absehen von Strafe bei Fallkonstellationen erlaubt, bei denen der Täter seinen rechtsfeindlichen Willen betätigt. Dass der Täter aus grobem Unverstand einen unmöglich zum Erfolg herbeiführenden Aktablauf der Rechtsverletzung irrig für möglich hält, verändert nichts für die Sache, dass er nach seiner subjektiv eigenen Einschätzung etwas Rechtsverletzendes getan hat. Es würde somit statt nur der subjektiven Vorstellung eines zusätzlichen Kriteriums bedürfen, um jene Rechtfolge zu rechtfertigen.

In manchen Rechtsprechungen wurde der rechtsfeindliche Wille mit einer ergänzenden Erklärung, dass er „die Auflehnung gegen die rechtlich geschützte Ordnung" zum Ausdruck bringt, in Verbindung gebracht.[648] Scheinbar hat dies mit einer sich aus der Eindruckstheorie ergebenden, unrechtlimitierenden Komponente – wie auch andere Auffassungen in Schrifttum[649] – zu tun. Der Anschein täuscht. Bei näherer Betrachtung des Sachverhalts in Einzelfällen ist herauszufinden, dass die beiden Konzepte dort im Grunde deckungsgleich als Synonym verwendet wurden.[650] Allerdings ist jene Anbindung sehr

---

648 Vgl. BGHSt 11, 324, 326 f. (Bejahung für die Rücktrittsmöglichkeit beim beendeten untauglichen Versuch); 40, 299, 302 (Versuchsbestimmung des Mittäters aufgrund seiner eigenen Vorstellung).

649 Beispielsweise NK - *Zaczyk*, 5. Aufl., § 22 Rn. 11; *Hirsch*, Untauglicher Versuch und Tatstrafrecht, in: Schünemann / Achenbach u. a. (Hrsg.), FS – Roxin zum 70. Geburtstag, S. 716.

650 In beiden obig zitierten Fällen ist immerhin allein die Vorstellung des Täters für die Tauglichkeit seiner Handlung für die Annahme des subjektiven Tatbestands entscheidend.

aufschlussreich hierfür. Geht es nunmehr beim Strafgrund des Versuchs, sei er tauglich oder untauglich, um den rechtfeindlichen Willen, der gerade „die Auflehnung gegen die rechtlich geschützte Ordnung" zum Ausdruck bringt, dann reicht allein der Wille des Täters oder seine subjektive Haltung nicht aus, das Unrecht zu begründen. Zugleich ist immerhin der Rechtsbezug zu berücksichtigen. Mit anderen Worten: Ob die Tatvorstellung als unrecht einzuschätzen ist, hängt nicht allein von der eigenen Deutung des Täters ab, sondern von einem rechtlich verfassten Strafprozess, in dessen Rahmen die in der Lebenswelt vorliegenden Deutungsmuster der gesamten Rechtsgemeinschaft für die Rechtsmäßigkeit von Handlungen zu einer solchen Entscheidung beitragen sollen. Dies würde klarmachen, warum in der Literatur und Rechtsprechung die Rolle der allgemeinen Erfahrung bei der Entscheidung solcher Fälle immer betont wird.[651] Knapp gesagt ist das so, weil jeder im Wege des praktischen Umgehens mit anderen gerade Erfahrungen gesammelt hat und weiter sammelt, wie andere ihre Intention und Handlung interpretieren würden. Für ein sozialisiertes Individuum heißt dies: die Fähigkeit, seine Intention durch ein sozial kommunizierbares Muster in seiner Handlung umzusetzen. Strafrechtlich angewendet ist ein weit von dem lebensweltlichen Muster entfernter Wille kaum als unrecht aus der Sicht der Rechtsgemeinschaft zu verstehen, wie es beim Versuch aus grobem Unverstand der Fall ist.

Im Vergleich zur üblich behaupteten Eindruckstheorie funktioniert so ein erneut interpretiertes Eindrucksmerkmal nicht unbedingt bloß unrechteinschränkend. Es ist ebenso denkbar, dass der Täter in jenem Prozess durch gute Gründe andere Beteiligte überzeugen kann, dass seine in der Tatvorstellung geplante Handlungsweise entgegen der Annahme der Rechtsgemeinschaft unrecht ist. Von diesen theoretisch denkbaren, trotzdem praktisch kaum geschehenen Fällen abgesehen, liegt die Straflosigkeit des grob unverständigen Versuchs an dem fehlenden subjektiven Tatbestand, und zwar: Aus der Vorstellung des Täters kann sich für die Rechtsgemeinschaft kein unrechtlicher Sinn ergeben. Solche Folgerung ist mithilfe einer vorab schon gezeigten, angemessenen

651 *Wachter*, Das Unrecht der versuchten Tat, S. 204 f. Rechtsprechung siehe zum Beispiel BGHSt 41, 94, 95: „Aus grobem Unverstand handelt der Täter nur dann, wenn er trotz ungeeigneten Mittels den Taterfolg für möglich hält, weil er bei der Tatausführung von völlig abwegigen Vorstellungen über gemeinhin bekannte Ursachenzusammenhänge ausgeht. Dabei muß der Irrtum nicht nur für fachkundige Personen, sondern **für jeden Menschen mit durchschnittlichem Erfahrungswissen** offenkundig, ja geradezu handgreiflich sein (Hervorhebung von Lin).

Auslegung und Anwendung des § 22 StGB – bringt man dabei richtigerweise im subjektiven Tatbestand zwei Komponenten „Vorstellung" wie auch „Tat" zusammen – zu gewinnen, ohne den Bezug auf § 23 Absatz 3 StGB zu nehmen, bei dem die mögliche Milderung und Absehung von Strafe nichts mit der Unrechtsebene zu tun haben, sondern eine Sache der Strafzumessung sind.[652]

Diese neue Formulierung auf konkrete Fälle zu übertragen, wäre: Aus der Vorstellung des Täters, dass er mit Zucker andere töten, mit Kamillentee abtreiben, mit der Pistole ein Flugzeug abschießen kann, ist für die in einer aufgeklärten Lebenswelt angesiedelte Rechtsgemeinschaft kein Tötungsunrecht oder Abtreibungsunrecht abzulesen. Sodann ist das subjektive Tatbestandsmerkmal „Tat" im § 22 StGB nicht erfüllt. Eine solche Handlungsweise, falls der Täter seine Handlung schon betätigt, ist deshalb nicht strafbar. Anders wäre eine Klasse von hochumstritten Fällen, in denen die Täter irrtümlich die für die Herbeiführung des Tods des Opfers unzureichende Dosis des Giftstoffs für hinreichend halten und somit ihre Handlung ausführen. Der Argumentation des Bundesgerichtshofs ist zuzustimmen. Dabei ist die Rede von einem grob unverständigen Versuch zu verneinen. Er besagte, dass aus durchschnittlichen Erfahrungen das Insektenvernichtungsmittel „grundsätzlich" zum Tod führen kann, weshalb die Vorstellung des Täters nicht grob unverständig war.[653] Zwei Überlegungen sind zu ergänzen. Erstens wäre jene Folgerung verändert, handelte es sich um einen extremen Fall, in dem etwa der Täter davon ausgehen würde, dass auch ein Tröpfchen vom gegebenen Mittel zum Tod führen könnte. Dies wäre wiederum eine ganz von den allgemeinen Erfahrungen/dem lebensweltlichen Hintergrundwissen abweichende Tatvorstellung, die nicht als unrecht bewertet werden soll. Zweitens sollen der Inhalt und Umfang der durchschnittlichen Erfahrungen offen für die zukünftigen Veränderungen bleiben. Somit wäre es möglich, dass eines Tages jene tödliche Giftdosis zum alltäglichen Wissen würde. Dementsprechend könnte die falsche Annahme der hinreichend den Tod verursachenden Dosis als grob unverständig verurteilt werden.

So verstanden wäre die Regelung des § 23 Absatz 3 StGB – wie *Hirsch* es zu Recht erfasst – funktionslos.[654] Sie findet im hiesigen Rahmen kaum Anwendung.

---

652 Vgl. *Murmann*, Grundkurs Strafrecht, 5. Aufl., S. 401 und die im ersten Teil, III., 2. gezeigten Begründungen der Sanktionsnorm-Variante von den Eindruckstheorien, dort kann man noch weitere Nachweise finden.

653 BGHSt 41, 94 ff.

654 *Hirsch*, Untauglicher Versuch und Tatstrafrecht, in: Schünemann / Achenbach u. a. (Hrsg.), FS – Roxin zum 70. Geburtstag, S. 716 ff., 727.

Theoretisch könnte sie auf ein paar überwiegende Ausnahmefälle anwendbar sein, bei denen der Täter im Strafprozess „erfolgreich“ den Richter durch gute Gründe vom Unrecht seiner in der Vorstellung geplanten Handlungsweise überzeugen würde, auch wenn diese Vorstellung sehr abwegig von den allgemeinen praktischen Erfahrungen ist. In solchen Fällen würde die Tatvorstellung auf jeden Fall bereits Unrecht begründen. Der Richter hätte dabei die Möglichkeit, bei solchen Handlungen wegen niedrigerer oder sogar mangelnder Strafwürdigkeit die diesbezügliche Strafe zu mindern oder davon abzusehen.

B. Die Inspirationen der objektiven Versuchslehre

Geht man mit der geläufigen Ansicht, die hier zurückgewiesen wäre, davon aus, dass § 23 Absatz 3 StGB die grundsätzliche Strafbarkeit des untauglichen Versuchs irgendwelcher Art und Weise erkennen lasse, dann werden zahlreiche Kritiken ausgelöst mit einem Kernargument: in den durch jene Vorschrift beschriebenen Umständen des untauglichen Versuchs besteht keine Gefahr für Rechtsgüter. Dieses Manko von der Begründung des Unrechts lässt sich nicht einfach allein durch den subjektiven rechtsfeindlichen Willen des Täters ausgleichen.[655] Infolgedessen soll eine solche Handlungsweise nicht strafbar sein. Die im ersten Teil mehrmals genannten und auseinandergesetzten Strafrechtswissenschaftler der *Wolff'schen* Schule gehen im Grunde trotz davon unterschiedlichen Argumenten in dieselbe Richtung. Sie halten die Fälle des untauglichen Versuchs, bei denen keine objektiv konkreten rechtlichen Anerkennungsverhältnisse vorliegen, für nicht strafbar.[656]

Insbesondere die letztere Auffassung ist hier von Belang, denn – im Vergleich zur ewigen Schwierigkeit, den Gefahrbegriff bei der objektiven Versuchslehre zu definieren und seine anderen theoretischen Problematiken[657] – sie stellt zutreffend die Einsicht in die Voraussetzung des Unrechts dar, und zwar das Bestehen des Rechtsverhältnisses, ohne das keine Rechtsverletzung möglich wäre. Solch eine Auffassung ist noch zu erweitern: Nach der hier vertretenen Eindruckstheorie sind das Bestehen von Rechtsverhältnissen, ihre Gestaltung, Grenze bis zu ihrer Verletzung, ohne ihre Prozessabhängigkeit und die in den Prozess eingeführte sozialbezogene Lebenswelt nicht zu bestimmen. Folgt man diesem

---

655 NK - *Zaczyk*, 5. Aufl., § 22 Rn. 37.

656 *Köhler*, AT, S. 458; *Rath*, Grundfälle zum Unrecht des Versuchs, JuS 1998, S. 1111 f.; *Zaczyk*, Das Unrecht der versuchten Tat, S. 255.

657 Auf diese Problematiken kann ich hier nicht eingehen. Dazu siehe *Zaczyk*, Das Unrecht der versuchten Tat, S. 41 ff.; *Wachter*, Das Unrecht der versuchten Tat, S. 35 ff.

Verständnis, dann ist die richtige Auslegung des § 22 StGB zu erhalten. Es ist erforderlich, beim objektiven Tatbestand des Versuchs neben dem unmittelbaren Ansetzen noch zu prüfen, ob jenes Ansetzen aus der Sicht der Rechtsgemeinschaft zur „Verwirklichung des Tatbestands" geeignet ist. Dieser Auslegungsvorschlag ist vorteilhaft, mindestens zweierlei. Er macht erstens die Gemeinschaftlichkeit rechtlicher Angelegenheiten dadurch erkennbar, dass der Verurteilung der (Un-)Rechtlichkeit keineswegs die Willkür des Täters zugrunde liegt, sondern der Prozess, der die wechselseitig überzeugende Dynamik von dem Täter und der Gemeinschaft über Handlungszuschreibung ermöglicht. Zweitens enthüllt er den im § 23 Absatz 3 StGB zu eng bestimmten Begriff des untauglichen Versuchs. Dieser sollte sich auf andere Fälle erstecken, bei denen es von Anfang der Tatausführung an den anderen objektiven Tatmerkmalen fehlen könnte.[658] Sie gestalten und regeln damit samt dem Tatmittel und Tatobjekt Rechte im Einzelnen, unter welchen Umständen das jeweilige Recht (etwa Leben, Eigentum und öffentliche Sicherheit etc.) als verletzt anzunehmen ist.

Im Folgenden ist zu zeigen, was eine solche Ansicht leisten kann. Auf der Basis der hier vorgetragenen Lehre ist ein Grundprinzip vor Augen zu halten: Die subjektive Tatvorstellung und die objektive Ausführung des Täters lassen sich aufgrund eines sozialen Maßstabs beurteilen, über den der Täter bestreiten kann. Demgemäß reicht allein die Tatvorstellung des Täters grundsätzlich noch nicht aus, das völlige Versuchsunrecht zu begründen. So geraten zahlreiche Entscheidungen aus der Rechtsprechung in Kritik, weil sie auf der subjektiven Versuchslehre beruhen. Von dieser überlieferten Meinung ausgehend, hat die Rechtsprechung die allgemeine Strafbarkeit des untauglichen Versuchs bejaht. Dementsprechend sind die Täter in den Fällen, bei denen etwa der Täter mit einer untauglichen Methode die Abtreibung für die Schwangere vornimmt[659] oder mit ungenügender Giftdosis einen anderen tötet,[660] als versuchsunrecht angenommen, nur weil er (auch wenn irrig) die Verhaltenswese für Rechtsverletzung möglich hält. Kritikwürdig dabei ist die Vernachlässigung des Sozialbezugs der Unrechtsbestimmung, was positivrechtlich klar in der Formulierung: „Verwirklichung des Tatbestands", angefordert ist.

Das Gleiche gilt für die Fälle des Versuchs mit untauglichem Objekt. Wie bei Fällen untauglichen Mittels bejaht die Rechtsprechung die allgemeine Strafbarkeit von Fällen untauglichen Objekts. Der Täter, der irrtümlich das bereits

---

658 So auch LK - *Hillenkamp*, 12. Aufl., § 22 Rn. 194 f.
659 RGSt 1, 439.
660 BGHSt 11, 324; 41, 94 ff.

gestorbene „Opfer" als noch lebend annimmt und darauf schießt, ist laut der Rechtsprechung wegen Tötungsversuchs strafbar.[661] *Zaczyk* hat gegen diese Folgerung deshalb Einwand erhoben, weil zwischen dem Täter und der „Leiche" kein konkretes Rechtsverhältnis besteht, das verletzt werden kann. Umso bemerkenswerter ist seine Ansicht zu den ähnlichen Fällen, bei denen das Opfer noch lebend ist. Dieses erscheint nicht am Tatort, sei er gerade verlassen oder anderswo. Der Täter hält einen Baumstamm für das Opfer und schießt auf diesen.[662] Dabei hält *Zaczyk* den Täter wegen Tötungsversuchs für strafbar, weil hier das Rechtsverhältnis zwischen dem Täter und dem Opfer – trotz möglicher weiter Entfernung – besteht. Die Auffälligkeit dieser Meinung ergibt sich aus der Reduzierung des Bestehens eines Rechtsverhältnisses auf die ontologische Tatsache und lässt die interpersonale, soziale Perspektive eines solchen Verhältnisses außer Acht. Die Pointe in solchen Fällen ist deswegen nicht (nur) die Sache, ob das Opfer lebendig oder nicht ist, sondern ob die Rechtsgemeinschaft jene Verhaltensweise als rechtsverletzend bewertet. Diese Rechtsgemeinschaftsbezogenheit findet sich in der Ansicht *Zaczyks*, aber er erschöpft sie (unnötig) nur in der Auslegung des normativen Tatbestandes[663] und der Kollektivrechtsgüter.[664] Der hier vertretenen Ansicht nach ist jene Bezogenheit immerhin bei der Unrechtsbestimmung mitzudenken und notwendig, in einem fairen rechtlichen Prozess durchzuführen, geht es um die rechtlichen Angelegenheiten, die sich auch auf individuale Rechtsgüter erstrecken sollen. Demgemäß soll der Täter, der sich des Einverständnisses des Opfers über seine Wegnahme nicht bewusst ist und von einem Diebstahl ausgeht,[665] oder derjenige, der eine nur vermeintliche sexuelle Handlung gegen/mit einer Minderjährigen vornimmt, weil sie schon eine Erwachsene ist,[666] nicht unbedingt wegen Versuchs strafbar oder straflos sein. Es kommt darauf an, wie die jeweiligen zeiträumlichen lokalisierten Rechtsgemeinschaften jene gegebenen Rechtsgüter (hier: Eigentum und die sexuelle Entwicklung der Jugendlichen. Dies gilt für alle Rechtsgüter) und ihre Grenze gestalten. So wäre es denkbar, dass in einer Rechtsgemeinschaft die Mitglieder den Täter in den sogenannten Diebesfällen nicht wegen Versuchs als strafbar

---

661 RGSt 1, 451 f.

662 Die Fälle im Detail vgl. *Zaczyk*, Das Unrecht der versuchten Tat, S. 255 f.

663 *Zaczyk*, Das Unrecht der versuchten Tat, S. 257.

664 *Zaczyk*, Das Unrecht der versuchten Tat, S. 270 ff.

665 Vgl. NJW 1979, 729.

666 Vgl. RGSt 39, 316, bei dem die Strafbarkeit des Versuchs bejaht wird; dagegen siehe *Zaczyk*, Das Unrecht der versuchten Tat, S. 256.

bewerten würden, weil für sie der Sinn des Eigentums im Gewahrsam liegen würde und hier kein Bruch des Gewahrsams möglich wäre. Umgekehrt wäre nicht auszuschließen, wenn eine andere Rechtsgemeinschaft (oder: die gleiche Rechtsgemeinschaft im unterschiedlichen historischen Kontext) das Sicherheitsgefühl des Eigentümers für einen notwendigen Bestandteil des Eigentumsrechts halten würde. Das gleiche Argument gilt für den Fall der sexuellen Handlung. Unter dem Namen „sexuelle Entwicklung" kann ganz Unterschiedliches verstanden werden.

4. Abergläubiger Versuch

Nicht wenige Kritiker der Eindruckstheorie richten sich über den obig erwähnten Problemkreis hinaus ebenso darauf, dass sich nach solcher Ansicht der Bereich des strafwürdigen Versuchs auf die Fälle (fälschlich) ausdehnen würde, in denen nur „äußerlich wertneutrale Verhaltensweise" vorliegen, die doch den „rechtserschütternden Eindruck" auslösen.[667] Besonders umstritten wären die Fälle des oftmals als irreal oder abergläubisch bezeichneten Versuchs,[668] bei dem der Täter mithilfe vom Zauber oder von andersartigen übersinnlichen Kräften einen tatbestandmäßigen Erfolg erreichen will, der unerreichbar ist.[669] Wer den Mann durch Teufelsbeschwörungen töten will[670] oder in der Öffentlichkeit für den Tod eines anderen betet, gehört beispielsweise dazu.[671] Aus der Perspektive der objektiven Versuchslehre, die die Strafbarkeit der versuchten Tat auf ihre Gefährdung für die jeweiligen Rechtsgüter gründet, sollen solche Fälle des abergläubischen Versuchs wegen der verfehlenden Gefahr für straflos gehalten werden.[672] Dementsprechend wäre die Ausdehnung der Strafbarkeit der Eindruckstheorie als unangemessen bewertet. Umso umstrittener wäre aber, dass zahlreiche Anhänger der Eindruckstheorie selbst hierfür einfach das Vorliegen

---

667 *Hirsch*, Untauglicher Versuch und Tatstrafrecht, in: Schünemann / Achenbach u. a. (Hrsg.), FS – Roxin zum 70. Geburtstag, S. 715 (Zitat grammatisch angepasst); *Weigend*, Die Entwicklung der deutschen Versuchslehre, in: ders. / Hirsch (Hrsg.), Strafrecht und Kriminalpolitik in Japan und Deutschland, S. 123.; *Steinberg*, Tauglicher Versuch und konkrete Gefährdung, GA 2008, S. 518 Fn. 9.

668 *Herzberg / Hoffmann-Holland*, in: MüKo - StGB, 2. Aufl., § 22 Rn. 86 ff.

669 Zur Definition *Murmann*, Grundkurs Strafrecht, 5. Aufl., S. 401; *Satzger*, Der irreale Versuch – Über die Schwierigkeiten der Strafrechtsdogmatik, dem abergläubischen Versuch Herr zu werden, JURA 2013, S. 1017.

670 RGSt 33, 321.

671 *Herzberg / Hoffmann-Holland*, in: MüKo - StGB, 2. Aufl., § 22 Rn. 19.

672 Vgl. nur LK - *Hillenkamp*, 12. Aufl., vor § 22 Rn. 28.

des rechterschütternden Eindrucks verneinen,[673] obwohl es immer vorstellbar ist, dass es in der Bevölkerung Menschen gibt, die gegen jenes magische Geschehen so empfindlich sind, dass ihr Rechtsbewusstsein tatsächlich wegen der abergläubisch versuchten Tat verringert wird. Deswegen lässt sich die Möglichkeit von der Intervention der Strafe dabei nicht wie behauptet von Anfang an ausschließen.[674]

Dieses inkonsequente Ergebnis bei der Eindruckstheorie ist mit dem Ansatz der vorliegenden Arbeit zu vermeiden, indem auf die direkte Anbindung des Eindrucks an das Vertrauensniveau der Allgemeinheit verzichtet und der Eindrucksbegriff von der Handlungsgründe und den -schemata bewährenden Lebenswelt zusammenhängend gelassen wird. Die Straflosigkeit jener zwei obig beschriebenen Handlungen besteht im hiesigen Rahmen nicht darin, dass sie keine objektive Gefährdung begründen oder keinen ernsthaften Eindruck in der Öffentlichkeit erwecken. Sie sind in einer bereits von der mythischen Weltanschauung befreiten, modernen Gesellschaft (normalerweise) kaum als rechtverletzend zu verstehen. Ihre Berufung auf die übersinnlichen Kräfte, den Rechtsverletzungserfolg herbeizuführen, ist nach dem gegenwärtigen naturwissenschaftlichen Wissensstandard unmöglich. Mit anderen Worten haben die Rechtsgemeinschaftsmitglieder deswegen keine Gründe, solche Handlungsweisen zu verbieten, auch wenn es nicht auszuschließen ist, dass solche Handlungsweisen für manche Menschen einen beunruhigenden Eindruck erwecken können, der für ihre Rechtsausübungen keineswegs irrelevant ist. Dogmatisch betrachtet, erfüllt das Vorhaben des Täters im Grunde das im § 22 StGB bestehende subjektive Merkmal „Tat" nicht. So begründet seine Tatvorstellung keinen Vorsatz.[675] Laut der vorangegangenen Auslegung hat eine solche Folgerung mit § 23 Absatz 3 StGB nichts zu tun,[676] weil dabei der Vorsatz vorausgesetzt werden

---

673 *Kühl*, AT, 6. Aufl., § 15 Rn. 93; *Satzger*, Der irreale Versuch – Über die Schwierigkeiten der Strafrechtsdogmatik, dem abergläubischen Versuch Herr zu werden, JURA 2013, S. 1025; *Seier / Gaude*, Untaugliche, grob unverständige und abergläubische Versuche, JuS 1999, S. 457.

674 Dementsprechend kritisiert *Jakobs*, AT, 2. Aufl., 25 / 22 zustimmungswürdig: „Das öffentliche Gebet des Landesbischofs um den Tod des Landesherrn dürfte mit der Eindruckstheorie nicht als irrelevant zu erklären sein"

675 Das gleiche Ergebnis siehe *Wessels / Beulke / Satzger*, AT, 50. Aufl. Rn. 881; *Rath*, Grundfälle zum Unrecht des Versuchs, JuS 1998, S. 1113.

676 Dagegen vgl. aber *Stratenwerth / Kuhlen*, AT, 6. Aufl., § 11 Rn. 59 ff.; *Satzger*, Der irreale Versuch – Über die Schwierigkeiten der Strafrechtsdogmatik, dem abergläubischen Versuch Herr zu werden, JURA 2013, S.1025 geht zwar aufgrund des geltenden Rechts zwingend ebenso von der Anwendung des § 23 Absatz 3 und der gleichen

muss. Aufmerksamkeit muss man hier geben. Daher wird hier nicht für eine einheitliche Lösungsmöglichkeit des abergläubischen Versuchs plädiert, als würden alle solche Fälle unbedingt kein Unrecht begründen. Wie immer betont, darf man die Dynamik zwischen der Lebenswelt und einzelnen Personen nicht außer Acht lassen. Es könnte sein, dass Menschen in einer überwiegend religiösen Gemeinschaft daran festhalten würden, dass jene zwei Handlungen die Rechtsverletzung verursachen. Möglich wäre auch, dass der Täter in diesen Fällen gerade das Sonderwissen hat, dass er die echte Auswirkung seiner Tat, die Rechtsverletzung, nachweisen kann. Deswegen kommt § 23 Absatz 3 StGB wiederum in Betracht. Diese Beispiele haben gezeigt, dass es nicht möglich ist, alle Fälle vom abergläubischen Versuch einfach als nicht unrecht zu betrachten. Es kommt hierfür vielmehr wiederum auf die angemessene Auslegung der §§ 22 und 23 Absatz 3 StGB an, wie vorher bereits angedeutet.

5. Wahndelikt und seine Grenzziehung vom untauglichen Versuch

Im Vergleich zum untauglichen Versuch, der laut herrschender Meinung § 23 Absatz 3 StGB gemäß grundsätzlich strafbar ist, ist das Wahndelikt grundsätzlich im Schrifttum für straflos angesehen. Zumindest gibt es zwei Gründe zu erläutern, wieso die beiden oftmals miteinander verglichen und zusammen diskutiert werden. Erstens zählen sie zum sogenannten umgekehrten Irrtum, bei dem der Täter sich belastet.[677] Der Unterschied besteht darin, dass der Täter des untauglichen Versuchs über die Tatsache und der des Wahndelikts über die Rechtslage irrt.[678] Der Täter im ersteren Fall nimmt eine Tatsache an, die zur Verwirklichung des Tatbestands geeignet wäre, läge sie objektiv vor. In Wahrheit liegt sie von Anfang an nicht vor. Beim letzteren Fall geht der Täter von einer nur in seiner Vorstellung liegenden Verbotsnorm aus und hält dadurch irrtümlich seine Handlung für strafbar. Demgemäß wird der erstere Fall als

---

Behandlungsweise des abergläubigen sowie grob unverständigen Versuch aus, plädiert aber für eine Gesetzänderung, die den grob unverständigen und den dazu gehörenden abergläubigen Versuch völlig für straflos hält. In der Tat wäre dies unnötig, wenn man – wie der hier vertretene Lösungsvorschlag – richtigerweise § 22 interpretiert und anwendet und den Zusammenhang zwischen § 22 sowie § 23 Absatz 3 besser versteht und klärt.

677 *Kühl*, AT, 6. Aufl., § 15 Rn. 96.

678 *Murmann*, Grundkurs Strafrecht, 5. Aufl., S. 397 ff.

umgekehrter Tatbestandsirrtum, während der letztere als umgekehrter Verbotsirrtum bezeichnet.

Diese Darstellung und Einordnung der Fragestellung entsprechen der herkömmlichen Meinung in Rechtsprechung und in vielen Lehren. Es ist als Umkehrprinzip bezeichnet, das sich aus einem Umkehrschluss des § 16 StGB ergibt. § 16 StGB gemäß ist der Täter ohne Kenntnis des tatbestandrelevanten Merkmals, beim normativen Merkmal sogar dessen soziale Bedeutung (wie das Merkmal „fremd" im § 242 StGB) nicht vorsätzlich strafbar. Das heißt zugleich – für die Anhänger des Umkehrprinzips – beim gerade umgekehrten Fall: Wenn der Täter trotz Irrtum (entweder nur über die Existenz oder über die richtige Deutung eines Merkmals) vom Vorliegen des tatbestandsrelevanten Merkmals ausgeht, ist sein Vorsatz hierfür bejaht.[679] Diese Umkehrlogik gilt ferner für den Rechtsirrtum, wie der Reichsgerichtshof es formulierte:

> „Wie der Irrtum über Bestehen und Tragweite eines Strafgesetzes zur Schuldausschließung nicht geeignet ist, so kann er auch gegen den Täter nicht als schuldbegründend in Betracht kommen, der gegen eine in Wirklichkeit ihm nicht entgegenstehende Strafvorschrift zu handeln glaubt."[680]

Dieses Prinzip gerät seit Langem trotz Beliebtheit wegen seiner Einfachheit vielfach in Kritik, denn: Solche Einfachheit besteht nicht. Diese scheinbare Klarheit für die Grenzziehung zwischen untauglichem Versuch und Wahndelikt gilt in Wahrheit nur für die Begriffsdarstellung. Dabei ist schon vorausgesetzt, dass die Trennung von Sein und Sollen, Tatsache und Norm ohne Schwierigkeit bestimmt werden kann, was in der Praxis nicht der Fall ist. Insbesondere geht es um das normative Tatbestandsmerkmal: Vorausgesetzt, eine Person nimmt eine Flasche mit preiswertigem Wein vom Schrank eines Freundes weg, in der Vorstellung, dass dieser Wein diesem Freund gehört. Tatsächlich gehört er der Person selbst. Dieses Individuum stellt sich vor, es gäbe eine zivilrechtliche Vorschrift, die Folgendes regelt: Wenn man über ein Jahr eine Sache bei anderen lässt, wird der andere zum Eigentümer. Ist dieser Täter wegen untauglichen Versuchs strafbar, weil hier ein (umgekehrter) Irrtum über das Tatbestandsmerkmal „fremd" im § 242 StGB in Frage kommt? Soll dies als ein strafloses Wahndelikt angesehen werden, weil der Täter irrtümlich jenes Merkmal überdehnend

---

679 Rechtsprechung siehe etwa BGHSt 13, 235, 239 f.; 42, 268, 272 f. Vgl. auch *Kühl*, AT, 6. Aufl., § 15 Rn. 96 ff.; SK - *Rudolphi*, § 22 Rn. 30.

680 RGSt 42, 92, 94.

auslegt und es zu seinen Ungunsten anwendet?[681] Diese umstrittene Grenzziehung, die auf einen großen praktischen Sinn hinweist, wäre der zweite Grund.

Auch wenn man von dieser schwierigen Trennungsaufgabe absehen kann, ist mit dem Umkehrprinzip eine grundlegende Frage auf jeden Fall nicht genügend beantwortet: Warum kann die Handlung des Täters in einer irrtümlichen Vorstellung das Unrecht begründen oder nicht?[682]

Entlang dieser gedanklichen Richtung ist hierfür auf eine normale Auslegung und Anwendung des § 22 StGB zurückzuführen und zu überprüfen, ob die subjektive Vorstellung (wenn auch irrtümlich) und die darauf gegründete Handlung nach einem strafprozessabhängigen lebensweltlichen Deutungsschema als Rechtsverletzung interpretiert werden können. So verstanden, wäre der Täter aus dem gegebenen „Diebstahl"-Fall nicht strafbar. Seine Vorstellung richtet sich aufgrund des aktuellen lebensweltlichen Deutungsschemas, zu dem die zivilrechtlichen Vorschriften zur Bestimmung des Eigentümers gehören, nicht auf eine Eigentumsrechtsverletzung. Dabei gibt es tatsächlich kein Eigentumsrecht, das verletzbar sein könnte.[683] Dieser Lösungsvorschlag würde eine Reihe an Entscheidungen vom Reichs- und Bundesgerichtshof zum Meineid in Kritik geraten lassen. Die Täter in jenen Fällen gehen irrtümlich davon aus, dass der Abnehmer die Befugnis hat, Eide abzunehmen. Das ist nicht der Fall. Trotz dieses Irrtums hält das Gericht die Handlung in den Fällen wegen versuchten Meineids (§ 154 StGB) für strafbar.[684] Diese Folgerung ist im hiesigen theoretischen Rahmen fragwürdig. Wenn der Beamte in jenen Fällen GVG gemäß nicht zuständig ist, Eide abzunehmen, liegt das Rechtsgut, das der Gemeinwill dieser Rechtsgemeinschaft durch den Tatbestand eines solchen Delikts schützen will, einfach nicht vor. Somit ist die Vorstellung des Täters mithilfe des Deutungsschemas der gleichen Rechtsgemeinschaft nicht als unrecht erfasst. Diese beiden Bespiele haben ebenso gezeigt, dass bei der Unrechtszuschreibung der Anwendungssituation innerhalb einer Rechtsgemeinschaft die Deutungsmacht des Subjekts an die Grenze stoßen würde, geht es um diejenigen Angelegenheiten, über die bereits vom Gesetzgeber eine positivrechtliche Entscheidung getroffen wurde.

681 Andere Beispiele, die diese Problematik klar lassen, vgl. vor allem *Frisch*, Untauglicher Versuch und Wahndelikt, insbesondere bei Irrtümern über außerstrafrechtliche Normen, GA 2019, S. 306.

682 Schon so kritisiert *Zaczyk*, Das Unrecht der versuchten Tat, S. 259.

683 Eine ähnliche Behandlungsweise vgl. *Wachter*, Das Unrecht der versuchten Tat, S. 218 ff., der dabei in erster Linie danach fragt, ob die subjektive Vorstellung das rechtlich unerlaubte Risiko begründen kann.

684 BGHSt 3, 248, 254; 12, 56, 58.

Dabei reicht allein die subjektive Vorstellung des Täters, wie er seine Handlung interpretiert und interpretieren lassen will, nicht aus, den gesetzgeberischen entschiedenen Rechtszustand zu verändern,[685] begeht der Täter deswegen ein Wahndelikt.

Diese Behandlungsweise, die die Akzentuierung auf die gerechte Anwendung des § 22 StGB zugrunde legt, bedarf außerdem der näheren Betrachtung jeweiliger BT-Tatbestände, in denen die verschieden gestalteten Rechte und ihre Grenze bestehen. Jedes Mal, wenn der Strafprozess beginnt, wird eine neue Runde der Aktualisierung von Gestaltung der Rechte eröffnet, unter der Bedingung, den Wortlaut des Gesetzes nicht zu überschreiten. In diesem Sinne ist das Argument einer Entscheidung vom Bundesgerichtshof, der darin auf dem Umkehrprinzip beruht, um die Grenze zwischen der versuchten Urkundefälschung und dem Wahndelikt zu ziehen, nicht ohne Weiteres haltbar. Das Gericht besagt, der Täter begeht einen untauglichen Versuch, wenn er annimmt, dass der Aussteller der Bezugskarte der kanadischen Streitkräfte erkennbar sei. Hingegen liegt ein Wahndelikt vor, wenn er in der Vorstellung handelt, die Karte ohne sichtbaren Aussteller zähle zum Begriff „Urkunde".[686] Diese Auffassung ergibt sich aus der herrschenden Meinung über das Rechtsgut „Sicherheit und Zuverlässigkeit" des Rechtsverkehrs bei der Urkundefälschung.[687] Dementsprechend ist der Aussteller, der die Durchführung des auf der Urkunde getragenen Rechtsverhältnisses garantieren kann, das Kernelement des Tatbestandsmerkmals „Urkunde". Dadurch hat die von dieser Auslegung abweichende Vorstellung des Täters fälschlich die Tragweite dieses Elementes erweitert. Das führt – laut Argument der Entscheidung – seine Handlung zu einem straflosen Wahndelikt. Nach der hier vorgetragenen Ansicht wäre jeder einzelne zukünftige Prozess hinsichtlich eines solchen Falls eine Chance, um den Urkundebegriff und die hinter ihm stehende Rechtsgutsgestaltung zu debattieren. Somit wäre es nicht auszuschließen, dass in derselben Rechtsgemeinschaft, aber zu einem anderen Zeitpunkt oder historischen Kontext ein anderes Verständnis des Urkundebegriffs vertreten wäre. Damit wäre der Täter – im Gegensatz zur Bestimmung der obigen Entscheidung – wegen der versuchten Urkundefälschung für strafbar gehalten, auch wenn er sich vorstellt, die Bezugskarte ohne Aussteller entspreche dem Urkundebegriff. Mit diesem Beispiel wurde versucht, zu zeigen, welche ausschlaggebende Rolle die dynamische Lebenswelt bei der Unrechtszuschreibung

---

685 *Zaczyk*, Das Unrecht der versuchten Tat, S. 270.

686 BGHSt 13, 275.

687 Siehe nur *Kindhäuser*, BT I, 8. Aufl., S. 362.

spielt. Diese Rolle lässt sich nicht durch ein unrechtbegründend irrelevantes Umkehrprinzip ersetzen.

Die nach den oben durchgeführten Diskussionen erlangten Ergebnisse lassen sich auf die Konstellationen des sogenannten untauglichen Subjekts übertragen, bei denen der Handelnde fälschlich glaubt, er habe eine bestimmte subjektive Qualifikation, um ein Delikt zu begehen. Er verfügt nicht über sie. Ein Beispiel aus der Rechtsprechung ist: Der Täter nimmt an, er sei ein Amtsträger, der sich infolgedessen zum Verbrecher des Amtsdelikts (hier: Falschbeurkundung, § 348 StGB) qualifizieren könne. De facto ist seine Ernennung ungültig.[688] Dem vorangegangenen dargestellten Grund zufolge, soll dieser Fall als Wahndelikt angenommen werden, weil das Tatbestandsmerkmal, ob der Handelnde ein Amtsträger ist, von dem Gesetz (§ 10 Absatz 1 Nummer 2 n. F. StGB) abhängt, das den rechtsgemeinschaftlichen Willen zum Ausdruck bringt. Deshalb steht seine Definition dem Täter allein nicht zur Verfügung. Mit anderen Worten: Die Tätervorstellung reicht nicht aus, den durch Gesetz gestalteten Amtsträgerzustand zu schaffen.[689]

Anders können die Fälle behandelt werden, in denen sich die Fehlvorstellung des Handelnden über seine subjektive Qualifizierung nicht auf die durch den Täter selbst nicht zu verändernde Rechtslage richtet, sondern auf den Sachverhalt. Etwa geht die Handelnde davon aus, sie sei schwanger. Sie versucht, abzutreiben, obwohl sie keine Schwangere ist.[690] Da die subjektbezogene Qualifikationskomponente hier nicht wie diejenige im obigen Fall nur durch Gesetz bestimmbar ist, lässt sich die Möglichkeit, dass jene Fehlvorstellung eben den Abtreibungsvorsatz begründen könnte, nicht von Beginn an ausschließen. Es bedarf hiermit weiterhin einer Einführung des sozialen Kriteriums, bei dem zu entscheiden ist, ob die Tätervorstellung nach § 22 StGB für eine rechtsverletzende Tat gehalten werden kann.[691]

---

688 OLG Schleswig SchlHAnz 1949, 297.

689 So auch im Ergebnis zu diesem Fall *Zaczyk*, Das Unrecht der versuchten Tat, S. 298; *Wachter*, Das Unrecht der versuchten Tat, S. 226; dagegen siehe LK - *Hillenkamp*, 12. Aufl., § 22 Rn. 232 f.

690 RGSt 8, 198.

691 Ähnlich vgl. *Wachter*, Das Unrecht der versuchten Tat, S. 225 ff.; dagegen siehe aber *Zaczyk*, Das Unrecht der versuchten Tat, S. 254.

V. Unmittelbares Ansetzen zur Tatbestandsverwirklichung

§ 22 StGB gemäß ist der objektive Tatbestand versuchter Tat „unmittelbares Ansetzen zur Tatbestandsverwirklichung.“ Auf der einen Seite lässt sich der Anfang des Versuchsstadiums dadurch kennzeichnen und mithin die Grenze von der Vorbereitungsphase ziehen, bei der der Handelnde grundsätzlich noch nicht strafbar ist. Auf der anderen Seite ist dieses Ziel ohne einen Rekurs auf die materielle Basis der Unrechtsbegründung nicht erreichbar.[692] Es ist zu zeigen, in welchem Zusammenhang die im § 22 StGB beschriebene Bestimmung des objektiven Tatbestands der versuchten Tat und die hier vorgeschlagene diskursive Unrechtslehre stehen. Somit kann gleichzeitig eine kritische Betrachtung über die zahlreichen Interpretationsalternativen im Schrifttum und in der Rechtsprechung vorgenommen werden.

Laut der herrschenden Meinung solle hiermit ein individuell-objektives Kriterium[693] fungieren, um zu beurteilen, ob der Handelnde schon in der Phase des unmittelbaren Ansetzens zur Tatbestandsverwirklichung ankommt. Das Erreichen dieses Stadiums sei demgemäß anzunehmen, wenn der Täter nach seinem Tatplan „subjektiv die Schwelle zum ‚jetzt geht es los‘ überschreitet“[694]und es objektiv von seiner Handlung bis zur Tatbestandsverwirklichung keines wesentlichen Zwischenakts mehr bedürfe. Zunächst kann man schon aus mindestens zwei Argumenten die Notwendigkeit für die so beschriebene individuelle Perspektive bezweifeln. Erstens überlappt ein solches Kriterium mit dem Entschlussmerkmal beim subjektiven Tatbestand des Versuchs, so dass ein nochmaliges Urteil zur Redundanz kommen würde. Umso wichtiger ist zweitens, dass solch eine Formulierung ein großes Missverständnis herbeiführen könnte, welches die Unrechtsbeurteilung versuchter Tat lediglich von der Annahme des Täters abhängen und völlig vom rechtsgemeinschaftlichen Deutungsschema entkoppeln dürfte. Nicht nur im Rahmen der vorliegenden Arbeit ist ein solches Missverständnis unerlaubt. Die positivrechtliche Regelung ist ebenso weit entfernt von dieser Formel, weil es beim objektiven Tatbestand des § 22 StGB vielmehr auf die Unmittelbarkeit der Handlung zur Tatbestandsverwirklichung ankommt, durch die die subjektive Vorstellung allein nicht ersetzt werden kann. Insofern

---

692 Methodologisch zutreffend siehe auch *Zaczyk*, Das Unrecht der versuchten Tat, S. 229 ff.; NK - *ders.*, § 22 Rn. 22.; *Kühl*, AT, 6. Aufl., § 15 Rn. 38. Dagegen vgl. *Roxin*, AT II, 29 / 99 ff.

693 LK - *Hillenkamp*, 12. Aufl., § 22 Rn. 61 f.; NK - *Zaczyk*, 5. Aufl., § 22 Rn. 24; *Bosch*, Unmittelbares Ansetzen zum Versuch, JURA 2011, S. 909.

694 BGHSt 26, 201, 203 f.; 56, 170, 171; BGH NStZ 2001, 415; 2013, 156, 157.

wäre der individuelle Bestandteil dieser immer noch durch die Rechtsprechung wiederholten Formulierung verzichtbar. Redet man von der Erfüllung des objektiven Tatbestands des Versuchs, soll die folgende Kernfrage in den Vordergrund rücken: Kann die Tätigkeit des Handelnden äußerlich aufgrund des in den jeweiligen Rechtsgemeinschaften bestehenden, aber auch wieder bestreitbaren lebensweltlichen Deutungsschemas als Rechtsverletzung verstanden werden, die je nach Tatbeständen des besonderen Teils des Strafgesetzbuches konkretisiert werden muss? Wenn man die obig bereits diskutierte subjektive Zurechnung hier hinzufügt, liegt die Aufgabe des objektiven Tatbestands des Versuchs in der Bestimmung, von welchem Augenblick an der erstmals nur noch im Gedanken des Täters bleibende Vorsatz nach der Außenwelt betätigt wird und für unrecht gehalten werden kann.

Neben dem individuellen Kriterium ist das objektive bei der Auslegung des objektiven Tatbestands des § 22 StGB noch zu berücksichtigen. Wie gezeigt, vertritt die herrschende Meinung eine sogenannte Zwischenaktstheorie für die Interpretation vom „unmittelbaren Ansetzen zur Tatbestandsverwirklichung". Diese besagt, der Täter setze unmittelbar zur Tatbestandsverwirklichung insofern an, als es von seiner Tat bis zur Verwirklichung des Tatbestands keinen wesentlichen Zwischenakt brauche. Nicht wenige Stimmungen gehen wegen solcher Formulierung und des Wortlauts des § 22 StGB davon aus, dass die Handlungen, die schon einen Teil des Tatbestands verwirklicht haben, objektiv die Versuchsphase erreicht haben.[695] Demzufolge sollen die bestrittenen Fälle in Hinsicht auf die Unschärfe des Begriffs wesentlich nur unter der Bedingung auftauchen, wenn die Handlungen dabei noch ein Stück weit von der Verwirklichung des Tatbestands liegen. In Literatur und Rechtsprechung ist dann Mühe gegeben, um die erwähnte problematische Unschärfe des Wesentlichkeitsbegriffs zu überwinden. In manchen Entscheidungen beansprucht der Bundesgerichtshof eine „natürliche Auffassung"[696] oder eine umso allgemeinere „wertende Betrachtung von Gesamtumständen"[697] für die Annahme des Wesentlichkeitsbegriffs. Damit ist zumindest auszuschließen, eine im sogenannten natürlichen Sinne oder aus der Sicht einer gesamten Betrachtung einheitlich erfasste Handlung, die ohne weiteren Akt zur Tatbestandsverwirklichung führen kann, auf einer unnatürlichen Weise getrennt als mehrzählige Körperbewegungen zu bestimmen.[698]

---

695 BGH NStZ 1997, 31; *Jescheck / Weigend*, AT, 5. Aufl., S. 520; *Kühl*, AT, 6. Aufl., § 15 Rn. 55.

696 BGH NJW 1980, 1759 f.

697 BGH NStZ 2014 447, 448 f.

698 Vgl. *Kühl*, AT, 6. Aufl., § 15 Rn. 60; *Murmann*, Grundkurs Strafrecht, 5. Aufl., S. 405.

Um den Wesentlichkeitsbegriff (oder einfach den Begriff des unmittelbaren Ansetzens) im Rekurs auf die jeweiligen Unrechts- und Versuchslehren etwa materialisiert zu verstehen, empfehlen nicht nur Strafrechtswissenschaftler,[699] sondern auch viele Entscheidungen eine Behandlungsweise, die sich an der konkreten Gefährdung für das Tatobjekt orientiert. Sie würde insofern existieren, als dass die durch den Täter vorgenommene Handlung „im unmittelbaren räumlichen und zeitlichen Zusammenhang" mit der Erfüllung des Tatbestands stände.[700] Für *Roxin* braucht es über dieses Kriterium vom zeiträumlichen Zusammenhang hinaus weiterhin noch einen zusätzlichen und notwendigen Hilfsbegriff – „die Einwirkung auf die Opfer- bzw. Tatbestandssphäre" –, um den letztendlichen Teilaktschritt zu beurteilen.[701] Ähnliches gilt für *Jakobs* Auffassung, nach der er die Überschreitung jener Sphäre jedoch nicht als notwendig für die Bejahung des Versuchs ansieht.[702] Eine wohl nur verbal anders, aber inhaltlich im hohen Maße übereinstimmende Ansicht[703] findet sich in einer Formel, die nach starken Meinungen spezifisch für die Lösung von Fällen beendeten Versuchs ist. In diesen Konstellationen ist alles, was notwendig zur Erfüllung des Tatbestands ist, aufgrund der Tätervorstellung völlig getan. Zwischen der auf dieser Vorstellung gegründeten Handlung und der Tatbestandsverwirklichung besteht keine andere wesentliche Phase. Dies lässt sich mithin immer als unmittelbares Ansetzen ansehen. Im Gegensatz dazu gehen viele davon aus, dass man hier differenziert betrachten muss. Nur derjenige, der das gesamte Geschehen schon „aus seinem eigenen Herrschaftsbereich entlassen" hat, kann wegen Versuchs strafbar sein.[704]

Diese erwähnten Auffassungen bedürfen im Zuge dieser Arbeit immerhin kritischer Bewertungen. Bereits die Ansicht, dass all die den Tatbestand teilweise erfüllten Handlungen dem objektiven Tatbestand des Versuchs – dem Merkmal unmittelbaren Ansetzens – entsprechen würden, überzeugt nicht. Abgesehen

---

699 *Wessels / Beulke / Satzger*, AT, 50. Aufl., Rn. 855; Schönke / Schröder / *Eser / Bosch*, StGB, 30. Aufl., § 22 Rn. 42.

700 BGH 30, 363, 364; BGH NStZ 2013, 156, 157.

701 *Roxin*, Tatentschluß und Anfang der Ausführung beim Versuch, JuS 1979, S. 4 ff.; *ders.*, AT II, 29 / 139 ff.

702 *Jakobs*, AT, 2. Aufl., 25 / 68.

703 *Roxin*, AT II, 29 / 195 redet jedoch von einer „Alternative-Formel".

704 *Roxin*, Tatentschluß und Anfang der Ausführung beim Versuch, JuS 1979, S. 10 ff.; *ders.*, AT II, 29 / 195 ff. Vgl. auch *Jescheck / Weigend*, AT, 5. Aufl., S. 672 f.; *Murmann*, Versuchsunrecht und Rücktritt, S. 16 ff., in dem sich abweichende Begründungen finden können, dazu auch *ders.*, Grundkurs Strafrecht, 5. Aufl., S. 409.

vom gesetzgeberisch-historischen Hintergrund des § 22 StGB, in dem eine an der Teilverwirklichung des Tatbestands orientierte, sogenannte formell-objektive Theorie des Versuchsbeginns verneint war,[705] fehlt diese Ansicht an einem materiellen und notwendigen Begründungszusammenhang zwischen der Teilverwirklichung des Tatbestands und der Rechtsverletzung. Immer noch möglich ist, dass sich die Handlung, die formell als Teilverwirklichung des Tatbestands verstanden werden kann, aus der Sicht der Rechtsgemeinschaft nicht für Rechtsverletzung halten lässt. Ein zustimmungswürdiges Beispiel aus der Rechtsprechung: Der Handelnde ist noch nicht wegen Betrugsversuchs zu verurteilen, wenn er sein kaskoversichertes Auto beschädigt, um die Versicherungssumme zu erhalten, aber noch nicht den Versicherungsschaden meldet. Dabei ist zutreffend das unmittelbare Ansetzen trotz der als Teilerfüllung des Tatbestands (hier: Vorspiegelung des Täters für den Autoschaden) erfassten Handlung zu verneinen, weil das Vermögensrecht des Versicherungsunternehmens in dieser Phase unberührt bleibt, geschweige denn verletzt anzunehmen ist.[706]

Ferner ist bei einer näheren Betrachtung vieler anderer oben gezeigter Kriterien herauszufinden, dass sie im Grunde nichts anderes als unterschiedliche Beschreibungen des gleichen Bedeutungsinhalts zum Ausdruck bringen. So verstanden würde die Frage nach der Unmittelbarkeit im Begriff des unmittelbaren Ansetzens bloß durch andere Formulierungen anders gestellt. Das Kernproblem bleibt das Gleiche: Wie unmittelbar soll das Ansetzen, wie unwesentlich der Zwischenakt zur Tatbestandverwirklichung, wie konkret die von der Tat ausgehende Gefahr für das Angriffsobjekt, wie eng der zeiträumliche Zusammenhang zwischen der Handlung und dem Rechtsgut sein? Diese Auffassungen scheinen dem Grundgedanken der formell-objektiven Theorie verhaftet zu sein und beharren immerhin auf der Nähe einer Handlung vom Tatbestand beziehungsweise Rechtsgut. Doch das Urteil über die Überschreitung von intersubjektiven Rechtsverhältnissen, und zwar die Rechtsverletzung, ist nicht dadurch zu ersetzen, egal, wie nah die Handlung bis zum Tatbestand ist. In diesem Sinne legt die Sphärentheorie richtigerweise den Einbruch in oder die Einwirkung auf die Schutzsphäre des Opfers oder Angegriffenen zugrunde, was gewissermaßen die Grenzüberschreitung vom Recht zum Unrecht wiedergibt.[707] Im Vergleich zum relativ inkonsequenten Ansatz *Roxins*, der das Kriterium des engen zeitlichen

705 Dazu vgl. nur LK - *Hillenkamp*, 12. Aufl., § 22 Rn. 92.

706 OLG Koblenz, Urteil vom 28. Oktober 1976 – 1 Ss 519 / 76.

707 *Jakobs*, AT, 2. Aufl., 25 / 68; *Roxin*, Tatentschluß und Anfang der Ausführung beim Versuch, JuS 1979, S. 4 ff.; *ders.*, AT II, 29 / 139 ff.

Zusammenhangs und das der Sphäre zusammenführt, ist die Aussage von *Jakobs* umso aufschlussreicher: Er machte die Bestimmung der Existenz eines solchen Einbruchs vom sozialen Standard abhängig. Obwohl die Handlungswirkung des Handelnden die Schutzsphäre des Opfers betrifft, lässt es sich nicht als unmittelbares Ansetzen beurteilen, wenn jene Berührung „im sozialen Kontakt üblich ist".[708] Ähnliches gilt für die teils von der Rechtsprechung vertretene Meinung, bei der eine „natürliche Auffassung" aus einer gesamten bewertenden Betrachtung gefordert wird.[709] Diese Ansichten lassen zutreffend erkennen, dass es hier um das Urteil der Rechtsverletzung aufgrund eines sozial-lebensweltlichen Kriteriums gehen soll, wie zu Beginn dieses Abschnitts bereits beschrieben.

So ist die eigene Meinung über die Bestimmung des unmittelbaren Ansetzens abzulesen. Entsprechend ist die hier vorgeschlagene Bestimmung des subjektiven Tatbestands des Versuchs: Die Vorstellung des Täters lässt sich mit Hilfe eines sozialen-lebensweltlichen Kriteriums darüber entscheiden, ob sie den Sinn der Rechtsverletzung ausdrückt. Bei einem bejahenden Ergebnis ist der Täter subjektiv wegen Versuchs zurechenbar. Dies beansprucht auch der Wortlaut des § 22 StGB, nach dem sich die Vorstellung des Täters auf eine „Tat" richten soll. Dasselbe Kriterium spielt ebenso bei der Bestimmung des objektiven Tatbestands eine gewichtige Rolle. Mit diesem Kriterium ist zu beurteilen, ob sich die Handlung des Täters objektiv für die Rechtsgemeinschaft als rechtsverletzend erachten lässt. Die Ansicht konkretisiert sich auch im Wortsinn des unmittelbaren Ansetzens zur Tatbestandsverwirklichung. Dabei ist statt der Frage nach dem Naheverhältnis zwischen der Handlung und der Erfüllung des Tatbestands vielmehr die nach dem Bestehen diskursiven Unrechts im objektiven Sinne von entscheidender Bedeutung. Insbesondere das Merkmal „zur Tatbestandsverwirklichung" bringt über das formelle erforderliche Festhalten an einzelnen strafrechtlichen Tatbeständen während des Urteils hinaus die Unentbehrlichkeit des sozialen-lebensweltlichen Kriteriums hierfür zum Ausdruck. Die Tatbestandverwirklichung und der durch sie repräsentierte Sinn der Rechtsverletzung als eine rechtliche Angelegenheit wurzeln immer schon im lebensweltlichen Kontext. Nur die Rechtsgemeinschaftsmitglieder – einschließlich des Täters – verfügen über die Entscheidungsbefugnis für die Problematik der Rechtsverhältnisgrenze. Dieser Meinung zufolge können weder diese vorher kritisierten, von der Tatbestandsnahe gefangenen Auffassungen, noch jene Behauptungen, die immer nur auf die subjektive Vorstellung des Täters zurückführen, eine

708 *Jakobs*, AT, 2. Aufl., 25 / 68.
709 BGH NJW 1980, 1759 f.; NStZ 2014 447, 448 f.

zufriedene Antwort auf die Bestimmung des objektiven Tatbestands des Versuchs bieten. Um dies noch konkreter zu verdeutlichen und die Anwendung der hier vorgetragenen Formel zu demonstrieren, wird auf die folgenden Fälle eingegangen.

Zunächst lassen sich zwei sachlich sehr ähnliche sogenannte „Türklingel-Fälle" vergleichen, die zu äußerst verschiedenen Ergebnissen führten. Die Angeklagten planten in beiden Fällen, ihre Frau beziehungsweise ihre ehemalige Freundin zu töten. Statt die Tat geheimnisvoll auszuführen, riefen die beiden allerdings die möglichen Opfer davor an und kündigten den Tatplan an. Nach den Vorstellungen der beiden wurde die Tötungshandlung sofort vorgenommen, sobald die zukünftigen Opfer nach dem Klingeln des Täters an der Haustür die Tür öffneten. In Wahrheit öffnete keins der erwähnten Opfer die Tür, sondern andere Hausbewohner.[710] In BGH StV 1984, 420 ist ein strafbarer Versuch verneint, weil das Klingeln objektiv kein letzter Akt bis zur Tatbestandsverwirklichung, auch wenn es aus der Sicht des Handelnden gerade derjenige ist. Genau umgekehrt hat der Bundesgerichtshof die Entsprechung solcher Handlung zum unmittelbaren Ansetzen des Totschlags in BGH NStZ 2012, 85 bejaht – mit der Begründung, dass der Täter aufgrund seines Tatplans bereits den letzten Akt zur Erfüllung des Totschlagstatbestands ausgeführt hat, auch wenn dies tatsächlich nicht der Fall ist. Das inkonsequente Ergebnis stammt aus der abweichenden Betonung auf die subjektive Vorstellung oder objektive Tatbestandnahe bei der Bestimmung des unmittelbaren Ansetzens, was im Hinblick auf die hier vertretene Ansicht im Grunde nicht die materiale Problematik berührt. Dem oben Gesagten folgend, ist erstens auszuschließen, das unmittelbare Ansetzen nur aus der Sicht des Täters zu bestimmen, so dass das Argument in BGH NStZ 2012, 85 kritikwürdig ist. Im Vergleich dazu ist die Begründung in BGH StV 1984, 420 überzeugender, obwohl sie gemäß Wortlaut weiterhin auf der Zwischenaktstheorie beharrt. Bei näherer Betrachtung ist die Entscheidung tatsächlich auf ein lebensweltliches Kriterium gegründet, da davon die Rede ist, dass „er die beabsichtigte Tötung seiner Ehefrau kurz zuvor angekündigt hatte, [also] konnte er nicht ohne weiteres damit rechnen, daß er die Wohnungstür geöffnet vorfinden werde."[711] Mit anderen Worten: Es lässt sich sagen, in dieser der Fall stattfindenden Rechtsgemeinschaft ist die gegebene Handlung noch nicht als eine Verletzung des Lebensrechts zu verstehen. Wenn der Handelnde vor der Tat das Opfer über seinen Plan informiert, dann würde das Opfer nicht einfach abwarten,

710 BGH StV 1984, 420; NStZ 2012, 85.
711 BGH StV 1984, 420.

getötet zu werden, sondern bloß die Tür nicht öffnen oder von anderen öffnen lassen. Dabei wäre das Lebensrecht des vermeintlichen Opfers in dem lebensweltlichen Schema der Handlungsdeutung nicht beschädigt.

Darüber hinaus ist ein Blick auf das folgende, viel diskutierte Beispiel zu werfen, bei dem die Besonderheit des beendeten Versuchs oft betont wird.[712] Bei dieser sogenannten Giftfalle gibt der Täter, in dessen Wohnhaus eingebrochen wurde, Gift in eine Flasche Bier. Er geht davon aus, dass die Einbrecher beim kurzzeitigen Zurückkommen dieses trinken würden. Manche gehen davon aus, dass die allgemeine Zwischenaktstheorie in solcher Konstellation nicht anwendbar sei, weil der aus der Sicht des Täters vorgenommene letzte Akt allein noch keine konkrete Gefahr für das betroffene Rechtsgut herbeiführt. Nur bis zu einer Mitwirkungshandlung des Opfers würde das Versuchsstadium objektiv erreicht. Dementsprechend wird hier eine Alternative-Formel benötigt. Selbst der Bundesgerichtshof hat bei diesem Fall und anderen ähnlichen Fällen ein zusätzliches Kriterium hinzufügt: die Gewissheit des Täters bezüglich der Mitwirkungshandlung des Opfers.

Im hiesigen Rahmen wäre die Rede von der Besonderheit des beendeten Versuchs schon zweifelhaft, weil dessen Bestimmung und die Frage nach dem unmittelbaren Ansetzen zweierlei sind. Es hängt von der Perspektive des Täters bei der ersteren Bestimmung ab, während dies bei der letzteren nicht der Fall ist.[713] Nach der Überwindung dieses Missverständnisses lässt sich das eigentliche Kriterium wiederum geltend machen. So wäre die Alternativformel, ob der Täter den Geschehensverlauf noch beherrscht, oder die von Rechtsprechung behauptete Differenzierung von der Gewissheit des Täters nur insofern bedienbar, als dass sie im lebensweltlichen Deutungsschema ein Indiz für die Rechtsverletzung darstellen kann. Dies bedeutet, dass die beiden erwähnten täterbezogenen Faktoren das lebensweltliche rechtsverletzende Urteil niemals ersetzen können. Wendet man dieses Verständnis auf den Gift-Fall an, dann kommt es nicht auf die Ungewissheit des Täters über die Rückkehr der Einbrecher an. Die Ankunft der Polizei an sich verringert die Möglichkeit für die Rückkehr und somit für die Bestimmung der Rechtsverletzung im objektiven Sinne. Es ist ohne Zweifel, dass solche Bestimmungen ihre legitime Kraft nur innerhalb eines rechtlich fair verfassten Prozesses erhalten dürfen.

712 Vgl. nur *Roxin*, AT II, 29 / 192 ff.; zutreffend kritisch *Murmann*, Grundkurs Strafrecht, 5. Aufl., S. 407 ff.

713 Zustimmend auch *Bosch*, Unmittelbares Ansetzen zum Versuch, JURA 2011, S. 913.,

Zusammenfassung

Diese Arbeit bemüht sich um die Rekonstruktion der Eindruckstheorie der strafrechtlichen Versuchslehre auf der Grundlage der diskursiven Rechtstheorie und teilt sich in drei Abschnitte.

Im ersten Teil waren zwei Gruppen der Versuchslehre in Anbindung an ihre jeweilige rechtsphilosophische oder -soziologische Basis kritisch zu betrachten. Dadurch wurden ihre Einsichten und Aporien dargestellt. Dies hat auf einen Weg für die Bearbeitung des eigenen Ansatzes hingewiesen. Die Versuchslehre *Zaczyks* beharrt auf der Autonomie und dem Selbstbewusstsein des Subjekts– wie die der anderen Autoren der *Wolff'schen* Schule. *Jakobs*, *Pawlik* und *Wachter* gehen von einem anderen Grundgedanken aus. Sie plädieren trotz unterschiedlicher theoretischer Fundamente für einen sozialen Standard für die Beurteilung des Unrechts. Zwar bringen sie aufschlussreiche Einsichten zum Ausdruck, geraten aber auch in Schwierigkeiten, bei bestimmten argumentativen Phasen überzeugend zu sein.

Beim zweiten Teil ging es um die Verdeutlichung notwendiger Vorverständnisse und theoretischer Kontexte der Diskurstheorie des Rechts von *Habermas*. Dadurch ist eine darauf gegründete strafrechtliche Unrechtstheorie im nächsten Teil zu gewinnen. Im Vergleich zum problematischen Selbstbewusstseinsbegriff im bewusstseinsphilosophischen Rahmen, auf den die Argumentation der *Wolff'schen* Schule immer wieder zurückführt, entwirft *Habermas* in Anschluss an *Mead* einen nachmetaphysischen Selbstbewusstseinsbegriff. Dieser ist im Sozialisierungsvorgang vor allem mithilfe der Verwendung der Symbole und des Mechanismus der Rollübernahme zu erhalten (Zweiter Teil, I.). Dies würde nicht zu Auffassungen solcher Art führen, die die Subjektivität des Einzelnen vernachlässigen – wie Ansichten der *Jakobs'schen* Schule –, wenn das Subjekt im Verlauf der Vergesellschaftung zugleich die Möglichkeit erwerben kann, die in dieser Gesellschaft vorliegenden Regeln, zu denen die Verwendungsregeln der Symbole und die Handlungserwartungen der Rolle gehören, zu bezweifeln und zu verändern. Einen Theorieentwurf, der einerseits eine solidarische Gesellschaft, andererseits die Subjektivität des Einzelnen gleichzeitig bewährt, hat *Habermas* unter anderem in der Theorie des kommunikativen Handelns dargestellt. Dies begründete er sodann mit einem formalpragmatischen Ansatz. Dadurch ist die allgemeine Struktur der Rede, der die kommunikative Rationalität innewohnt, zu zeigen (Zweiter Teil, II., 1. Und 2.). Solche Rationalität besteht in dem verständigungsorientierten Sprachgebrauch, bei dem der Sprecher und der Hörer sich mithilfe von Geltungsansprüchen über etwas in der Welt verständigen wollen. Komplementär zu diesem Rationalitätsbegriff verhält sich das

Konzept der Lebenswelt, in der vor allem die von der Perspektive der Kommunikationsgemeinschaft ausgehenden Deutungsschemata von Handlungen vorliegen (Zweiter Teil, II., 4). Sodann übertrug *Habermas* diese gerade erlangten Forschungsergebnisse auf die praktischen Fragen in unterschiedlichen Kontexten, erstmals auf Moral und dann auf Recht. Beim Ersteren ist das Diskursprinzip das Kriterium für legitime moralische Beurteilungen (Zweiter Teil, II., 3.), während es beim Letzteren das Demokratieprinzip für legitime juridische Gesetze ist. Das Demokratieprinzip weist also darauf hin, dass eine Rechtsgemeinschaft selbst in einem rechtlich verfassten, Rationalität stiftenden Prozess darüber entscheidet, wie sich die Rechte (im subjektiven und objektiven Sinne) ihrer Mitglieder gestalten sollen. In diesen Prozess fließt das lebensweltliche Hintergrundwissen, das als eine stabile, dennoch wieder bestreitbare Diskussionsgrundlage fungiert (Zweiter Teil, III.).

Der dritte Teil bezieht sich schließlich auf die Rekonstruktion der Eindruckstheorie hinsichtlich des oben erfassten diskursiven Rechtsverständnisses. Um dieses Ziel zu erreichen, ist zuerst eine Untersuchung zur Eindruckstheorie in allen Einzelheiten benötigt. Die in Diskussion stehenden unterschiedlichen Varianten der noch zu rekonstruierenden Eindruckstheorie enthüllten die Stellung des Eindrucks der Bevölkerung innerhalb des Strafrechtssystems und gaben in verschiedenen Weisen dafür Begründungen. Sie bedürfen allerdings noch einer erweiterten Betrachtung, um diese Theorie rational zu entfalten (Dritter Teil, I.). Diese erweitere Betrachtung ist in der Diskurstheorie des Rechts herauszufinden, deren Grundlage bereits im zweiten Teil dieser Arbeit argumentiert war. Auf dieser Basis ist ein allgemeiner Begriff diskursiven Strafunrechts zu erlangen: Strafrechtlich unrecht ist eine Handlung, die durch das lebensweltliche Deutungsschema von Handlungen in einem fair instituierten Strafprozess als rechtsverletzend beurteilt wird. Der Strafprozess ist nur insofern fair, als dem Täter die Chance gegeben wird, die Deutung seiner Handlung zu verändern (Dritter Teil, II.). Das Versuchsunrecht liegt demgemäß vor, wenn die Handlung des Täters entsprechend dem obig beschriebenen Prozesse als rechtsverletzend beurteilt wird. In diesem Rahmen ist der Eindruck der Bevölkerung nicht in erster Linie mit deren Rechtsgefühl oder Rechtsvertrauen verbunden, sondern bringt die Handlungsschemata in der Lebenswelt zum Ausdruck (Dritter Teil, III.). Nach dieser allgemeinen Erklärung begann die dogmatische Erarbeitung. Der Ausgangpunkt dabei war, dass ein prozessabhängiges lebensweltliches Kriterium in das Urteil des subjektiven und des objektiven Tatbestands des Versuchs eingeführt werden sollte. Das ist ebenso am Wortlaut des § 22 StGB ablesbar. Das „Tat“-Merkmal beim subjektiven und das „Tatbestandsverwirklichung“-Merkmal beim objektiven Tatbestand richten sich auf rechtliche Angelegenheiten, die nicht völlig durch die Vorstellung des Täters oder eine Ex-post-Beobachtung ersetzt werden können.

Bei versuchten Taten sind der Wille und das Wollen des Täters ein notwendiger Bestandteil für seine subjektive Zurechnung. Nur unter diesem Umstand kann ihm die Möglichkeit gegeben werden, seine Handlungsdeutung abweichend von der lebensweltlichen Definition zu changieren. Ob der Täter seine Vorstellung unbedingt fasst, ist für das Urteil subjektiver Zurechnung irrelevant (Dritter Teil, IV. 1., 2.).

Für die Lösung der Problematik des untauglichen Versuchs und seiner grob unverständigen Variante ist dem als Ausgangpunkt bezeichneten Gedanken so treu zu bleiben, dass weder die Tendenz, die subjektive Zurechnung des Versuchs allein auf die Vorstellung des Täters abzustellen, noch die Auffassung, die ontologische Existenz des Tatobjekts als eine unentbehrliche Bedingung für die Begründung des Versuchsunrechts anzusehen, haltbar sind. Vielmehr können eine angemessene Auslegung und Anwendung – wie der Ausgangpunkt schon gezeigt – des § 22 StGB dabei helfen. § 23 StGB stellt entgegen der herrschenden Meinung keine allgemeine Strafbarkeit des untauglichen Versuchs dar und ist im Grunde funktionslos. Er findet nur in extremen Fällen Anwendung, bei denen der Täter das Gericht durch guten Grund erfolgreich davon überzeugt, dass seine Vorstellung der Tat trotz der großen Abweichung vom normalen Wissensstand als rechtsverletzend bewertet werden kann (Dritter Teil, IV. 3.).

Der abergläubige Versuch ist insofern nicht strafbar, als die Vorstellung des Täters dabei in einer modernen, naturwissenschaftsorientierten Lebenswelt nicht für rechtsverletzend gehalten werden kann (Dritter Teil, IV. 4.).

Um die Grenze zwischen Wahndelikt und untauglichem Versuch zu ziehen, ist das zahlreichen Stimmungen nach vorgeschlagene Umkehrprinzip nicht empfehlenswert. Gefragt bei den unbestrittenen Fällen in diesem Problemkreis ist immerhin, ob die Vorstellung des Täters die subjektive Zurechnung begründen kann, was sich durch die normale Auslegung und Anwendung des § 22 StGB beantworten lässt. Die subjektive Zurechnung ist sicherlich abzulehnen. Ein Wahndelikt liegt vor, wenn die Vorstellung des Täters Bereiche betrifft, die er selbst nicht gestalten kann, etwa die gesetzliche Definition. Bei anderen Fällen ist wiederum ein prozessabhängiges lebensweltliches Kriterium benötigt (Dritter Teil, IV. 5.).

Auch beim objektiven Tatbestand des Versuchs ist ein soziales Kriterium mitzudenken. Dadurch kann beurteilt werden, ob sich die Handlungsweise des Täters objektiv als rechtsverletzend bewerten lässt. Kritikwürdig sind dementsprechend zwei Gruppen von Ansichten zur Interpretation des „unmittelbaren Ansatzes zur Tatbestandsverwirklichung“, die sich entweder an dem subjektiven Plan des Täters oder an einem tatbestandsnahen Verhältnis orientieren (Dritter Teil, V.)

Literaturverzeichnis

Abels, Heinz: Identität, 3. Aufl., Wiesbaden 2006.

Alexy, Robert: Diskurstheorie und Menschenrechte, in: ders., Recht, Vernunft, Diskurs, Frankfurt am Main 1995, S. 129 ff.

Alexy, Robert: Theorie der juristischen Argumentation, 7. Aufl., Frankfurt am Main 2007.

Alwart, Heiner: Strafwürdiges Versuchen: eine Analyse zum Begriff der Strafwürdigkeit und zur Struktur des Versuchsdelikts, Berlin 1982.

Amelung, Knut: Rechtsgüterschutz und Schutz der Gesellschaft, Frankfurt am Main 1972.

Apel, Karl-Otto: Das Apriori der Kommunikationsgemeinschaft und die Grundlagen der Ethik, in: ders., Transformation der Philosophie. Band 2: Das Apriori der Kommunikationsgemeinschaft, Frankfurt am Main 1994, S. 400 ff.

Apel, Karl-Otto: Das Problem der philosophischen Letztbegründung im Lichte einer transzendentalen Sprachpragmatik. Versuch einer Kritik des „Kritischen Rationalismus", in: Kanitscheider, Bernuff (Hrsg.): Sprache und Erkenntnis. Festschrift für G. Frey, Innsbruck 1976, S. 55 ff.

Apel, Karl-Otto: Sprechakttheorie und transzendentale Sprachpragmatik zur Frage ethischer Normen, in: ders., Auseinandersetzungen – In Erprobung des transzendental-pragmatischen Ansatzes, Frankfurt am Main 1998, S. 281 ff.

Arendt, Hannah: Vita Activa, München 2019.

Arifuku, Kogaku: Das Problem des Ich bei Descartes und Kant in: Gerhardt, Volker u. a. (Hrsg.), Kant und die Berliner Aufklärung: Akten des IX. Internationalen Kant-Kongresses. Bd. 2, Berlin 2001, S. 267 ff.

Ast, Stephan: Handlung und Zurechnung, Berlin 2019.

Austin, John Langshaw: Performative und konstative Äußerungen, in: Bubner, Rüdiger (Hrsg.), Sprache und Analysis, Göttingen 1968, S. 150 ff.

Austin, John Langshaw: Zur Theorie der Sprechakte, von Savigny, Eike (Über.), 2. Aufl., Stuttgart 2002 (Orig. How to do things with words, Oxford 1962).

Baumann, Jürgen/Weber, Ulrich/Mitsch, Wolfgang: Strafrecht Allgemeiner Teil, 11. Aufl., Bielefeld 2003 [zitiert: *Baumann/Weber/Mitsch*, AT, 11. Aufl., Kapitel/Rn.].

Beckemper, Katharina: Das Rechtsgut „Vertrauen in die Funktionsfähigkeit der Märkte", ZIS 2011, S. 318 ff.

Berlin, Isaiah: Freiheit – Vier Versuche, Berlin 2006.

Binding, Karl: Die Normen und ihre Übertretung, Bd. 1, 2. Aufl., Aalen 1991.

Bloy, René: Unrechtsgehalt und Strafbarkeit des grob unverständigen Versuchs, ZStW 113 (2001), S. 76 ff.

Bosch, Nikolaus: Unmittelbares Ansetzen zum Versuch, JURA 2011, S. 909 ff.

Brandom, Robert: Making it explicit, Cambridge 2001.

Bung, Jochen: Wissen und Wollen im Strafrecht, Frankfurt am Main 2009.

Carlsmith, Kevin M./Darley, John M./Robinson, Paul H.: Why Do We Punish? Deterrence and Just Deserts as Motives for Punishment, Journal of Personality and Social Psychology 83 (2002), pp. 284–299.

Chong-Fuk, Lau: Die Struktur der transzendentalen Deduktion und das Problem des Selbstbewusstseins, in: Volker, Gerhardt u. a. (Hrsg.), Kant und die Berliner Aufklärung: Akten des IX. Internationalen Kant-Kongresses, Bd. 2, Berlin 2001, S. 362 ff.

Corchia, Jüngst: The Uses of Mead in Habermas' Social Theory. Before the Theory of Communication Action, Italian Sociological Review, 9 (2), 209–234.

Durkheim, Emile: Physik der Sitten und des Rechts. Vorlesungen zur Soziologie der Moral, Frankfurt am Main 1999.

Durkheim, Emile: Über die Teilung der sozialen Arbeit. Frankfurt am Main 1997.

Düsing, Klaus: Selbstbewußtseinsmodelle, München 1997.

Duttge, Gunnar: „Erlaubtes Risiko", in: Bloy, René/Böse, Martin u. a. (Hrsg.), Gerechte Strafe und legitimes Strafrecht: Festschrift für Manfred Maiwald zum 75. Geburtstag, Berlin 2010, S. 133 ff.

Eisfeld, Jens: Erkenntnis, Rechtserzeugung und Staat bei Kant und Fichte, Tübingen 2015.

Engländer, Armin: Revitalisierung der materiellen Rechtsgutslehre durch das Verfassungsrecht?, ZStW 127 (2015), S. 616 ff.

Esfeld, Michael: Holismus und Atomismus in den Geistes- und Naturwissenschaften. Eine Skizze, in: Bergs, Alexander/Curdts, Soelve (Hrsg.), Holismus und Individualismus in den Wissenschaften, Frankfurt am Main 2003, S. 11 ff.

Esposito, Elena: Artikel: Autopoiesis, in: Baraldi, Claudio/Corsi, Giancarlo/Esposito, Elena (Hrsg.), Glossar zu Niklas Lumanns Theorie sozialer Systeme, Frankfurt am Main 1997, S. 29 ff.

Fichte, Johann Gottlieb: Grundlage des Naturrechts nach Principien der Wissenschaftslehre, in: Fichte, Immanuel Hermann (Hrsg.), sämmtliche Werke III, Berlin 1845–1846.

Fichte, Johann Gottlieb: Grundlage der gesammten Wissenschaftslehre, in: Fichte, Immanuel Hermann (Hrsg.), sämmtliche Werke I, Berlin 1845–1846.

Fichte, Johann Gottlieb: Ueber den Begriff der Wissenschaftslehre oder der sogenannten Philosophie, in: Fichte, Immanuel Hermann (Hrsg.), sämmtliche Werke I, Berlin 1845–1846.

Fichte, Johann Gottlieb: Versuch einer neuen Darstellung der Wissenschaftslehre, in: Fichte, Immanuel Hermann (Hrsg.), sämmtliche Werke I, Berlin 1845–1846.

Fichte, Johann Gottlieb: Zweite Einleitung in die Wissenschaftslehre, in Lauth, Reinhard/Jacob, Hans (Hrsg.), Gesamtausgabe der Bayerischen Akademie der Wissenschaften, Bd. 2/3, Stuttgart 1971.

Fish, Stanley: Das Recht möchte formal sein, Berlin 2011.

Forst, Rainer: Kontexte der Gerechtigkeit, Frankfurt am Main 2004.

Forst, Rainer: Politische Freiheit, in: ders., Das Recht auf Rechtfertigung, Frankfurt am Main 2007, S. 189 ff.

Forst, Rainer: Praktische Vernunft und rechtfertigende Gründe. Zur Begründung der Moral, in: ders., Das Recht auf Rechtfertigung, Frankfurt am Main 2007, S. 23 ff.

Frank, Manfred: Selbstbewusstsein und Selbsterkenntnis: Essays zur analytischen Philosophie der Subjektivität, Stuttgart 1991.

Freund, Georg: Das Spezifikum der vollendeten Vorsatztat, in: Bloy, René u. a. (Hrsg.), Gerechte Strafe und legitimes Strafrecht: Festschrift für Manfred Maiwald zum 75. Geburtstag, Berlin 2010, S. 211 ff.

Freund, Georg: Erfolgsdelikt und Unterlassen, Köln 1992.

Freund, Georg: Strafrecht, allgemeiner Teil: personale Straftatlehre, 2. Aufl., Berlin 2009 [zitiert: *Freund*, AT, 2. Aufl., Kapitel/Rn.].

Frisch, Wolfgang: Tatbestandsmäßiges Verhalten und Zurechnung des Erfolgs, Heidelberg 1988.

Frisch, Wolfgang: Untauglicher Versuch und Wahndelikt, insbesondere bei Irrtümern über außerstrafrechtliche Normen, GA 2019, S. 305 ff.

Frisch, Wolfgang: Vorsatz und Risiko, Köln 1983.

Grupp, Magdalena: Das Verhältnis von Unrechtsbegründung und Unrechtsaufhebung bei der versuchten Tat, Baden-Baden 2009.

Günther, Klaus: Communicative freedom, communicative power, and jurisgenesis, Cardozo Law Review, Vol. 17, pp. 1035–1058.

Günther, Klaus: Criminal Law, Crime and Punishment as Communication, in: Simester, A. P./Bois-Pedain, Antje du/Neumann, Ulfrid (ed.), Liberal Criminal Theory. Essays for Andreas von Hirsch, Oxford 2014, pp. 123–140.

Günther, Klaus: Der Sinn für Angemessenheit. Anwendungsdiskurse in Moral und Recht, Frankfurt am Main 1988.

Günther, Klaus: Die Freiheit der Stellungnahme als politisches Grundrecht, in: Koller, Peter u. a. (Hrsg.), Theoretische Grundlagen der Rechtspolitik, ARSP – Beiheft 51, Stuttgart 1992, S. 58 ff.

Günther, Klaus: Liberale und diskurstheoretische Deutungen der Menschenrechte, in: Brugger, Winfried/Neumann, Ulfrid/Kriste, Stephan (Hrsg.), Rechtsphilosophie im 21. Jahrhundert, Frankfurt am Main 2013, S. 338 ff.

Günther, Klaus: Möglichkeiten einer diskursethischen Begründung des Strafrechts, in: Jung, Heike/Müller-Dietz, Heinz/Neumann, Ulfrid (Hrsg.), Rechts und Moral, Baden-Baden 1991, S. 205 ff.

Günther, Klaus: Schuld und kommunikative Freiheit: Studien zur personalen Zurechnung strafbaren Unrechts im demokratischen Rechtsstaat, Frankfurt am Main 2005.

Günther, Klaus: Strafrecht zwischen Moral und Politik, in: Fachbereich Rechtswissenschaft der Johann Wolfgang Goethe-Universität Frankfurt am Main (Hrsg.), 100 Jahre Rechtswissenschaft in Frankfurt – Erfahrungen, Herausforderungen, Erwartungen, Frankfurt am Main 2014, S. 267 ff.

Günther, Klaus: Verantwortlichkeit in der Zivilgesellschaft, in: Müller-Doohm, Stefan (Hrsg.), Das Interesse der Vernunft – Über Habermas' „Erkenntnis und Interesse", Frankfurt am Main 2000, S. 465 ff.

Günther, Klaus: Von der gubernativen zur deliberativen Menschenrechtspolitik – Die Definition und Fortentwicklung der Menschenrechte als Akt kollektiver Selbstbestimmung, in: Haller, Gret/Günther, Klaus/Neumann, Ulfrid (Hrsg.), Menschenrechte und Volkssouveränität in Europa. Gerichte als Vormund der Demokratie?, Frankfurt am Main/New York 2011, S. 45 ff.

Günther, Klaus: Zur Rekonstruktion des Rechts (1), in: Koller, Peter/Hiebaum, Christian (Hrsg.), Jürgen Habermas: Faktizität und Geltung, Berlin/Boston 2016, S. 51 ff.

Günther. Klaus: Die Zuschreibung strafrechtlicher Verantwortlichkeit auf der Grundlage des Verstehens, in: Lüderssen, Klaus (Hrsg.), Aufgeklärte Kriminalpolitik oder Kampf gegen das Böse?, Band 1, Baden-Baden 1998, S. 319 ff.

Habermas, Jürgen, Der philosophische Diskurs der Moderne: 12 Vorlesungen, 4. Aufl., Frankfurt am Main 2001.

Habermas, Jürgen, Motive nachmetaphysischen Denkens, in: ders., Nachmetaphysisches Denken: philosophische Aufsätze, 6. Aufl., Frankfurt am Main 2013, S. 35 ff.

Habermas, Jürgen: Theorie des kommunikativen Handelns, Band 1/2, Frankfurt am Main 2006.

Habermas, Jürgen: Auch eine Geschichte der Philosophie, Bd. 1, Frankfurt 2020.

Habermas, Jürgen: Die Lebenswelt als Raum symbolisch verkörperter Gründe., in: ders., Nachmetaphysisches Denken II – Aufsätze und Repliken, Frankfurt am Main 2012, S. 54 ff.

Habermas, Jürgen: Diskursethik – Notizen zu einem Begründungsprogramm, in: ders., Moralbewusstsein und kommunikatives Handeln, Frankfurt am Main 2006, S. 53 ff.

Habermas, Jürgen: Edmund Husserl über Lebenswelt – Philosophie und Wissenschaft, in: ders., Texte und Kontexte, 2. Aufl., Frankfurt am Main 1992, S. 34 ff.

Habermas, Jürgen: Eine genealogische Betrachtung zum kognitiven Gehalt der Moral, in: ders., Die Einbeziehung des Anderen, Frankfurt am Main 1989, S. 11 ff.

Habermas, Jürgen: Erläuterungen zum Begriff des kommunikativen Handelns, in: ders., Vorstudien und Ergänzungen zur Theorie des kommunikativen Handelns., S. 571 ff.

Habermas, Jürgen: Faktizität und Geltung: Beiträge zur Diskurstheorie des Rechts und des demokratischen Rechtsstaats, 5. Aufl., Frankfurt am Main 2014

Habermas, Jürgen: Handlung, Sprechakte, sprachlich vermittelte Interaktionen und Lebenswelt, in: ders., Nachmetaphysisches Denken: philosophische Aufsätze, 6. Aufl., Frankfurt am Main 2013, S. 63 ff.

Habermas, Jürgen: Individuierung durch Vergesellschaftung. Zu George Herbert Meads Theorie der Subjektivität, in: ders., Nachmetaphysisches Denken: philosophische Aufsätze, 6. Aufl., Frankfurt am Main 2013, S. 200 ff.

Habermas, Jürgen: Kommunikatives Handeln und detranszendentalisierte Vernunft, in: ders., Zwischen Naturalismus und Religion, Frankfurt am Main 2009, S. 27 ff.

Habermas, Jürgen: Können komplexe Gesellschaften eine vernünftige Identität ausbilden?, in: ders., Rekonstruktion des historischen Materialismus, Frankfurt am Main, 2001, S. 93 ff.

Habermas, Jürgen: Legitimationsprobleme im modernen Staat, in: ders., Zur Rekonstruktion des Historischen Materialismus, Frankfurt am Main 1976, S. 271 ff.

Habermas, Jürgen: Metaphysik nach Kant, in: *ders.*, Nachmetaphysisches Denken: philosophische Aufsätze, 6. Aufl., Frankfurt am Main 2013, S. 18 ff.

Habermas, Jürgen: Rationalität der Verständigung. Sprechakttheoretische Erläuterungen zum Begriff der kommunikativen Rationalität, in: ders., Wahrheit und Rechtfertigung – Philosophische Aufsätze, S. 102 ff.

Habermas, Jürgen: Richtigkeit versus Wahrheit. Zum Sinn der Sollgeltung moralischer Urteile und Normen, in: *ders.*, Wahrheit und Rechtfertigung, Frankfurt am Main 2004, S. 271 ff.

Habermas, Jürgen: Vom pragmatischen, ethischen und moralischen Gebrauch der praktischen Vernunft in: *ders.*, Erläuterungen zur Diskursethik, Frankfurt am Main 2008, S. 100 ff.

Habermas, Jürgen: Was heißt Universalpragmatik?, in: ders., Vorstudien und Ergänzungen zur Theorie des kommunikativen Handelns, Frankfurt am Main 1995, S. 353 ff.

Habermas, Jürgen: Zur Architektonik der Diskursdifferenzierung. Kleine Replik auf eine große Auseinandersetzung, in: *ders.*, Zwischen Naturalismus und Religion, Frankfurt am Main 2009, S. 84 ff.

Habermas, Jürgen: Zur Kritik der Bedeutungstheorie, in: *ders.*, Nachmetaphysisches Denken: philosophische Aufsätze, 6. Aufl., Frankfurt am Main 2013, S. 105 ff.

Hassemer, Winfried: Theorie und Soziologie des Verbrechens, Frankfurt am Main 1980.

Hastedt, Heiner: Bewußtsein, in: Martens, Ekkehard/Schnädelbach, Herbert (Hrsg.), Philosophie: Ein Grundkurs, Bd. 2, Reinbek bei Hamburg 1991, S. 642 ff.

Hefendehl, Ronald: Kollektive Rechtsgüter im Strafrecht, Köln 2002.

Hegel, Georg Wilhelm Friedrich: Grundlinie der Philosophie des Rechts, in: Moldenhauer, Eva/Michel, Karl Markus (Hrsg.), Hegels Werke in 20 Bänden, Bd. 7, Frankfurt am Main 2004.

Heinrich, Bernd: Die Abgrenzung von untauglichem, grob unverständigem und abergläubischem Versuch, Jura 1998, S. 393 ff.

Henrich, Daniel C.: Zwischen Bewusstseinsphilosophie und Naturalismus, Bielefeld 2015.

Henrich, Dieter: Die Deduktion des Sittengesetzes, in: Schwan (Hrsg.), Denken im Schatten des Nihilismus, Festschrift für Wilhelm Weischedel zum 70. Geburtstag am 11. April 1975, Darmstadt 1975, S. 55 ff.

Henrich, Dieter: Selbstbewusstsein. Kritische Einleitung in eine Theorie, in: Bubner, Rüdiger/Cramer, Konrad/Wiehl, Reiner (Hrsg.), Hermeneutik und Dialektik: Hans-Georg Gadamer zum 70. Geburtstag, Bd. 1, Tübingen 1970, S. 257 ff.

Hirsch, Hans-Joachim: Die subjektive Versuchstheorie, ein Wegbereiter der NS-Strafrechtsdoktrin, JZ 10/2007, S. 494 ff.

Hirsch, Hans-Joachim: Untauglicher Versuch und Tatstrafrecht, in: Schünemann, Bernd/Achenbach, Hans u. a. (Hrsg.), Festschrift für Claus Roxin zum 70. Geburtstag, Berlin 2011, S. 711 ff.

Höffe, Otfried: Der kategorische Rechtsimperativ – „Einleitung in die Rechtslehre", in: ders. (Hrsg.), Immanuel Kant, Metaphysische Anfangsgründe der Rechtslehre, Berlin 1999, S. 41 ff.

Höffe, Otfried: Einführung in die Kritik der praktischen Vernunft, in: ders. (Hrsg.), Kritik der praktischen Vernunft – Klassiker Auslegen, Berlin 2011, S. 15 ff.

Höffe, Otfried: Immanuel Kant, 8. Aufl., München 2014.

Höffe, Otfried: Kants Begründung des Rechtszwangs und der Kriminalgesetze, in: Brandt, Reinhard (Hrsg.), Rechtsphilosophie der Aufklärung, Berlin/Boston 1982, S. 335 ff.

Honneth, Axel: Die transzendentale Notwendigkeit von Intersubjektivität (Zweiter Lehrsatz: § 3), in: Merle, Jean-Christophe (Hrsg.), Grundlage des Naturrechts – Klassiker Auslegen, Berlin 2001, S. 69 ff.

Hörnle, Tatjana: Grob anstößiges Verhalten: strafrechtlicher Schutz von Moral, Gefühlen und Tabus, Frankfurt am Main 2005.

Hörnle, Tatjana: Straftheorien, 2. Aufl., Tübingen 2017.

Hübner, Christoph: Die Entwicklung der objektiven Zurechnung, Berlin 2011.

Husserl, Edmund: Die Krisis der europäischen Wissenschaften und die transzendentale Phänomenologie. Eine Einleitung in die phänomenologische Philosophie, Biemel, Walter (Hrsg.), Gesammelte Werke VI, Cham 1976.

Jaeggi, Rahel: Kritik von Lebensformen, Berlin 2014.

Jakobs Günther: Kriminalisierung im Vorfeld einer Rechtsgutsverletzung, ZStW 97 (1985), S. 758 ff.

Jakobs, Günter: Strafrecht, Allgemeiner Teil: die Grundlagen und die Zurechnungslehre, 2. Aufl., Berlin New York 1991 [zitiert: *Jakobs*, AT, 2. Aufl., Kapitel/Rn.]

Jakobs, Günther: Das Strafrecht zwischen Funktionalismus und „alteuropäischem" Prinzipiendenken, ZStW 107 (1995), S. 843 ff.

Jakobs, Günther: Der strafrechtliche Handlungsbegriff, München 1992.

Jakobs, Günther: Norm, Person, Gesellschaft, 3. Aufl., Berlin 2008.

Jakobs, Günther: Schuld und Prävention, Tübingen 1976.

Jakobs, Günther: Staatliche Strafe: Bedeutung und Zweck, Paderborn 2004.

Jakobs, Günther: System der strafrechtlichen Zurechnung, Frankfurt am Main 2012.

Jakobs, Günther: Tatvorstellung und objektive Zurechnung, in: Dornseifer, Gerhard/Horn, Eckhard (Hrsg.), Gedächtnisschrift für Armin Kaufmann, Köln 1989, S. 271 ff.

Jescheck, Hans-Heinrich/Weigend, Thomas: Lehrbuch des Strafrechts. Allgemeiner Teil., 5. Aufl., Berlin 1996 [zitiert: *Jescheck/Weigend*, Strafrecht AT, Seite].

Joecks, Wolfgang/Miebach, Klaus: Münchener Kommentar zum StGB, 2. Aufl., München 2011 [zitiert: *Bearbeiter*, in: MüKo – StGB § Rn.].

Kahlo, Michael, Die Handlungsform der Unterlassung als Kriminaldelikt: eine strafrechtlich-rechtsphilosophische Untersuchung zur Theorie des personalen Handelns, Frankfurt am Main 2001.

Kant, Immanuel: in: Weischedel, Wilhelm (Hrsg.), Immanuel Kant – Werkausgabe in 12 Bänden, Bd. VII, Frankfurt am Main 2000.

Kant, Immanuel: Kritik der praktischen Vernunft, in: Weischedel, Wilhelm (Hrsg.), Immanuel Kant – Werkausgabe in 12 Bänden, Bd. VII, Frankfurt am Main 2000.

Kant, Immanuel: Kritik der reinen Vernunft, in: Weischedel, Wilhelm (Hrsg.), Werkausgabe. 12 Bände Bd. 3/4, Frankfurt am Main 1974.

Kant, Immanuel: Preisschrift über die Fortschritte der Metaphysik, in: Königlich Preußische Akademie der Wissenschaften (Hrsg.), Immanuel Kants Gesammelte Schriften [= Akademische Ausgabe, AA], Bd. 20, Berlin 1900.

Kaspar, Johannes: Verhältnismäßigkeit und Grundrechtsschutz im Präventionsstrafrecht, Baden-Baden 2014.

Kaufmann Armin: Lebendiges und Totes in Bindings Normentheorie – Normlogik und moderne Strafrechtsdogmatik, Göttingen 1954.

Kaufmann, Arthur/von der Pfordten, Dieter: Problemgeschichte der Rechtsphilosophie, in: Hassemer, Winfried/Neumann, Ulfrid/Saliger, Frank (Hrsg.), Einführung in die Rechtsphilosophie und Rechtstheorie der Gegenwart., 9. Aufl., Heidelberg 2016, S. 23 ff.

Kersting, Wolfgang: Die politische Philosophie des Gesellschaftsvertrags, Darmstadt 2005.

Kersting, Wolfgang: Die Unabhängigkeit des Rechts von der Moral (Einleitung), in: Merle, Jean-Christophe (Hrsg.), Grundlage des Naturrechts – Klassiker Auslegen, Berlin 2001, S. 25 ff.

Kersting, Wolfgang: Wohlgeordnete Freiheit, 2. Aufl., Frankfurt am Main 2016.

Kindhäuser, Urs, Neumann, Ulfrid, Paeffgen, Hans-Ulrich (Hrsg.): Nomos-Kommentar zum Strafgesetzbuch, 5. Auflage, Baden-Baden 2017 [zitiert.: NK – *Bearbeiter*, 5. Aufl., § Rn.].

Kindhäuser, Urs: Gefährdung als Straftat – rechtstheoretische Untersuchungen zur Dogmatik der abstrakten und konkreten Gefährdungsdelikte, Frankfurt am Main 1989.

Kindhäuser, Urs: Strafrecht Allgemeiner Teil, 8. Aufl., Baden-Baden, 2017 [zitiert: *Kindhäuser*, AT, 8. Aufl., Kapitel/Rn.].

Kohler, Josef: Studien aus dem Strafrecht, Bd. 1, Mannheim 1890.

Köhler, Michael: Der Begriff der Zurechnung, in: Weigend, Thomas/Küpper, Georg (Hrsg.), Festschrift für Hans Joachim Hirsch zum 70. Geburtstag am 11. April, Berlin 1999, S. 65 ff.

Köhler, Michael: Die bewusste Fahrlässigkeit, Heidelberg 1982.

Köhler, Michael: Die bewußte Fahrlässigkeit: eine strafrechtlich-rechtsphilosophische Untersuchung, Heidelberg 1982.

Köhler, Michael: Recht und Gerechtigkeit: Grundzüge einer Rechtsphilosophie der verwirklichten Freiheit, Tübingen 2017.

Köhler, Michael: Strafrecht, allgemeiner Teil, Berlin 1997 [zitiert: *Köhler*, AT, Seite].

Köhler, Michael: Unbedingte Affirmation, Anerkennung und Rechtsverhältnis, in: Schild, Wolfgang (Hrsg.), Anerkennung: Interdisziplinäre Dimensionen eines Begriffs, Würzburg 2000, S. 91 ff.

Kratzsch, Dietrich: Die Bemühungen um Präzisierung der Ansatzformel (§ 22 StGB) – ein absolut untauglicher Versuch?, JA 1983, S. 579 ff.

Kratzsch, Dietrich: Verhaltenssteuerung und Organisation im Strafrecht, S. 436 ff.

Kreß, Claus: Einführung, in: Kindhäuser, Urs, Kreß, Klaus, Pawlik, Michael, Stuckenberg, Carl-Friedrich (Hrsg.), Strafrecht und Gesellschaft, Ein kritischer Kommentar zum Werk von Günther Jakobs, Tübingen 2019, S. 5 ff.

Kubiciel, Michael: Die Wissenschaft vom Besonderen Teil des Strafrechts, Frankfurt am Main 2013.

Kühl, Kristian: Eigentumsordnung als Freiheitsordnung, Freiburg 1984.

Lagodny, Otto: Strafrecht vor den Schranken der Grundrechte: die Ermächtigung zum strafrechtlichen Vorwurf im Lichte der Grundrechtsdogmatik dargestellt am Beispiel der Vorfeldkriminalisierung, Tübingen 1996.

Lask, Emil: Rechtsphilosophie, in: Liebmann, Otto/Windelband, Wilhelm (Hrsg.), Die Philosophie im Beginn des zwanzigsten Jahrhunderts – Festschrift für Kuno Fischer, 2. Aufl., Heidelberg 1907, S. 275 ff.

Laufhütte, Heinrich Wilhelm/Jescheck, Hans-Heinrich (Hrsg.): Leipziger Kommentar Strafgesetzbuch, 12. Aufl., Berlin 2007 [zitiert: LK – *Bearbeiter*, 12. Aufl., § Rn.].

Luhmann, Niklas: Die Gesellschaft der Gesellschaft, Bd. 1, Frankfurt am Main 1997.

Luhmann, Niklas: Die Gesellschaft der Gesellschaft, Bd. 2, Frankfurt am Main 1999.

Luhmann, Niklas: Gesellschaftsstruktur und Semantik, Bd. 3, Frankfurt am Main 1993.

Luhmann, Niklas: in: ders., Soziologische Aufklärung, Bd. 1: Aufsätze zur Theorie sozialer Systeme, Opladen 1970, S. 180 ff.

Luhmann, Niklas: Legitimation durch Verfahren, 1. Aufl., Frankfurt am Main 1983.

Luhmann, Niklas: Rechtssoziologie: Teil I, 1. Aufl., Reinbek bei Hamburg 1972.

Luhmann, Niklas: Soziale Systeme, Berlin 2018.

Maier, Thomas: Die Objektivierung des Versuchsunrechts, Berlin 2005.

Mauersberg, Barbara: Der lange Abschied von der Bewußtseinsphilosophie, Frankfurt am Main u. a. 2000.

Mead, George Herbert: Geist, Identität und Gesellschaft, Morris, Charles W. (Hrsg.), Pacher, Ulf (Über), 17.Aufl., Frankfurt am Main 2017 (Orig. Mind, self and society, Chicago 1934).

Meggle, Georg (Hrsg.): Handlung, Kommunikation und Bedeutung, Frankfurt am Main 1993.

Mezger, Edmund: Strafrecht. Ein Lehrbuch, 2. Aufl., Berlin 1933.

Mezger, Edmund: Vom Sinn der strafrechtlichen Tatbestände, in: juristische Fakultät der Universität Marburg (Hrsg.), Festschrift für Ludwig Traeger zum 70. Geburtstage am 10. Juni 1926, Dans 1926, S. 187 ff.

Mir Puig, Santiago: Untauglicher Versuch und statistische Gefährlichkeit im neuen spanischen Strafgesetzbuch, in: Schünemann, Bernd/Achenbach, Hans u. a. (Hrsg.), Festschrift für Claus Roxin zum 70. Geburtstag, Berlin 2011, S. 729 ff.

Murmann, Uwe: Grundkurs Strafrecht, 5. Aufl., München 2019.

Murmann, Uwe: Versuchsunrecht und Rücktritt, Heidelberg 1999.

Neuhouser, Frederick: Fichte's Theory of Subjectivity, Cambridge 1990.

Neumann, Ulfrid: Zur Veränderung von Verantwortungsstrukturen unter den Bedingungen des wissenschaftlich-technischen Fortschritts, Rechtstheorie 36 (2005), S. 435 ff.

Nida-Rümelin, Julian: Lebenswelt und Lebensform, in: ders., Philosophie und Lebensform, Frankfurt am Main 2014, S. 11 ff.

Ollig, Hans-Ludwig: Der Neukantianismus, Stuttgart 1979.

Otto, Harro: Grundkurs Strafrecht, 7. Aufl., München 2004.

Pauscher, Manfried: Einführung in den Neukantianismus: Kontext – Grundpositionen – praktische Philosophie, München 1997.

Pawlik, Michael: Das unerlaubte Verhalten beim Betrug, Köln 1999.

Pawlik, Michael: Normbestätigung und Identitätsbalance, Baden-Baden 2017.

Pawlik, Michael: Das Strafrecht der Gesellschaft, in: Kindhäuser, Urs/Kreß, Klaus/Pawlik, Michael/Stuckenberg, Carl-Friedrich (Hrsg.), Strafrecht und Gesellschaft, Ein kritischer Kommentar zum Werk von Günther Jakobs, Tübingen 2019, S. 217 ff.

Pawlik, Michael: Das Unrecht des Bürgers: Grundlinien der allgemeinen Verbrechenslehre, Tübingen 2012.

Pawlik, Michael: Kants Volk von Teufeln und sein Staat, Jahrbuch für Recht und Ethik 14 (2006), 269 ff.

Pawlik, Michael: Rückkehr zu Hegel in der neueren Verbrechenslehre?, in: Kubiciel, Michael/Pawlik, Michael/Seelmann, Kurt (Hrsg.), Hegels Erben?, Tübingen 2017, S. 247 ff.

Prauss, Gerold: Kant über Freiheit als Autonomie, Frankfurt am Main 1983.

Preyer, Gerhard/Ulkan, Gerhard/Ulig, Alexander (Hrsg.), Intention – Bedeutung – Kommunikation, Wiesbaden 1997.

Puschke, Jens: Legitimation, Grenzen und Dogmatik von Vorbereitungstatbeständen, Tübingen 2017.

Rath, Jürgen: Grundfälle zum Unrecht des Versuchs, JuS 1998, S. 1106 ff.

Renn, Joachim/Sebald, Gerd/Weyand, Jan (Hrsg.): Lebenswelt und Lebensform: Zum Verhältnis von Phänomenologie und Pragmatismus, Weilerswist 2012.

Rickert, Heinrich: Der Gegenstand der Erkenntnis, 4./5. Aufl., Tübingen 1921.

Rickert, Heinrich: Die Grenzen der naturwissenschaftlichen Begriffsbildung, 4. Aufl., Tübingen 1921.

Rickert, Heinrich: Kulturwissenschaft und Naturwissenschaft, 6./7. Aufl., Tübingen 1926.

Rickert, Heinrich: System der Philosophie, Tübingen 1921.

Rickert, Heinrich: Zwei Wege der Erkenntnistheorie, in: Kant Studien 14 (1909), S. 170 ff.

Ripstein, Arthur: Kant on Law and Justice, in: Hill, Thomas (ed.), The Blackwell Guide to Kant's Ethics, Chichester 2009, pp. 159–178.

Rohs, Peter: Johann Gottlieb Fichte, 2. Aufl., München 2007.

Roxin, Claus/Greco, Luis: Strafrecht Allgemeiner Teil Band I: Grundlagen. Der Aufbau der Verbrechenslehre, 5. Aufl., München 2020 *[*zitiert: *Roxin/Greco*, AT I., 5. Aufl., Kapitel/Rn.].

Roxin, Claus: Gedanken zur Problematik der Zurechnung im Strafrecht Festschrift für Richard M. Honig: zum 80. Geburtstag 3. Januar 1970, Göttingen 1970, S. 133 ff.

Roxin, Claus: Kriminalpolitik und Strafrechtssystem, Berlin 1970.

Roxin, Claus: Pflichtwidrigkeit und Erfolg bei fahrlässigen Delikten, ZStW 74 (1962), S. 431 ff.

Roxin, Claus: Prevention, Censure and Responsibility: The Recent Debate on the Purposes of Punishment, in: Simester, A. P./Bois-Pedain, Antje du/Neumann, Ulfrid (ed.), Liberal Criminal Theory. Essays for Andreas von Hirsch, Oxford 2014, pp. 23–42.

Roxin, Claus: Selbstständigkeit und Abhängigkeit des Strafrechts im Verhältnis zu Politik, Philosophie, Moral und Religion, in: Hettinger, Michael u. a. (Hrsg.), Festschrift für Wilfried Küper zum 70. Geburtstag, S. 489 ff., Heidelberg 2007.

Roxin, Claus: Strafrecht, Allgemeiner Teil Band I: Grundlagen – Der Aufbau der Verbrechenslehre, 4. Auflage, München 2006; Band II: Besondere Erscheinungsformen der Straftat, München 2003 [zitiert: *Roxin*, AT, I bzw. II, X. Aufl., Kapitel/Rn.].

Roxin, Claus: Streitfragen bei der objektiven Zurechnung, in: Bloy, René/Böse, Martin u. a. (Hrsg.), Gerechte Strafe und legitimes Strafrecht: Festschrift für Manfred Maiwald zum 75. Geburtstag, Berlin 2010 S. 715 ff.

Roxin, Claus: Tatentschluß und Anfang der Ausführung beim Versuch, JuS 1979, S. 1 ff.

Roxin, Claus: Über den Strafgrund des Versuchs, in: Eser, Albin (Hrsg.), Festschrift für Haruo Nishihara zum 70. Geburtstag, Baden-Baden 1998, S. 158 ff.

Roxin, Claus: Zur Strafbarkeit des untauglichen Versuchs, in: Müller-Dietz, Heinz u. a. (Hrsg.), Festschrift für Heike Jung zum 65. Geburtstag am 23. April 2007, Baden-Baden 2007, S. 829 ff.

Salm, Karl: Das versuchte Verbrechen, Karlsruhe 1957.

Satzger, Helmut: Der irreale Versuch – Über die Schwierigkeiten der Strafrechtsdogmatik, dem abergläubischen Versuch Herr zu werden, JURA 2013, S. 1017 ff.

Schild, Wolfgang: „Das Recht erhält die Bestimmung, ein erweisbares sein zu müssen" – zu Hegels Theorie der Strafrechtsinstitution, in: Paeffgen, Hans-Ullrich u. a. (Hrsg.), Strafrechtswissenschaft als Analyse und Konstruktion: Festschrift für Ingeborg Puppe zum 70. Geburtstag, Berlin 2011, S. 77 ff.

Schild, Wolfgang: Die staatliche Strafmaßnahme als Symbol der Strafwürdigkeit, in: Zaczyk, Rainer/Köhler, Michael/Kahlo, Michael (Hrsg.), Festschrift für E. A. Wolff: zum 70. Geburtstag am 1.10.1998, Berlin 1998, S. 429 ff.

Schönke, Adolf/Schröder, Horst: Strafgesetzbuch – Kommentar, 30. Aufl., München 2019 [zitiert: Schönke/Schröder/*Mitarbeiter*, StGB, 30. Aufl., § Rn.].

Schünemann, Bernd: Das Rechtsgüterschutzprinzip als Fluchtpunkt der verfassungsrechtlichen Grenzen der Straftatbestände und ihrer Interpretation, in: Hefendehl, Ronald/von Hirsch, Andreas/Wohlers, Wolfgang (Hrsg.), Die Rechtsgutstheorie. Legitimationsbasis des Strafrechts oder dogmatisches Glasperlenspiel?, Baden-Baden 2003, S. 137 ff.

Schünemann, Bernd: Die deutschsprachige Strafrechtswissenschaft nach der Strafrechtsreform im Spiegel des Leipziger Kommentars und des Wiener Kommentars, GA 1986, 310 ff.

Sedgwick, Sally: Introduction: Idealism from Kant to Hegel, in: Sedgwick, Sally (ed.), The Reception of Kant's Critical Philosophy – Fichte, Schelling, and Hegel, Cambridge/New York 2007, pp. 1–18.

Seelmann, Kurt: Anerkennung, Person, Norm, in: Pawlik, Michael/Zaczyk, Rainer (Hrsg.), Festschrift für Günther Jakobs zum 70. Geburtstag am 26. Juli 2007, Köln, 2007. S. 635 ff.

Seelmann, Kurt: Günther Jakobs und Hegel, in: Kindhäuser, Urs/Kreß, Klaus/Pawlik, Michael/Stuckenberg, Carl-Friedrich (Hrsg.), Strafrecht und Gesellschaft, Ein kritischer Kommentar zum Werk von Günther Jakobs, Tübingen 2019, S. 88 ff.

Seier, Jürgen/Gaude, Desiree: Untaugliche, grob unverständige und abergläubische Versuche, JuS 1999, S. 456 ff.

Siep, Ludwig: Anerkennung als Prinzip der praktischen Philosophie, Freiburg 1979.

Siep, Ludwig: Naturrecht und Wissenschaftslehre, in: Kahlo, Michael/Wolff, Ernst Amadeus/Zaczyk, Rainer (Hrsg.), Fichtes Lehre vom Rechtsverhältnis, Frankfurt am Main 1992, S. 71 ff.

Smith, Norman Kemp: A Commentary to Kant's Critique of Pure Reason, London/New York.

Somek, Alexander: Rechtssystem und Republik, Wien/New York 1992.

Spendel, Günther: Zur Neubegründung der objektiven Versuchstheorie, in: Spendel, Günther (Hrsg.), Studien zur Strafrechtswissenschaft: Festschrift für Ulrich Stock zum 70. Geburtstag am 8. Mai 1966, Würzburg 1966, S. 89 ff.

Stächelin, Gregor: Strafgesetzgebung im Verfassungsstaat – normative und empirische materielle und prozedurale Aspekte der Legitimation unter Berücksichtigung neuerer Strafgesetzgebungspraxis, Berlin 1998.

Steinberg, Georg: Tauglicher Versuch und konkrete Gefährdung, GA 2008, S. 516 ff.

Stratenwerth, Günther/Kuhlen, Lothar: Strafrecht Allgemeiner Teil I, 5. Aufl., Köln 2004 [zitiert: *Stratenwerth/Kuhlen*, AT I, 5. Aufl., Kapitel/Rn.].

Streng, Franz: Schuld, Vergeltung, Generalprävention. Eine tiefenpsychologische Rekonstruktion strafrechtlicher Zentralbegriffe, ZStW 92 (1980) S. 637 ff.

Struensee, Eberhard: Versuch und Vorsatz, in: Dornseifer, Gerhard/Horn, Eckhard (Hrsg.), Gedächtnisschrift für Armin Kaufmann, Köln 1989, S. 523 ff.

Stübinger, Stephan: Hegel und das moderne Verständnis der Person im Recht, in: Seelmann, Kurt/Zabel, Benno (Hrsg.), Autonomie und Normativität, Tübingen 2014, S. 93 ff.

Tugendhat, Ernst: Selbstbewusstsein und Selbstbestimmung, Frankfurt am Main 1986.

von Gemmingen, Hans Dieter: Die Rechtswidrigkeit des Versuchs, Breslau-Neukirch 1932.

Von Liszt, Franz: Der Zweckgedanke im Strafrecht, in: ZStW 3 (1883), S. 40 ff.

Von Liszt, Franz: Die deterministischen Gegner der Zweckstrafe, in: ZStW 13 (1893), S. 342 ff.

Von Liszt, Franz: Die strafrechtliche Zurechnungsfähigkeit, in: ders., Strafrechtliche Aufsätze und Vorträge. Band 2, Berlin/Boston 1905, S. 214 ff.

Von Liszt, Franz: Lehrbuch des Deutschen Strafrechts, 4. Aufl., Berlin/Boston 2018.

Von Litzt, Franz: Der fehlgeschlagene Versuch und die Cohn'sche Versuchstheorie, ZStW 1 (1881), S. 93 ff.

Wachter, Matthias: Das Unrecht der versuchten Tat, Tübingen 2015.

Walsh, W. H.: Self-Knowledge, in: Walker, Ralph C. S. (ed.), Kant on Pure Reason, London/New York/Toronto 1982, pp. 150–175.

Walter, Tonio: Vergeltung als Strafzweck. Prävention und Resozialisierung als Pflichten der Kriminalpolitik, ZIS 2011/7, S. 636 ff.;

Weber, Max: Wissenschaft als Beruf, in: Winkelmann, Johannes (Hrsg.), Gesammelte Aufsätze zur Wissenschaftslehre, Paderborn 2013, S. 593 ff.

Weigend, Thomas: Die Entwicklung der deutschen Versuchslehre, in: ders./Hirsch, Hans Joachim (Hrsg.), Strafrecht und Kriminalpolitik in Japan und Deutschland, Berlin 1989, S. 113 ff.

Welzel, Hans: Studien zum System des Strafrechts, ZStW 58 (1939), S. 491 ff.

Wessels, Johannes/Beulke, Werner/Satzger, Helmut: Strafrecht Allgemeiner Teil. Die Straftat und ihr Aufbau., 50 Aufl., Heidelberg 2020 [zitiert: *Wessels/ Beulke/Satzger*, AT, 50 Aufl., Rn.].

Wilfert, Marei Verena: Strafe und Strafgesetzgebung im demokratischen Verfassungsstaat, Tübingen 2017.

Willaschek, Marcus: Praktische Vernunft, Handlungstheorie und Moralbegründung bei Kant, Stuttgart 2016.

Willaschek, Marcus: Recht ohne Ethik? Kant über die Gründe, das Recht nicht zu brechen, in: Gerhardt, Volker/Meyer, Thomas (Hrsg.), Kant im Streit der Fakultäten, Berlin/New York 2005, S. 188 ff.

Willaschek, Marcus: Right and Coercion. Can Kant's Conception of Right be Derived from his Moral Theory? In: International Journal of Philosophical Studies 17 (2009), S.49–70.

Windelband, Wilhelm: Immanuel Kant, in: Windelband, Wilhelm (Hrsg.), Präludien, Bd. 1, 9. Aufl., Tübingen 1924, S. 139.

Windelband, Wilhelm: Kritische oder genetische Methode, in: Präludien (Hrsg.), Bd. 2, 9. Aufl., Tübingen 1924, S. 99 ff.

Windelband, Wilhelm: Normen und Naturgesetze, in: Präludien, Bd. 2, 9. Aufl., Tübingen 1924, S. 59 ff.

Wingert, Lutz: Was geschieht eigentlich im Raum der Gründe?, in: Sturma, Dieter (Hrsg.), Vernunft und Freiheit: Zur praktischen Philosophie von Julian Nida-Rümelin, Berlin/Boston 2012, S. 181 ff.

Wittgenstein, Ludwig: Philosophische Untersuchung, Frankfurt am Main 2013.

Wolff, Ernst Amadeus: Das neuere Verständnis von Generalprävention und seine Tauglichkeit für eine Antwort auf Kriminalität, ZStW 97 (1985), S. 786 ff.

Wolff, Ernst Amadeus: Die Abgrenzung von Kriminalunrecht zu anderen Unrechtsformen, in: Hassemer, Winfried (Hrsg.), Strafrechtspolitik: Bedingungen der Strafrechtsreform, Frankfurt am Main 1987, S. 137 ff.

Zaczyk, Rainer: Das Unrecht der versuchten Tat, Berlin 1989.

Zaczyk, Rainer: Demokratieprinzip und Strafbegründung. Eine Erwiderung auf Klaus Ferdinand Gärditz, Der Staat 50, S. 295 ff.

Zaczyk, Rainer: Die Freiheit der Person als Zentrum der Rechtsbegründung, in: Siller, Peter/Keller, Bertram (Hrsg.), Rechtsphilosophische Kontroversen der Gegenwart, Baden-Baden 1999, S. 51 ff.

Zaczyk, Rainer: Einheit des Grundes, Grund der Differenz von Moralität und Legalität, Jahrbuch für Recht und Ethik 14 (2006), S. 311 ff.

Zaczyk, Rainer: Kritische Bemerkungen zum Begriff der Verhaltensnorm, GA 2014, S. 73 ff.

Zaczyk, Rainer: Nachruf auf E. A. Wolff, JZ 2008, S. 885.

Zaczyk, Rainer: Selbstsein und Recht: eine rechtsphilosophische Untersuchung, Frankfurt am Main 2014.

Zaczyk, Rainer: Strafrecht, Rechtsphilosophie und der untaugliche Versuch, in: Bloy, René u. a. (Hrsg.), Gerechte Strafe und legitimes Strafrecht: Festschrift für Manfred Maiwald zum 75. Geburtstag, Berlin 2010, S. 885 ff.

Zaczyk, Rainer: Über Begründung im Recht, in: Zaczyk, Rainer/Kahlo, Michael/ Köhler, Michael (Hrsg.), Festschrift für E. A. Wolff: zum 70. Geburtstag am 1.10.1998, Berlin 1998, S. 509 ff.

Zaczyk, Rainer: Zur Begründung der Gerechtigkeit menschlichen Strafens, in: Jörg, Arnold (Hrsg.), Festschrift für Albin Eser, München 2005, S. 207 ff.

Zielinski, Diethart: Handlungs- und Erfolgsunwert im Unrechtsbegriff, Köln 1973.

Ziemann, Sascha: Neukantianisches Strafrechtsdenken, Baden-Baden 2009.

Zimmermann, Till: Zum Strafgrund des Versuchs (§§ 22 f. StGB) – Plädoyer für eine erweiterte Gefährlichkeitstheorie, JR 2018 (1), S. 23 ff.

Zöller, Günther: Art. Selbstbewusstsein, in: Willaschek, Marcus/Stolzenberg, Jürgen/Mohr, Georg/Bacin, Stefano (Hrsg.), Kant-Lexikon (Studienausgabe), Berlin 2017, S. 542 ff.

www.ingramcontent.com/pod-product-compliance
Ingram Content Group UK Ltd.
Pitfield, Milton Keynes, MK11 3LW, UK
UKHW021851290926
8980IPUK00005B/762

9 783631 860779